천국산책

● 복음서 해설 ㅣ 조성기 목사 지음

하늘빛출판사

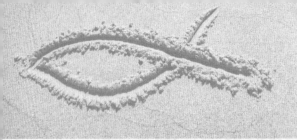

　모든 성경은 창세전에 인간의 영적 타락을 아시고 예수님 안에서 인간의 영혼 구원을 위하여 하나님께서 계획하시고 때가 이르매 기록하게 하신 책이다. [엡1:4-5]

　따라서 성경의 모든 말씀은 예수님 안에서의 영적 인류 영혼 구원에 관한 내용 외에서의 해석을 하여서는 절대 안 된다. 비록 육적 구원에 관한 말씀이 있다고 하더라도 이 역시 영적인 구원과 관계가 있으므로 영적인 상태의 하나님의 계획과 연관을 하여서 이해를 하여야만 한다. [빌2:12]

　이 하나님의 인류 영혼 구원의 계획에 따라 창세기에 처음 계시된 대로[창3:15.21] 예수님께서는 하나님의 이 인류 영혼 구원의 계획을 따라 이 세상에 오셔야만 하시는 것이며 또 4복음서는 꼭 기록이 되어야만 하는 것이 예수님은 하나님의 인류의 영혼 구원을 위하여 당신에게 맡기신 사명을 이루시기 위하여 오셔서 당신의 사명을 구약에 계시된 대로 행하시고 이루신 것이기 때문에 꼭 기록 되어야만 하는 것이다.
　또 '에스겔 1:10절'에 계시된 대로 이 4권의 복음서를 통 하여서 말씀이 온 세상에 전파 되어야 하는 것이기 때문에 복음서는 꼭 기록이 되어야 하고 또 '에스겔' 서에 계시된 대로 4권으로 기록이 되어야만 하는 것이다.

복음서의 해설을 하기 전에

둘째.

하나님의 예수님 안에서의 인간 영혼의 구원의 계획은 첫째 날 창조하신 '빛' 안에 다 들어있다. [창1:1-5]

성경의 구약에 계시된 말씀들은 이 첫째 날 창조하신 '빛' 즉 예수님 안에서의 하나님의 새 생명의 빛의 인류 영혼 구원의 계획을 계시적으로 나타내신 것인데, 이 새 생명의 빛의 계획을 때를 따라 선지자들을 부르셔서 기록하게 하시고 알게 하신 것이다. 따라서 구약의 말씀은 장차 예수님께서 이 땅에 오시어서 행하시므로 완성을 하시어야 하실 것들을 계시하여 알게 하신 '하나님의 인류 영혼 구원의 계획서이다.'

그러므로 성경의 4복음서는 선지자들이 구약에 기록하여 알게 하신 하나님의 뜻을 따라 예수님께서 이 땅에 오시어서 행하시어 완성을 시키신 것이기에 꼭 기록이 되어야만 하는 것이다.

참조: [계4:2-11]의 말씀은 오순절 기간에 성령의 역사로 말미암아 하나님의 말씀이 온 인류의 영혼 구원을 위하여 운행 하시는 영적 상황을 계시하여 알게 하시는 것이다.

특히 신약의 복음서 이외의 책 중에 '사도행전'은 예수님께서 구약의 말씀들을 다 이루시고 사십일 동안 이 땅에 계시다가 승천하시고 난 다음 십일 후 즉 부활하신지 오십일 만에 구약에 당신 안에 계시된 '맥추절' '칠칠절' [레23:15-16]의 제사를 이루시기 위하여 성령으로 친히 강림하시어서 행하신 일 이기 때문에 꼭 기록이 되어야만 하는 것이며 또 창세전 하나님께서 당신 안에 예정하신 교회의 시대를 친히 성령으로 강령 하시어서 여신 것이기 때문에 꼭 기록이 되어야 하는 것이다.[갈4:6. 엡3:9-12]

그러나 그 외의 책들 즉 바울의 서신서들과 다른 사도들의 책들은 예수님 안에서 구원을 얻은 성도가 성경을 이해를 할 수 있게 돕는 '이해서' 라고 할 수 있으며 성도의 신앙생활을 도와서 하나님의 뜻을 따라 하나님의 나라를 세워나가는데 필요한 믿음과 생활 습관을 가르치는 성도의 '교리서' 라고 부를 수 있겠다.

계시록도 하나님께서 사도 요한에게 장차 오순절 기간에 이 땅에서 일어날 상황을 영적인 상태로 보여주신 것인데 대부분이 이미 이루어졌고 또 현재 진행 중인 것들이므로 '다니엘' 2장. 8장. 9장. 12장의 내용들을 좀더 자세하게 해설하여 놓은 정도의 책이라고 할 수가 있겠다.

셋째.

4복음서들을 영적으로 제대로 해석을 하려고 하면 예수님께서 이 땅에 가지고 오신 즉 하나님께서 예수님에게 부여하신 사명과 의무와 직분을 잘 알아야만 이해기 쉬우머 확실하게 영적인 뜻을 알 수가 있다.

즉 예수님은 인류의 영혼을 구원하실 '메시아' 이시지만 대속 제물로 오실 '대속의 양' 이시기도 하시다.

또 예수님의 영적으로 계시된 직분을 세 부분으로 나누어 보면 제사장[히 4:14] 선지자[눅13:33] 만왕의 왕[마. 25:31-34] 이시다.

그러므로 4복음서의 해설은 예수님께서 행하신 각 사건을 따라 예수님의 각 직분의 방향에서 보고 해석을 하여야만 또한 정확한 영적으로 계시된 하나님의 뜻을 알 수가 있다.

(예: 동방 박사가 가지고 온 세가지 예물의 해설 참조)

넷째.

4복음서가 나타내고자 하는 각 책의 뜻을 각각 크게 분류하면 다음과 같다.
[참조. 겔1:10. 계4:6-7]

마태복음 : 사자 복음. 혹은 왕 복음. [마16:28. 25:31]
마가복음 : 소 복음. 혹은 종의 복음. [막10:45]
누가복음 : 인자 복음. 혹은 사랑의 복음. [눅9:22. 58]
요한복음 : 독수리 복음. 혹은 보호의 복음. [요10:14-16. 28-30]

참고: [겔1:10]의 말씀은 곧 4복음서를 계시하심이며 또 4복음서의 말씀이
예수님께서 오셔서 행하신 일과 함께 오순절 기간에 온 땅 모든 민족에게 퍼져
나갈 것을 계시하시는 것이다.

더 정확히 말하자면 [겔1:10]의 말씀은 장차 메시아로 오실 예수님의 4가지
의 또 다른 직분과 권세를 나타내시는 것이며 [겔 1:4-28]의 말씀은 장차 4복
음서가 온 세상에 퍼져 나가서 하나님의 말씀으로 온 세상 모든 민족을 구원하
실 것을 계시하시는 것이다.

따라서 [계4:2-11]의 말씀도 역시 예수님께서 메시아로서의 네 가지 직분과 권세를 오순절 전 기간 동안 추수가 모두 끝날 때까지 성령으로 운행하시며 일하실 것을 나타내시는 것이다]

　　(종말론과 천년 왕국의 해설을 참조)

다섯째.

4복음서의 모든 비유나 기적들은 예수님께서 그냥 그때그때 형편과 상황을 따라서 행하시고 기록하게 하신 것이 아니라 선지자들의 말씀과 하나님께서 구약에 계시하신 말씀들을 따라서 행하신 것이다. 왜냐하면 예수님은 구약에 계시된 하나님의 인류 영혼 구원의 계획을 따라 이 땅에 오신 것이기 때문에 그 구약에 계시된 내용들을 이루시어서 당신이 곧 하나님께서 구약에 계시된 '메시아' 이시라는 것을 온 세상에 알리시고 완성을 시키시어야만 하시기 때문인 것이다. 그래야만 구약에 계시된 다음 절기인 '칠칠절' '맥추절'(오순절)을 당신이 직접 성령으로 오시어서 여실 수가 있으시기 때문인 것이다. [갈4:6. 요 5:39. 14:10-11]

참고 : '복음'(gospel) 이라는 말은 '좋은 이야기'를 뜻하는 앵글로색슨어 'god-spell' 에서 유래 했는데 이것은 '기쁜 소식'을 뜻하는 라틴어 'evangelium'와 그리스어 'euangelion' 을 번역한 것이다.

18세기 말부터 '요한 복음서'를 뺀 3개 복음서는 같은 내용의 본문들이 많이 있고 또 예수님의 죽음을 비슷하게 다루고 있어서 '공관 복음서'(synoptic gospels) 라고 부르게 되었다. 그러나 '요한 복음' 은 다른 복음서에 비하여 예수님의 사랑과 보호를 많이 강조하였고 성도의 새 생명의 사랑의 삶을 많이 강조하였기 때문에 다른 복음서와 분리하여 '사랑의 복음서' 라고 불렀다.

그러나 필자는 모든 네권의 책을 '4복음서' 라고 부른다.

왜냐하면 이 네권의 책들은 구약에 계시된 대로 예수님께서 오시어서 완성을 시키신 것들을 기록하신 책들이기 때문이며 또 오순절 기간에 이 땅에 살고 있는 모든 민족에게 말씀으로 전파될 4권의 책들이기 때문이다.

목 차

1. 동방 박사와 별

(마 2:1-2, 9-10)

헤롯왕 때에 예수께서 유대 베들레헴에서 나시매 동방으로부터 박사들이 예루살렘에 이르러 말하되 유대인의 왕으로 나신이가 어디 계시뇨 우리가 동방에서 그의 별을 보고 그에게 경배하러 왔노라 하니.... 박사들이 왕의 말을 듣고 갈 새 동방에서 보던 그 별이 문득 앞서 인도하여 가다가 아기 있는 곳 위에 머물러 섰는지라 저희가 별을 보고 가장 크게 기뻐하고 기뻐하더라

(눅 2:4-7)

요셉도 다윗의 집 족속인고로 갈릴리 나사렛 동네에서 유대를 향하여 베들레헴이라 하는 다윗의 동네로 그 정혼한 마리아와 함께 호적하러 올라가니 마리아가 이미 잉태되었더라 거기 있을 그때에 해산할 날이 차서 맏아들을 낳아 강보로 싸서 구유에 뉘었으니 이는 사관에 있을 곳이 없음이러라

1] 동방 박사들은 누구이며 동방이라면 어느 나라에서 왔나?

2] 별을 보고 찾아 왔다고 하며 별이 아기 예수 위에 와서 멈추었다고 하면 정말 별이 동방 박사들을 인도하여 왔단 말인가?

3] 동방 박사들은 이스라엘 백성도 아니니 하나님을 믿지도 않았을 텐데 어떻게 만왕의 왕으로 오실 아기 예수를 알고 왔으며 어떻게 세 가지 예물을 준비하여야 히는 것을 알았나?

4] 왜 예수님은 말구유에 태어 나셔야만 하는가?

 난제 해석

1] 먼저 성경에 나타난 동방에 대하여 알아보자

성경에서 말씀하시는 동방은 당시의 가나안 지역 즉 팔레스테인 지역에서 동쪽을 가르킴으로 아브라함의 고향인 갈대아 우르[사우디아라비아 남서쪽] 메데와 바사[이란과 이락 지역] 밧단 아람[유브라테강과 티그리스강 유역. 이 지역은 나중에 바벨론의 중심지가 된다] 지역을 일컫는다고 말할 수 있다. [메소포타미아 지역] [관련성구: 창11:31. 창29:1. 왕하24:7. 겔 47:18 (다메섹. 길르앗 지역)]

2] 성경에는 박사라는 말을 어디에서 사용하였는가?

히브리인들은 박사라고 하지 않고 선지자[히: 나비. 로에. 호제] 혹은 선생님[히: 라브(영어 번역은 랍비)], 제사장[히: 코헨] 등으로 호칭 되었으며 하나님의 말씀에 대하여 예언을 하는 것이 아닌 점술가나 예언가는 마기[magi] 라고 쓰고 헬라어 발음으로는 '마고이' 라고 불렀고 마술사는 '마규온' 이라고 불렀다. 따라서 지금 별을 보고 아기 예수를 찾아온 사람들은 '마고이' 라고 볼 수 있다. [박사 관련성구: 단 2:2]

3] 당시에 별을 보고 점을 치는 점성술은 바사(페르샤=이란) 가 최고로 발달되었다.

이미 그들은 12진법[열두 궁성의 운행궤도(한국에서는 황도대의 열두 별자리를 말함)]이라 하여 열두 별자리의 움직임을 파악하여 점술에 사용하였다. 그들은 학식 또한 높아서 왕의 정치에 참여하였으며 왕은 그들의 점성술을 믿음으로 앞으로의 정치를 어떻게 하여야 하나를 그들과 상의하였으며 집안의 대 소사의 일과 왕자나 공주의 미래에 대하여서도 그들과 상의를 하였다. 당시에 별을 보고 미래를 예언하는 그들을 '마고이' 라고 불렀다.

현재 서양에서 '출생의 띠' 에 사용하는 별자리도 같은 황도상의 별자리를 말한다. [물고기. 양. 황소. 쌍둥이. 게. 사자. 처녀. 천칭. 전갈. 궁수. 염소. 물병.)

4] 태양계의 움직임과 별자리의 움직임을 보고 점을 치는 것이 어느 한계까지는 인간의 운명 등에 대하여 맞출 수 있는 것은 현대 과학도 인정을 한다.

즉 우주는 항상 변하고 있는데 그중에 가장 인간의 심성에나 사고 등에 영향을 미치는 것은 곧 황도상의 12별자리의 움직임과 태양계의 움직임이다.

태양계는 약 26,000년을 주기로 황도상의 궤도를 따라서 돌고 있으며 온 우주는 춘분점을 중심으로 회전하고 있다. 따라서 이 우주의 모든 움직임은 인간이 태어날 때부터 죽는 날까지 모든 삶의 영역에 영향을 미치는 것이 사실이다.

따라서 이 태양계가 어느 별자리에 들어갈 때 지구의 위치가 어떤 형태로 놓여 있느냐에 따라서 그 변화되는 상황의 때마다 형성되는 우주의 기운이 변화하는데 그때 형성되는 우주의 기운이 인간의 심성과 영혼에 미치는 영향은 대단하다.

이러한 우주의 법칙을 현재의 과학도 인정하기 때문에 우주의 별자리의 움직임을 보고 점을 치는 점술사들의 점술을 현대 과학도 어느 한계까지는 인정을 하고 있다.

이것이 곧 음과 양 그리고 오행과 팔괘의 이치인데 이 우주 생성의 운행 법칙은 하나님께서 이미 우주의 생성을 위하여 만들어 놓으신 자연 법칙이다.

이 하나님께서 우주의 생성을 위하여 행하시는 우주의 기운은 시대를 따라 변하며 우주의 모든 움직임은 이 하나님께서 정하여 놓으신 우주 자연 질서의 법칙에 의하여 생성 운행되는 것이다.

따라서 지구에도 그 영향으로 인하여 주기적으로 빙하기와 같은 때가 찾아오게 되어 있는 것이다.

[욥 4:9. 11:7-8. 26:7-8. 33:4. 시 33:6. 사 48:13]

지구는 약 25.920년 만에 한번씩 23.5도에서 0도로 바로 서서 회전 한 다[위키 백과 지구의 세차 운동 참조]

※ 지구의 세차 운동의 기간과 태양계가 황도상을 도는 기간이 다른 것은 곧 황도의 12궁의 운행은 우주의 춘분점에서 시작하여 각 거리 30도씩 구분되어 있는 상태에서 돌고 있기 때문이며 이 태양계가 춘분점을 기준으로 360도 회전을 하는 데는 그 시간이 태양계의 열두 별자리를 따라서 도는 기간과 다르게 정하여져 있기 때문이다.

(하나님께서 이 우주를 생성시키시기 위하여 우주에 정하여 놓으신 춘분점은 하늘에 고정되어 있으나 눈에는 보이지 않는다)

인간이 살고 있는 태양계는 열두 별자리를 따라 72년에 1도씩 서진하며 돌기 때문에 도는 기간과 움직임의 기간이 우주가 회전하는 일년의 기간과 다른 것이다.

우주가 춘분점을 기준으로 자체 회전하는 기간을 우주의 일년 이라고 하는데 약 129.600년이 걸린다.

또 그렇게 하나님께서 모든 우주의 창조물들의 움직이는 시간이 다르게 정하여 놓으신 것은 움직이는 시간과 모양이 달라야 우주에 형성되는 기운이 지구에 시시 때때로 다르게 미치므로 지구가 온전하게 살아있는 것들에게 생명을 줄 수가 있기 때문이며 또 살아있는 것들의 삶의 영역과 삶의 질을 다르게 만들 수가 있기 때문인 것이다(위키 백과에서 황도상의 열두 별자리와 춘분점 참고)

(지구에 생물이 살고 있는 시대를 고생대, 중생대, 신생대로 나뉘는데 현 지구의 빙하기는 신생대 5번째의 빙하기 끝 부분에 와 있다. 현 빙하기의 시작은 약 1만 3000년 전에 시작하였다.)

(성경을 이해하는데 빙하기가 지구상에 5번 있었다. 혹은 7번 있었다 하는 것은 그렇게 중요하지 않다. 참고로 지구에 빙하기 같은 것이 있어서 그때마다 많은 생물이 죽고 또 태어나고 하였는데 고생대와 중생대. 그리고 신생대를 거치면서 각 시대마다 다르게 다른 종들이 태어났다고 한다.)

5] 또 천문학의 발달은 애굽(이집트) 당 시대 B.C. 3000- 4000년경에 1년을 10개월로 나눈 달력을 쓰고 있었는데 현재의 달력과 1년에 약 3시간 정도밖에 차이가 나지를 않는다고 한다.

[야후 백과사전 참조] 또 지구상에서 시계의 원조라 할 수 있는 해시계를 제일 먼저 발명하여 사용한 나라도[b.c 3000-3500] 역시 이집트라고 한다. 따라서 당시에 이미 그 만큼 별과 천체의 움직임을 보고 연구하는 것이 고도로 발전되었음을 알 수가 있다.

6] 따라서 당시의 천문학의 발달로 볼 때 능히 하나님께서 그들의 발달된 천문학의 수준과 믿음을 사용하실 수가 있는 것 임으로 성경을 이루시기 위하여서 한 별을 사용하시어 하나님께서 당시 하나님을 섬기는 동방 박사 세 사람에게 깨달음과 믿음을 주셔서 인도하여 오게 하신 것을 알 수 있다.

즉 당시의 이스라엘 민족 외에 하나님을 알거나 섬기는 사람들이 많이 있었으며 역사적 증거로도 알 수 있으며 성경 안에 기록된 말씀들을 통하여서도 알 수가 있다.

[단 4:37. 6:26-27. 사 44:28. 45:1] 이 말씀들은 곧 당시에 메데와 바사[이란] 지역 즉 바벨론 지역을 말씀하시는 것인데 이미 그들 즉 바벨론 사람들도 당시에 바벨론에 포로로 끌려간 이스라엘 민족으로 말미암아 하나님을 알고 있는 사람들도 많이 있었으며 사람과 지역에 따라서는 이스라엘의 하나님 즉 여호와 하나님을 섬기고 있는 사람들도 있었음을 알 수가 있다. 성경상으로 또 알 수 있는 것이 노아의 아들 중 셈의 후손 중에 욕단의 후손이 스발을 거쳐 동쪽으로 이동한 것을 보아도 알 수가 있는 것이다. [창 10:29-30]

특히 하나님께서 이스라엘의 선지자들을 쓰실 수 없는 것은 당시에 이스라엘은 천문학이 발달되지 않은 것도 이유가 있겠지만 실은 하나님께서 이스라엘의 선지자는 쓰실 수 없는 것이 그들은 그 당시 이미 선지자로 제사장으로 타락된 상태에 있었으며 또한 이 사실을 이미 하나님께서 미리 아시고 계셨기 때문인 것이다. [관련성구: 신 32:21. 사 6:9-10. 8:14-15]

7] 동방 박사들이 별을 보고 점을 치는 마고이들이지만 위에서 설명하였듯이 그들은 동방 즉 '바사'(페르샤) 쪽에서 하나님을 섬기는 사람들이었다는 것을 종교적 역사를 살펴보면 금방 알 수가 있다.

그들이 섬기는 '마즈다'는 곧 '새 생명의 불'을 의미하는 배화교[조로아스터교] 라는 종교이다.

따라서 그들은 정확히 아기 예수님께 드릴 예물이 무엇인지를 알고 있었다.[다음장 '아기 예수께 드린 세 가지 예물의 비밀' 에서 설명]

8] 그림 당시 바사 지역의 종교적 역사를 살펴보기로 하자

B.C 600-700년경에 페르샤[메데와 바사] 지역에서는 광명의 불을 상징으로 하나님을 섬기는 '조로아스터교[배화교]가 성행하여 유일신 '아후라마즈다' 라고 부르는 하나님을 섬기는 종교가 아주 발달되어 있었다. 그들에게는 이미 제사장 제도가 있어서 하나님께 드리는 제사를 집전하고 있었다.

그러므로 당시의 천문학 발달의 역사나 종교적 역사를 보아서도 아기 예수님께 보물을 가지고 찾아온 동방 박사들은 이 '조로아스터교' 의 제사장들이였음이 틀림이 없는 것이다.[조로아스터교의 창시자 조로아스터와 조로아스터교의 제사장들이 노아의 아들인 셈의 후손 중에 욕단의 후손이라는 설이 있으므로 아기 예수를 찾아온 '마고이' 들은 동방의 산 쪽으로 이주한 노아의 증손자인 '욕단' 계열의 후손으로 볼 수 있다.]

[창 10:21-30] 참조

- 조로아스터교의 초기 시작은 조로아스터가 태어난 b.c 1200년경에 시작하여 현 이란의 '케르만 시' 와 '에스 피한 시' 에서 신전을 짓고 영원히 꺼지지 않은 생명의 불을 '아후라마즈다' 의 상징으로 섬기며 섬기고 있었다.

- 아후라 = 주. 마즈다 = 지혜. 광명. 생명
- b.c. 224-651[페르샤 사산왕조]때 국교로 제정
- 조로아스터교가 꺼지지 않는 불을 영원한 생명과 지혜의 신인 '아후라마즈다'로 정하고 섬기는 내면에는 장차 새 생명의 '메시아'로 오실 예수님에 대한 믿음이 스며 있었다는 것이다.

왜냐하면 조로아스터교를 창시하고 제사장 급으로 섬기는 이들이 셈의 후손이며 특히 욕단의 후손이기 때문인데 이는 욕단의 후손이 메사[이란 북쪽 고원 지대]를 지나 스발[시베리라 지역]을 지나 동방 산으로 이주했다고 성경에 기록이 되어 있기 때문인 것이다. [창 10:21-30]

※ 특히 하나님께서 바사(이란)의 왕 다리오를 이스라엘의 후손이 아닌데도(어쩌면 셈의 후손일수도 있음) 예수님의 예표로 사용하신 것 또한 예시하는 바가 매우 크다. [스 1:1-3]

9] 예수님께서 꼭 베들레헴에서 태어나시고 말구유에 태어나셔야 하는 것은 열왕기 상하의 다윗에 대한 내용을 보면 되겠다.

1. 다윗과 예수님과의 관계를 알려면 우선 다윗의 출생 경로부터 알아야 할 것이다.

다윗은 예수님께서 오실 아담의 직계 혈통을 따라 '떡집'이라는 뜻을 가진 '베들레헴'에서 태어났다. 이는 곧 예수님께서 베들레헴에서 태어나실 것을 계시하시는 것인데 뒤에 미가 선지자에 의하여서 분명하게 태초에 이미 하나님께서 예비된 치리자가 베들레헴에서 태어날 것이라고 예언을 한다.[미 5:2]

이와 같이 성경에 다윗을 통하여 이미 계시하신 것과 선지자 미가를 통하여서 말씀하신 대로 예수님께서 베들레헴에서 출생 하시게 되는 것이다.[미가 선지자가 하나님께서 다윗 왕에게 맡기신 사역을 깨달아 알았을 때 예수님께서 어디서 태어나실 것을 또한 알게 하시고 예언을 하게 한 것이 마치 하나님께서 다니엘이 예레미야의 예언을 깨달아 알게 하시고 이스라엘이 바벨론에서 칠십년이 차면 본토로 돌아갈 것이라는 것을 알게 하신 것과 같은 맥락이라 하겠다. [렘 25:11-13. 29:10. 단 9:2]]

또 하나님께서 예수님을 떡집이라는 뜻을 가진 베들레헴에서 태어나시게 하신 것은 다윗을 통하여 계시하신 것을 이루시기 위함이며 장차 예수님께서 말씀의 떡이 되시어서 당신의 자녀들인 양들의 영적 말씀의 떡이 되실 것을 계시하시는 것이다.[요 6:35]

특히 말구유에 태어나게 하신 것은 곧 예수님 자신이 장차 양들의 먹이가 되실 것을 계시하시는 것이다. 왜냐하면 예수님은 곧 양들이 먹고 살아야 할 새 생명의 양식인 말씀의 떡으로 이 땅에 오시었기 때문인 것이다.[요 6:53-55]

다윗이 어려서 양을 치는 자로 있다가 하나님의 기름 부음을 받은 왕으로 부름을 받는 것은 곧 예수님께서 양을 돌보고 치리할 치리자로 오실 것을 또한 예시하시는 것인데 예수님을 구유에 태어나게 하신 것은 곧 양들의 음식이 되실 것을 예표하시는 것이며 양들에게 새 생명의 양식을 주시며 양들이 춥고 주리거나 목마르지 않도록 인도하시고 보호하실 것을 계시하시는 것이다. [시 23:2-5. 시 119:114. 요 6:55-58]

2. 다윗이 왕으로 기름 부음을 받기 전에 양치기로 있었던 계시의 내용대로 예수님께서 구유에 태어나시므로 구약에 하나님께서 다윗을 통하여 계시하신 모든 것을 다 이루셨고 그 위에 하나님께서 예수님을 목수의 아들로 태어나게 하시어서 목수의 일을 하게 하신 것은 곧 예수님께서 하나님의 성전을 지을 기초 즉 예루살렘이 되실 것을 또한 계시하시는 것이다.[막 6:3]

그러므로 창 3:15절의 말씀에 계시된 대로 여자의 몸에서 태어 나시고 또한 [창 3:21]과 레위기 등에서 제사의 희생 제물에 계시된 대속 제물인 어린 양[요 1:29]으로 오셔서 십자가에서 돌아가시고 장사된 지 삼일 만에 부활하시어 초실절을 완성하시고[레 23:10-11. 고전 15:20] 40일간을 이 땅에 계시다가 승천하신 후 십일 후인 부활 후 오십일 째 되는 날에 성령으로 이 땅에 다시 오시어 구약에 계시된 칠칠절 즉 맥추절의 계시를 모두 이루신 후에 [행 2:1-4. 레 23:16] 성령으로 당신의 양들과 함께 하시며 양들을 통하여 당신의 왕국 즉 영적 예루살렘 성전을 지어 나가시는 것이다.[예루 = 기초. 살렘=평안]

3. 예수님께서 동정녀 마리아에게서 태어나시고 또 베들레헴과 말구유에 태어나신 것은 곧 하나님께서 구약에 계시하신 대로 태어나신 것이다. 그렇지 않으면 예수님은 구약에 계시된 메시아 예수님이 아닌 것이다.

그래서 예수님께서 요한에게 세례를 받을 때 '이렇게 하여 모든 의

를 이루는 것이 합당하니라' 라고 하신 것이며[[마 3:15] '왜 예수님
이 물세례를 받아야 하나' 참조] 빌립이 예수님이 구약에 계시된 예
수님이 틀림이 없는지 의심하니 예수님께서 [요 14:9-11]에 그렇게
나와 오래 있어도 믿지 못하겠거든 '내가 한 일을 보고 나를 믿어라'
라고 말씀을 하신 것이다.

즉 예수님께서 이 땅에서 하신 일들은 곧 예수님께서 구약에 당신
안에 하나님께서 메시아로서 완성을 시키시어야 하실 것들을 계시
하신 것이요 그 구약에 계시된 것들을 예수님께서 이루시고 계신다
는 말씀인 것이다.

(대하 21:7) 여호와께서 다윗의 집을 멸하기를 즐겨하지 아니하셨음은 이전
에 다윗으로 더불어 언약을 세우시고 또 다윗과 그 자손에게 항상 등불을 주
시겠다고 허 하셨음이더라.

(눅 1:68-71) 찬송하리로다 주 이스라엘의 하나님이여 그 백성을 돌아보사
속량하시며 우리를 위하여 구원의 뿔을 그 종 다윗의 집에 일으키셨으니 이
것은 주께서 예로부터 거룩한 선지자의 입으로 말씀하신 바와 같이 우리 원
수에게서 와 우리를 미워하는 모든 자의 손에서 구원 하시는 구원이라

2. 아기 예수께 드린 예물의 영적 의미

(마 2:11)

집에 들어가 아기와 그 모친 마리아의 함께 있는 것을 보고 엎드려 아기
께 경배하고 보배합을 열어 황금과 유향과 몰약을 예물로 드리니라

? 제기되는 난제

1] 왜 박사들은 세 가지 예물을 가지고 왔으며 세 가지 예물의 뜻은 무엇
인가?

 ## 난제 해석

1] 먼저 황금에 대하여 알아보자

황금은 당시에 권세자의 상징이었다. 왕궁이나 신을 모시는 '전'[殿] 에
는 거의 모든 물건을 금으로 꾸미어서 권세를 나타내는데 쓰였다.[왕상
6:20-22. 27-32]

또 권세 잡은 자를 인정하거나 전쟁에 패하였을 때에도 승자를 군주로 인정하는 마음으로 금을 바쳤다. 솔로몬 왕 당시에 이스라엘도 주위의 여러 나라들로부터 금 등을 조공으로 받는 강대한 나라였다. [왕상 9:14. 28. 10:10,14]

솔로몬 왕이 주위에서 세금으로 받아드린 금이 666달란트이다. 이를 계산하여 보면 다음과 같다.

- 666달란트 x 34kg = 22644kg= 22.6ton

  [1달란트 = 3000 세겔. 1세겔 = 노동자 4일 품삯]

  [22.6ton은 10ton 트럭 두대 분이다.]

- 스바 여왕이 솔로몬 왕에게 드린 금

  [120달란트 x 34kg = 4.080kg = 4.08ton]

이와 같이 금은 당시의 부의 상징이지만 권세의 상징이었다.

따라서 동방 박사가 가지고 온 예물이 금이었다는 것은 아기 예수님이 장차 당신의 양들에게 새 생명과 참 평안을 주시기 위하여 이 땅에 오신 메시아이시며 또 흑암의 세력과 싸워 이기시는 만왕의 왕이라는 왕권을 나타내는 것이다.[계 17:14]

2] 유향에 대하여 알아보자

당시에 아주 귀중한 곳에 쓰는 비싼 유향은 두 가지가 있다. 하나는 히브리어로 '레보나' 라 하는데 유향 나무에서 추출한다. 아라비아와 아프리

카가 산지이다. 이것을 말리면 젖빛깔이 나며 몰약과 섞어서 향료로 사용하였다. [출 30:34]

다른 하나는 히브리어로 '초리' 라 하는데 담황색 빛을 띠며 향기가 아주 짙다. 값이 비싸서 다른 나라로 팔려 나갔으며 길르앗 지방이 산지이며 외상 치료에 특히 유효하다. [창 37:25. 렘 8:22 = 길르앗]

길르앗 지방은 요단 동편 엘리야의 고향이다. [왕상 17:1]

이 유향들은 하나님께 드리는 제사에 사용되었으며 항상 증거 궤 앞에 두어야 했다. [출 30:34-36]

또 진설대의 예물을 놓는 줄의 매 줄에 놓아야 했으며 '이는 지극히 거룩하니라' 하셨다.

따라서 위의 사용된 사실과 설명으로 보아서 유향은 곧 예수님의 거룩한 대 제사장으로 오실 예표인 것인 동시에 예수님께서 장차 십자가 위에서 인간의 모든 죄를 짊어지시고 마지막 제사의 제물이 되시어 온 세상에 아름답고 고귀한 구원의 향기가 나는 제물이 되실 것을 예표하는 것이다.

[마 27:46. 막 15:34. 눅 23:46] [절기와 제사의 해설 중에 제사 편을 참조. 자세히 해설 되어 있음]

3] 몰약에 대하여 알아보자

몰약도 향료의 일종인데 남 아라비아 지역이 주 산지이며 미라나무 [myrrha tree]에서 진액을 채취한다. 거룩한 성유로서 대 제사장의 성별 의식과 성막과 지성물을 성결하게 할 때 사용 하였으며[출 30:23-29] 기름과 유향과 몰약을 섞어서 관유를 만들어서 제사장의 성별 의식 때에 제사장의 머리에 부어 제사장을 거룩하게 하는데 사용 하였다.[출 29:6-9] 특히 이 관유를 만들 때는 꼭 몰약이 들어갔는데 이는 고난 받으시는 거룩한 '선지자' 이신 예수님을 예표하는 것이며[행 3:22-25] 또 이 몰약을 넣어서 만든 향유를 제사장의 머리에 기름을 붓는 행위는 오순절 기간에 성도들에게 성령 세례를 주실 성령 세례의 예표인 것이다. [출애굽기 해설 참조]

4] 요 19:39 에 보면 니고데모가 침향 섞은 몰약을 약 100근쯤 가지고 와서 예수님 시체에 바른다.

침향은 상록수 나무에서 채취하는데 향기가 아주 좋아서 왕의 향수로 사용하였다. [시 45:8]

니고데모가 아주 비싸고 귀한 침향 섞인 몰약을 예수님의 시체에 백 근씩이나 부었다 라고 하는 것은 진정으로 예수님을 만 왕의 왕으로 인정하며 온 마음을 다해 경배한다는 표시인 것이다.

5] 황금은 주님의 왕권을, 유향은 주님의 향기 나는 대속 제물로서의 뜻과 대 제사장 직분을 나타내는 것이며 몰약은 고난 받으시는 대 선지자의 직분을 예표하는 것이므로 구원 받아서 하나님의 자녀가 된 성도들은 예수님께서 가지고 계셨던 이 세가지 직분을 승천하신 예수님께로부터 모두 물려받아 가진 것이다. [요 17:11. 21-22] [고전 12:27]

그러므로 성도는 예수님 대신의 삶을 잘 살아야 하며[고후 5:15] 이 주신 세가지 직분을 잘 활용하여서 말씀을 전파하고 새 생명의 삶 속에서 향기 나는 산 제사의 예배의 삶을 잘 살아야 한다.

왕이신 예수님과 한 몸이 되었으니 왕의 권세를 부리되 예수님과 같이 희생과 사랑으로서 사단에 대하여 왕의 권세를 부려야 하는 것이며 몸과 마음을 다하여 희생이 있는 사랑의 삶을 새 생명의 삶 속에서 살아 예수님과 같이 향기 나는 제물의 삶을 살아야 하는 것이다.

또한 니고데모가 아주 귀중한 예물을 주님께 드린 것과 같이 성도가 타고난 재주. 돈. 학식. 시간과 기술 등을 주님의 삶을 대신 살아야 하기 때문에 주님의 이름으로 주님의 영광을 위하여 향기 나는 예물로 사용을 하여야 하는 것이다.

[고후 5:15. 히 4:10. 빌 2:5–11]

3. 모든 의[義]를 이룬다 라는 말씀의 뜻은?

(마 3:15)

예수께서 대답하여 가라사대 이제 허락하라 우리가 이와 같이 하여 모
든 의를 이루는 것이 합당하니라 하신대 이에 요한이 허락하는지라

 제기되는 난제

1] 왜 예수님은 삼위일체 하나님이신데 물세례를 꼭 받으셔야 하나?

2] 이와 같이 하여 모든 의를 이루는 것이 합당하니라 하신 말씀의 뜻은?

난제 해석

1] 먼저 예수님께서 말씀하신 '모든 의를 이루는 것' 이라는 말씀은 곧 물
세례를 받으므로 '의'로은 즉 흠이 없고 부족함이 없는 온전한 상태를
이룬다. 혹은 만든다 라는 말씀이므로 이를 깊이 생각하며 다음으로 세
례에 대하여 알아보자.

하나님께서 성경에 계시하신 세례의 종류에는 세 가지가 있다.

첫째: 세례는 하나님의 생기를 받은 인간이 예수님 안에 복음의 메시지를 듣고 성령의 역사하심으로 말미암아 예수님이 구세주이심을 믿는 믿음이 마음에 믿어질 때 성령님께서 그 믿음과 함께 인간의 마음과 영혼에 들어 오셔서 함께 거하시게 되는데 이것을 성령세례라 한다.

이 성령세례는 곧 하나님의 성령의 인치심이라고 한다. [엡 1:13]

둘째: 이 성령의 인침을 받은 사람은 다음으로 물세례를 받는데 이를 침례라고 한다. [마 3:16. 행 8:35-38]

셋째: 구원받은 영혼이 육신을 벗는 것을 '영광의 세례'혹은 '영화의 세례'라고 부른다.

이는 구원을 받은 영혼이라고 할지라도 육신을 입고 있는 한 죄에서 완전히 해방되어 온전한 성화를 이룰 수가 없기 때문인 것이다. 즉 구원받은 사람은 새 사람을 입고 성화되어 가기는 하지만 육신을 입고 있는 한 온전한 성화를 이룰 수 없다는 말씀이다. 이는 인간이 육신을 가지고 흑암의 세력 속에서 생활을 하는 동안은 육적인 정욕에서 완전하게 벗어날 수가 없기 때문인 것이다.

그러나 인간의 영혼이 육신을 벗는 순간 구원을 받은 영혼은 온전한 성화를 이루게 된다.

그러므로 이것을 '영화의 세례' 혹은 '영광의 세례' 라고 부르는 것이다.

그래서 예수님께서도 당신이 짊어지실 십자가의 죽음을 앞에 놓으시고 내가 받을 세례가 또 있다 라고 말씀하신 것이다. [눅 12:50]

2] 세례에는 무슨 의미가 있나?

첫째. 세례는 죄의 가리움을 받는 것이다.

이는 곧 하나님께로부터 죄의 가리움을 받고 흠없는 의인이라는 칭호를 받는 것이다. [창 3:21]

[하나님께서 아담과 하와에게 짐승을 죽게 하여 가죽옷을 지어 입히신 것은 성령 세례의 예표이며 이는 인간의 부끄러움 즉 인간의 죄를 하나님께서 예수님의 대속을 믿는 믿음 안에서 성령 세례를 통하여 가리워주실 것을 예표하시는 것이다]

[롬 3:20-24] [창세기 해설 참조]

3] 물세례는 왜 받아야 하며 또 하나님 자녀의 표로 할례를 받았던 것이 왜 물세례로 바꾸었나 하는 것은 구약에 하나님께서 물을 어떻게 사용을 하시었나 보고 이해를 잘 하여야 한다.

첫째, 하나님께서 성경에 사용하신 물의 의미가 무엇인지를 잘 알아야 한다. [창세기 해설 참조]

둘째. 세례는 하나님 자녀의 구별이며 영원한 약속이다.

[구약의 관련성구: 창 17:10-14. 24. 수 5:2-3. 신약의 관련성구: 엡 1:13. 고후 1:22. 엡 4:30]

셋째. 세례는 새 사람으로 거듭나는 것이며 어둠의 세상에서 광명의 세상으로 옮기는 것이요. 예수님과 한 몸이 되어 예수님으로 옷 입는 것이

다. [고후 5:17. 엡 5:8-9. 롬 13:12-14]

넷째. 구약에 계시된 물세례에 대하여 알아야 한다.

[창 1:2]에서 말씀하시는 물은 장차 예수님 안에서 인간에게 새 생명을 주실 새 생명의 물의 계시이다.

이 새 생명의 물은 곧 하나님의 말씀을 의미하며 이 말씀은 곧 예수님을 의미하는 것이다. [요 1:1-4. 14. 출 17:6. 민 20:11. 렘 2:13. 17:13. 슥 14:8. 겔 47:1-12. 요 4:10 계 22:1-2]

물세례의 예표로는 노아 때 홍수 사건과 이스라엘의 출애굽때 홍해바다 사건을 들 수 있다. [고전 10:1-2. 벧전 3:20-21]

이 사건들은 하나님께서 오순절 기간에 당신의 자녀들을 찾으실 때 물 즉 말씀을 통하여 성령 세례를 주실 것의 예표이지만 물이 가지고 있는 의미를 따라 실제의 물로 세례를 주실 것을 예표하는 것이기도 하다.

이 뜻을 제일 먼저 깨달은 사람이 바로 세례 요한이다.

그래서 요한은 주님의 길을 예비하는 자 '엘리야' 로 정하여 놓으신 것이다. [마 17:10-12]

따라서 요한이 베푼 물세례는 회개케 하기 위한 물세례에 불과하다. 즉 예수님의 이름으로 베푸는 세례가 아니므로 물 즉 말씀을 통하여 세례를 주실 것을 알려 주시는 예표인 것일 뿐이다.

그래서 초대 교회 때에 사도들은 어떤 이들이 세례 요한에게 물세례를 받았다 하더라도 예수님의 이름으로 세례를 다시 준 것이다. [행 19:3-5]

다섯째. 생명수 샘물은 반석이신 예수님께로부터 나온다[출 17:6. 고전 10:4] 생명수 샘물은 예수님의 보좌로부터 흘러 내린다[계 22:1-2] 태초에 예수님께서는 생명수 샘물로 하나님과 함께 계셨다[창 1:2. 요 1:1-4.14.]

그러므로 간단히 말해서 물은 곧 말씀. 말씀은 곧 예수님을 의미하는 것이 므로 세례를 받는 것은 예수님으로 옷 입는 예식인 것이다.[롬 13:14]

따라서 예수님께서 말씀하신 '이렇게 하여 모든 의를 이루는 것이 합당 하니라' 하시는 말씀은 구약에 계시된 물세례에 관한 모든 하나님의 뜻을 온전히 따라야 한다는 것을 말씀하시는 것이다.

즉 구약에서 여러 모양으로 물세례를 받아야 할 것을 계시하여 놓으셨 다. 이것은 곧 하나님의 명령이요. 계약인 것이다. 인간들이 이야기 하는 ' 의' 는 공의. 정직. 선한 일 등을 꼽을 수 있지만 하나님께서 요구하시는 ' 의' 는 곧 '하나님의 말씀을 순종하느냐 하지 않느냐'로 하나님은 '의' 를 정 하신다.

그래서 하나님께서 아브라함을 보고 하나님을 믿으니 이를 의로 여기시 고[창 15:6] 라고 말씀하신 것이다. 또 이렇게 하여 모든 의를 이루는 것 이 합당하니라 하신 말씀은 곧 예수님께서 하나님의 뜻을 좇아 세례를 받 아야 온전하게 되시어 다음에 하나님께서 당신 안에 계시하여 놓으신 모 든 일들을 당신의 이름으로 온전하게 행하실 수가 있게 되기 때문인 것이 다. 그래서 성경이 인간의 모든 것을 죄 아래 가둔 것은 예수님을 믿는 믿 음 안에서 온전케 하시려 함이라고 말씀하신 것이다.[갈 3:22]

4] 정죄에 관한 하나님의 규정도 마찬 가지이다. 즉 인간은 나쁜 짓을 하 는 것을 죄로 규정하지만 하나님은 이런 인간의 행동을 심판 때에 정죄 하지 않으신다. [창조 역사속의 비밀 해설 참조]

하나님의 정죄는 네가 내 말을 믿느냐 혹은 순종하느냐? 아니면 안 믿느냐 혹은 순종 안 하느냐로 정죄를 하시고 안 하시고 하신다.

즉 너는 내가 너의 죄를 인하여 대속 제물로 준 예수님 안에서의 나의 언약을 믿느냐? 안 믿느냐? 로 정죄를 하시고 하지 않으시고 하신다는 것이다. [막 16:16 = 정죄. 요 3:19. 요일 5:16-17=죄의 정의]

따라서 태어나면서부터 죄인 된 인간은 어떠한 행위로도 죄에서 구원함을 받을 수 없다. 오직 하나님께서 정하여 놓으신 약속의 말씀을 따라 예수님의 행하신 일 즉 십자가에서 인간의 죄를 대속하신 일을 믿는 믿음으로 말미암아 예수님으로 옷을 입는 방법 외에는 죄에서 구원함을 받을 수가 없는 것이다.

그래서 구약에 '물' 에 계시된 약속의 말씀을 따라 '물' 세례를 받아야 하는 것이다.

[그러나 말씀에 의한 성령 세례도 영적 물세례이므로 영적 물 세례를 받은 사람이 물로 침례를 받기 전에 육신이 죽는다고 하더라도 구원은 소멸되지 않는다]

[물에 의한 침례의 의미는 물 즉 말씀으로 옛 사람은 죽고 물 즉 말씀으로 다시 새 사람으로 태어난다는 의미이다]

또 예수님께서 물세례를 받으신 특별한 이유는 예수님께서는 하나님의 약속의 말씀을 따라 신성과 인성을 겸비하시고 흑암의 세력을 멸하시기 위하여서 이 땅에 오신 분이다.

그러므로 흑암의 세력과 싸우기 위하여서는 영뿐 아니라 인성쪽도 온전케 되셔야만 흑암의 세력과 싸워서 승리하실 수가 있으시게 되는 것이다.

즉 하나님께서 구약에 계시하신 말씀을 따라 물세례를 받으셔야만 인성쪽이 온전하여 지시기 때문에 인성 쪽을 온전케 하시기 위하여 물세례를 받으시는 것이다.

예수님께서 물세례를 받으셨기 때문에 영과 육이 거룩하여졌으므로 성령님께서 동행하실 수가 있으시므로 광야로 가셔서 마귀와 대적하여 하나님의 말씀으로 승리하실 수 있으셨던 것이다. [마 4:1. 막 1:11]

즉 물세례를 받으셨기 때문에 영과 육이 온전하여져서 성령님이 함께 동행하심으로 흑암의 세력인 사단과 싸워서 이기실 수가 있고 또 하나님께서 당신에게 맡겨 놓으신 다음 사역을 감당 하실 수가 있게 되신 것이다.

이것이 곧 모든 의를 이루는 것이며 이렇게 모든 의를 이루셔야만 당신의 자녀들에게도 당신을 믿는 믿음 안에서 의를 이룰수 있게 하실 수가 있게 되는 것이다.

이것이 곧 예수님께서 세례 요한에게 세례를 베풀라 하시며 '우리가 이렇게 하여 모든 의를 이루는 것이 합당하니라' 라고 하신 말씀의 진정한 뜻인 것이다.

그러나 또 하나의 진정한 영적인 의미는 예수님께서 물세례를 받은 행위에 그 의미가 있는 것이 아니라 구약에 계시된 하나님의 말씀에 순종하여 물세례를 받은 것이기 때문에 예수님께서 그 하나님의 말씀에 순종하신 것에 진정한 의미가 있고 또 그러므로 하나님께로부터 능력을 입게 되신 것이다.

즉 물세례를 받으셨기 때문에 성령이 비둘기 같이 임하신 것이 아니라 예수님께서 구약에 당신 안에 계시된 대로 순종하시었기 때문에 성령이 비둘기 같이 임하게 되신 것이며 하나님께로부터 능력을 받으시고 공생애를 시작하실 수가 있게 되신 것이다.

5] 예수님께서 물세례를 왜 받으셔야 하는지 알았다. 그럼 성도가 물세례를 받는 내용에는 무슨 의미가 내포되어 있는가 알아보기로 하자

물세례를 받은 자는 성령 세례를 이미 받은 자들이다. 성령 세례를 받은 자는 성령님께서 내주하시며 함께 하시는 자들이다[고전 3:16, 6:19] 이 성령 세례를 받은 자들은 어두움에서 광명으로 옮긴 자들이다.

즉 빛으로 오신 예수님과 한 몸이요. 또한 하나님께서 첫째 날 창조하신 빛의 자녀인 것이다.[엡 5:8-9]

천국의 혼인 잔치에 참여하기 위하여 세마포 결혼 예복을 입은 신부들이다.[마 22:11-12] 이들은 곧 세마포 예복이 더러워지지 않게 깨끗하게 자꾸 빨아야 한다.[계 22:14]

또 선한 양심으로 주님의 삶을 대신 살아야 할 의무를 부여 받은 자들이다.[고후 5:15, 벧전 3:21]

세례를 받은 자들은 하나님의 성전을 깨끗하게 하여 나가기 위하여 내주하시는 성령님의 음성을 듣고 예수님과 항상 동행하며 하나님의 나라를 세워 나가야 한다.[빌 2:13]

그렇지 않으면 자신이 하나님의 성전을 스스로 파괴할 수도 있고 성령을 소멸할 수도 있게 된다.[고전 3:17, 살전 5:19]

이 모든 말씀은 곧 성령님께서 예수님을 광야로 몰아가시어 사단에게 시험을 받게 하신 것과 같이 성령 세례를 받은 성도들도 성령님께서 성도를 광야로 몰아가신다는 것이다.

이 말씀을 자세히 설명하자면 인간이 예수님을 믿고 새 생명을 받아서 흑암의 세력에서 광명의 세력 안으로 옮겨 영적 천국에서 살고 있다고 하여도 육신의 생명이 있는 한 인간은 아직도 흑암의 세력으로 인하여 유혹을 받으며 이 세상에서 살고 있다는 말씀이다.

그러나 성도가 유혹을 받을 때 성령님께서 예수님이 승리하시게 하신 것과 같이 성도도 승리할 수 있도록 말씀과 능력으로 도우시며 함께 하신다는 말씀이다.

따라서 성도도 사단의 유혹이 있을 때마다 예수님과 같이 말씀을 따라 행함으로 성령님의 도우심을 받아 그 사단의 유혹들을 물리치고 이겨야만 하는 것이다. 그래야 성도가 하나님의 뜻인 예수님 안에서의 참 평안을 누릴 수가 있게 되는 것이다.

이러한 삶이 곧 말씀의 물로 인하여 성도가 성령 세례를 받을때 입은 세마포 혼인 예복을 더럽히지 않게 보호하는 것이며[계 22:14] 또 성도가 새 생명의 삶 속에서 점차 성화되어 가서 하나님의 축복을 받으므로 성도가 이 땅에서 받아 실고 있는 새 생명의 영직 천국의 하나님 나라를 아름답게 세워 나갈 수가 있는 것이다. 곧 눈에 보이지는 않지만 성도의 새 생명의 삶 속에 존재하는 성전인 영적 예루살렘 성전을 아름답게 지어 나가며 그 안에서 참 평안의 천국을 예수님과 함께 누리게 되는 것이다.

결론적으로 예수님께서 물세례를 받지 않으시면 영은 온전하시다고 하여도 '육'은 온전하실 수가 없으신 것이다. 왜냐하면 구약에 계시된 물세례를 실행을 하시지 않으셨기 때문에 결국은 하나님의 말씀에 순종을 하시지 않으신 것이므로 '의'로운 자가 되시지 못하셨기 때문인 것이다.

즉 구약에 계시된 대로 물세례를 실행하시지 않았기 때문에 육이 온전하여 지지가 않으셨다 라는 말씀이다.

그러나 예수님께서는 하나님께서 구약에 당신 안에 계시하신 대로 순종하여 물세례를 받으셨기 때문에 영과 육이 온전하여 지셨으므로 온전한 '의'를 이루시었기 때문에 당신을 믿는 인간들에게도 온전한 '의'를 주실 수가 있게 되신 것이며 또 성도가 당신 안에서 새 생명의 삶을 사는 동안에 새 생명의 삶 속에서 당신의 이름으로 행하는 모든 일들을 흠이 없이 온전한 의로운 열매들로 나타나게 하실 수가 있는 것이다.

4. 예수님은 삼위일체 하나님이신데 왜 사단에게 시험을 받으셔야 하나?

(마 4:1-11)

그때에 예수께서 성령에게 이끌리어 마귀에게 시험을 받으러 광야로 가사 사십일을 밤낮으로 금식 하신 후에 주리신지라 시험하는 자가 예수께 나아와서 가로되 네가 만일 하나님의 아들이어든 명하여 이 돌들이 떡덩이가 되게 하라 예수께서 대답하여 가라사대 기록되었으되 사람이 떡으로만 살 것이 아니요 하나님의 입으로 나오는 말씀으로 살 것이라 하였느니라 하시니 이에 마귀가 예수를 거룩한 성으로 데려다가 성전 꼭대기에 세우고 가로되 네가 만일 하나님의 아들이어든 뛰어 내리라 기록하였으되 저가 너를 위하여 그 사자들을 명하시리니 저희가 손으로 너를 받들어 발이 돌에 부딪히지 않게 하리로다 하였느니라 예수께서 이르시되 또 기록되었으되 주 너의 하나님을 시험치 말라 하였느니라 하신데 마귀가 또 그를 데리고 지극히 높은 산으로 가서 천하 만국과 그 영광을 보여 가로되 만일 내게 엎드려 경배하면 이 모든 것을 네게 주리라 이에 예수께서 말씀 하시되 사단아 물러가라 기록되었으되 주 너의 하나님께 경배하고 다만 그를 섬기라 하였느니라. 이에 마귀는 예수를 떠나고 천사들이 나아와서 수종드니라.

제기되는 난제

1] 예수님은 삼위일체 하나님이신데 왜 마귀에게 시험을 받으셔야 하나?

2] 왜 예수님께서는 꼭 40일을 금식을 하신 후에 마귀에게 시험을 받으셔야만 하나?

3] 왜 사단은 꼭 세가지 유혹으로 예수님을 시험하였나?

난제 해석

1] 성경은 하나님께서 타락한 인간의 영혼을 구원하시기 위하여 특별히 기록하게 하신 인간 영혼 구원의 계획서이다.

창세기의 '창조 역사속의 비밀' 에서 이미 설명하였듯이 하나님께서 아담과 하와를 지으심은 곧 장차오실 예수님의 모형으로 예수님 안에서 인간 영혼의 구원을 위하여 특별히 창조하신 것이다.

즉 아담에게 '산 영'을 주신 것은 산 영을 모든 인간들에게 퍼트리라는 사명을 주신 것이므로 나중에 '살리는 영' 으로 오셔서 모든 죽은 인간들에게 새 생명을 주실 예수님의 모형이 되기 때문이다.[롬 5:14]

2] 하나님께서는 아담과 하와가 마귀의 유혹에 넘어갈 것을 아담과 하와를 창조하시기 이전에 이미 아셨다.

다시 정확히 말하자면 하나님께서는 아담과 하와가 마귀의 유혹에 넘어갈 것을 아시고도 아담과 하와를 창조하셨다는 말씀이다. 왜냐하면 하나님께서는 창세전에 인간의 타락을 아시고 인간 영혼 구원의 계획을 예수님 안에서 이미 세워 놓으셨기 때문에 아담과 하와를 지어서 시작을 하셔야만 하는 것이다.

아담에게 산 영을 주시고 지으신 것은 당시의 사람들에게 산 영을 전파하여야 하기 때문인 것이다.[창 4:14-15. 4:22 철기 시대] [창 6:1-4 아담의 직계 후손과 그 외의 사람]

그래야 예수님의 살리는 영과 접촉되어서 살릴 수가 있게 되기 때문인 것이다.[창조 역사 속의 비밀 참조]

쉽게 말하자면 아담에게는 산 영을 퍼트릴 사명을 주셨다면 예수님께는 산 영을 받은 인간들을 찾아 살려야 할 사명을 주시었다는 것이다.

그래서 아담은 오실 자의 표상이요 라고 [롬 5:14] 에서 바울 사도가 기록한 것이다.

[표상이라는 것은 곧 장차 나타날 현실의 어떤 것이나 목적하는 것과 모양이 같다 라는 뜻이다]

따라서 예수님은 아담의 모형을 따라서 아담의 후손으로 꼭 오셔야만 하는 것이다. 왜냐하면 하나님께서 인간 영혼의 구원 계획을 예수님 안에서 세우시고 첫 사람 아담을 창조하시었기 때문인 것이다.

즉 아담을 창조하시지 않았으면 예수님도 오실 수가 없고 또 아담이 마귀의 유혹에 넘어가지 않았다면 예수님이 오셔야 할 이유도 없고 또 사단과 싸우실 이유도 없는 것이다.

하나님께서 창세전에 예수님 안에서 계획을 세우셔야 할 아무런 이유도 없는 것이다.

따라서 예수님께서는 아담 이후로 하나님의 산 영을 아담으로부터 이어받은 영혼들을 찾아 구원하시기 위하여 아담이 에덴 동산에서 마귀의 유혹에 넘어가서 마귀에게 빼앗겨버린, 하나님께서 아담에게 주신 권세들을 다시 되찾아 오셔야만 하는 것이다. 즉 아담이 마귀의 유혹에 넘어가서 빼앗겨버린 권세들을 예수님이 회복 시키셔야만 예수님의 살리는 영으로서의 사명을 감당하실 수가 있게 된다는 말씀이다.

[창 1:28의 하나님께서 아담에게 주신 권세는 곧 아담과 하와가 하나님의 나라를 전파하고 다스리라는 권세이었지 세상에 보이는 만물들을 다스리라는 권세가 아니다. 즉 하나님께서 첫째 날 창조하신 '빛' 이 예수님 안에서 인간들에게 새 생명을 주시기 위한 새 생명의 빛을 창조하신 것과 같은 내용이다]

[창조 역사속의 비밀 참조]

그래서 1절에 '예수님께서 성령에 이끌리어 시험을 받으러 광야로 가사'라고 기록하고 있는 것이다.

이는 하나님께서 예수님을 일부러 마귀에게 시험을 받도록 하셨다는 것인데 이는 예수님께서 아담이 하나님께로부터 부여 받은 잃어버린 권세들을 다시 되찾아 와야만 인간의 죽은 영혼을 살리고 예수님 안에서 계획하신 당신의 나라를 이 땅에 건설을 하실 수가 있기 때문인 것이다.

즉 예수님께서 아담이 잃어버린 권세를 회복하시지 못하시면 하나님께로부터 받은 살리는 영으로서의 권세도 사용하실 수가 없으므로 하나님의 나라를 전파도 할 수가 없고 세울 수도 없는 것이다.

3] 그러면 예수님께서 사단으로부터 찾아오셔야 할 아담이 잃어버린 권세

아담이 에덴 동산에서 잃어버린 권세들을 알기 위하여서는 아담이 왜 사단에게 패하였나 하는 원인부터 알아야 그 내용을 정확하게 알 수가 있다.

그 원인은 곧 아담이 하나님의 말씀을 듣지 않고 사단의 유혹에 넘어가 사단의 말을 듣고 하나님께서 먹지 말라고 하신 선악과 나무의 열매를 먹었기 때문인 것이다.[선악과에 대한 해설은 창조역사 속의 비밀 참조]

즉 [창 3:6]에 보게 되면 '여자가 그 나무의 열매를 본즉 먹음 직도 하고 보암직도 하고 지혜롭게 할 만큼 탐스럽기도 한 나무인지라 여자가 그 나무 실과를 따먹고 자기와 함께한 남편에게도 주매 그도 먹은 지라 라고 기록되어 있다.

이 말씀에서 '먹음직도 하고'라는 말씀은 곧 육신의 정욕 즉 인간이 육신을 입고 있는 한 육적으로 일어나는 모든 정욕을 말한다.

'보암직도 하고'라는 말씀은 곧 안목의 정욕인데 이는 인간이 살아있는 동안에는 보고 느낄 때 자연적으로 일어나는 감정에서 절대 벗어날 수 없다는 말씀이다. 즉 남보다 높아지고 싶고, 남보다 뛰어나고 남보다 좋은 것을 더 많이 갖고 싶고, 남보다 출세하고 싶고 하는 욕심을 말한다.

다음으로 '지혜롭게 할 만큼 탐스럽기도 하다'라는 말씀은 인간은 남보다 뛰어나고 싶고 똑똑하고 싶고 또 잘나고 싶고 지혜로와 보이고 싶고 하는 욕심을 말한다. 그러나 인간의 지혜는 이기적인 지혜에서 절대 벗어날 수가 없다.

왜냐하면 인간은 육이 욕심과 항상 함께 하고 있으므로 흠이 없는 거룩한 지혜를 인간은 육이 있는 한 절대로 갖을 수가 없기 때문이다. 즉 전적으로 부패한 인간은 순수한 선한 지혜나 욕심을 갖을 수가 없다는 것이다.

이러한 정욕적인 것들은 아담과 하와가 사단의 말을 듣고 선악과를 따 먹었기 때문에 들어온 것이다. 이 욕심은 인간이 육신에 있는 한 죄를 동 반하며 끝까지 함께 존재한다. 그래서 인간은 삶 속에서 이 욕심으로부터 오는 죄 때문에 참 평안을 얻을 수도 없고 따라서 천국도 소유할 수가 없 는 것이다.

그러므로 이를 해결하여야 하는 책임이 하나님께 있기에 하나님께서 친 히 육신의 몸을 입고 이 땅에 오시어서 인간이 사단으로부터 받은 욕심을 제하여 버리고 죄에서 해방을 시키시고 인간에게 참 평안의 천국을 주셔 야만 하시기 때문에 오신 것이다.

이 하나님의 계획을 실천하시기 위하여서 예수님은 이 땅에 오셔서 인 간을 구원하시고 또 구원 받은 인간에게 당신과 똑 같은 권세 즉 하나님 의 나라를 온 세상에 펼쳐나갈 권세를 주시고 온 세상을 구원하게 하시는 것이다. 그러므로 예수님께서는 아담이 사단에게 빼앗겨버린 하나님의 나 라를 펼쳐 나가는 권세인 생육하고 번성하고 땅에 충만하라[창 1:28] 라고 하신 권세를 되찾아 오셔서 구원 받은 성도에게 이 하나님의 나라를 세워 나갈 권세를 주시고 당신과 함께 하나님의 나라를 온 세상에 펼쳐나가시 는 것이다.

따라서 예수님께서는 사단이 아담에게 사용한 이 세 가지의 유혹 즉 보 암직하고 먹음직하고 지혜롭게 할 만큼 탐스러운 사단 즉 세상으로부터 오는 유혹을 하나님의 말씀으로 모두 물리치시고 아담이 잃어버린 하나님 의 나라를 확장하고 다스릴 수 있는 주권과 권세를 모두 되찾아 오신 것이 다.[창 4:3-4. 요일 2:16]

예수님께서 사십일 동안 금식하신 후 시장하실 때 '돌들이 떡덩이가 되게 하라'는 사단의 유혹을 사람이 떡으로만 살 것이 아니요 하나님의 입에서 나오는 말씀으로 살 것이라[신 8:3]로 물리치시고 또 높은 성전 꼭대기에 세우고 뛰어 내리면 하나님이 사자들을 보내어 발이 땅에 부딪치지 않게 붙들어 줄 것이라는 사단의 유혹은 예수님께서 [출 17:2]의 말씀으로 물리치셨다.

또 엎드려 내게 경배하면 천하 만국을 주겠다 하니 예수님께서는 [왕하 17:39]의 말씀으로 사단의 유혹을 물리치셨다. 그러니까 마귀는 떠나고 천사가 와서 수종들게 된 것이다.

4] 예수님께서 하나님의 말씀으로 마귀의 모든 유혹을 물리치시고 승리하신 것은 곧 당신 안에서 구원을 받은 하나님의 자녀들에게 사단과의 싸움에서 말씀으로 싸워 승리할 수 있는 권세를 주시어 하나님의 나라를 당신과 함께 세워 나갈 수 있게 하시기 위함인 것이다.

말씀대로 사단은 지금도 우리의 삶 속에서 마음으로부터 일어나는 육신의 정욕과 안목의 정욕과 이생의 자랑을 통하여 하나님의 자녀들을 넘어지게 하려고 계속 유혹하고 공격하고 있다.[요일 2:16]

그러나 성도가 말씀으로 사단의 유혹을 물리치고 싸워서 이기고 승리할 때 천사가 예수님을 수종 든 것과 같이 천사가 와서 성도를 수종들게 되는 것이다.[마 4:11. 히 1:14]

그러면 성도의 삶 속에 하나님의 나라 즉 영적 성전인 예루살렘은 아름답게 꾸며지고 세워지므로 성도는 그 안에서 예수님과 동행하며 참 평안의 삶을 누릴 수가 있게 되는 것이다.

5] 하나님의 자녀는 성경을 아는 지식에서 자라 가야만 한다.[벧후 3:18] 그래야 향방 없는 싸움을 하지 않고 사단의 유혹을 이기고 정확히 대적하여 이길 수가 있게 되는 것이다.[고전 9:26]

무엇보다도 말씀속에 담긴 하나님의 진정한 뜻이 무엇인지 정확히 깨달았을 때 우리의 영혼은 더욱 강건하여져서 말씀을 듣고 성령의 인도하심을 따라 행하므로 성도의 새 생명의 삶 속에 성령의 아름다운 열매들을 많이 맺힐 수가 있게 되는 것이다.

성도가 성령의 인도하심을 좇아 성령의 아름다운 열매를 많이 맺히면 성도를 성전 삼고 계시는 성령님께서 함께 그 영적 생명나무의 열매를 잡수시며[계 3:20] 예수님께서 성도와 함께 동행 하시므로 천사가 와서 수종을 들게 되는 것이다.

그러면 성도의 새 생명의 삶 속에서의 영적 지경은 더욱 넓어지고 하나님의 나라는 더욱 크게 확장되며 성도는 하나님께서 자신에게 주신 영적 천국의 삶을 이 땅에서 어디를 가나 기쁨으로 누릴 수가 있게 되는 것이다.

6] 하나님께서 정하여 놓으신 사십의 숫자에 대하여 알아보기로 하자

왜 예수님께서는 40일을 금식을 하신 후에 마귀에게 시험을 받아야 하느냐 하는 것은 하나님의 인간 영혼 구원의 계획에는 모든 계획들이 정하여 놓은 시간과 때가 있음을 계시하시는 것이다.

[창 15:13-16. 행 7:30. 갈 4:4]

즉 절기를 따라서 인간의 영혼 구원의 계획을 세워 놓으신 것과 같은 이치이다.

그럼 이 40일의 숫자는 어디서 나왔으며 왜 예수님께서도 사십일을 따라서 금식을 하시었나 알아보자.

하나님께서는 인간의 영혼 구원을 예수님 안에서 당신의 말씀으로 구원하실 것을 정하시고 말씀을 기록하게 하시며 또 예수님을 인간 영혼 구원의 대속물로 정하시고 태초에 말씀 즉 새 생명의 물로 인간 영혼 구원의 계획 속에 잉태하셨다가 때가 되어서 말씀이 육신이 되어 이 땅에 오신 것이다. [갈 4:4. 요 1:1-4. 14]

하나님께서 말씀으로 인간을 구원하시고 인간을 심판하실 기간을 40이라는 숫자로 정하신 것은 40이라는 숫자상에 의미가 있는 것이 아니라 40이라는 숫자를 쓰신 그 사건에 영적인 의미가 있다.

창세기 1장 2절에 물 즉 새 생명의 물로 인간의 죽은 영혼들을 구원하실 것을 계시하신다.

'물' 즉 말씀으로 인간을 구원하실 것을 창 1:2에 계시하시고 그 계시하신 물을 노아의 홍수를 통하시어서 온 세상의 모든 민족을 '물' 즉 말씀으로 구원하실 것을 알리시며 물이 온 세상을 덮을 수 있는 비가 오는 기간을 40이라는 숫자를 사용하시는데 이는 말씀의 능력이 온 세상에 펼쳐져서 온 세상 모든 민족들을 구원하실 수 있는 기간을 40이라는 숫자에 맞추어 놓으셨다는 말씀이다.

즉 노아의 홍수 때 쏟아져 내린 물은 영적으로 창 1:2절에 계시한 궁창 위의 물인데 이 물은 곧 태초에 말씀으로 하나님과 함께 계셨던 새 생명의 물이 노아의 홍수 때 쏟아져 내린 것이다. 간단히 말해서 창세 때 영적으로 계시된 태초의 새 생명의 물이 곧 노아의 홍수 때 쏟아져 내린 세상을 구원할 물이라는 것을 알면 40이라는 숫자의 의미를 금방 알 수가 있는 것이다.

따라서 하나님께서 온 세상을 구원하실 기간을 노아의 홍수 때 비가 내린 기간 40일을 온 세상을 구원하실 기간으로 정하신 것이므로 사단의 세력과 싸워서 이길 하나님의 영적 능력을 입는 기간도 이 계시에 따라서 40이라는 숫자의 기간에 맞추어 놓으시고 행하여 나가게 하시는 것이다.

이 계시의 말씀을 '물' 이 가지고 있는 뜻을 따라 정확히 분리하여 보자면 '물' 즉 말씀으로 흑암의 세력을 물리치고 하나님의 인류 영혼 구원의 계획의 한 단계에서 다음 단계로 넘어가며 그 단계의 계획을 이룰 수 있는 영적인 힘과 능력을 하나님께로부터 받는 기간을 40이라는 숫자에 정하여 놓으셨다 는 것이다.

즉 말씀의 새 생명의 비가 온 기간이 40일이기 때문에 하나님께서는 모든 예수님 안에서의 인류 영혼 구원 계획에 있어서 한 단계의 계획의 사건을 완성하시고 다음 단계의 계획으로 넘어가는데 영적으로 충만하여지는 기간 즉 사단의 세력과 싸워서 이길 수 있는 영적인 능력을 받는 기간을

40이라는 숫자에 맞추어 놓으신 것이다.

그래서 하나님께서 예수님의 모형으로 사용하신 모세도 40일을 금식한 후에 '십계명'을 받았고[출 34:28-29]

또 예수님의 모형인 엘리야도 40일 금식을 하며 걸어서 '하나님의 산' 호렙에 이른 후 하나님의 음성을 들었다.[왕상 19:8]

이러한 사건들은 모두 하나님의 인간 영혼 구원 계획의 한 계획을 마치시고 다시 다음 계획을 실행하시는 데 정하여진 시간이 있음을 알려주시는 것이며 또 다음 계획을 소화시킬 수 있는 영적 능력을 받는 기간을 40의 숫자에 맞추어 놓으신 것을 알려 주시는 것이다.

따라서 예수님께서 공생애를 시작하시기 전에 아담이 잃어버린 권세를 회복하시기 위하여 하나님께서 노아의 홍수에 계시된 40일이라는 계시를 이행하시기 위하여 40일을 금식하신 의미도 있지만 무엇보다도 당신의 예표로 사용하신 모세와 엘리야에게 미리 알려주신 계시를 따라 하나님의 말씀에 순종하시기 위하여서 40일 간의 금식을 하신 의미도 있는 것이다.

그래야 하나님께서도 예수님에게 부여하신 다음 사명을 감당하게 하실 수가 있으신 것이다.

왜냐하면 그래야 예수님이 사단의 권세를 멸할 수 있는 영적 권세를 하나님께로부터 받는데 이는 하나님이 정하여 놓으신 모든 조건들을 충족시키시었기 때문인 것이다.

따라서 예수님이 하나님께서 계시하신 뜻에 순종하시어서 40일 간의 금식을 하시어 모든 하나님의 뜻을 충족하시었기 때문에 사단과 싸워 이길 권세를 하나님께로부터 받아 사단의 유혹들을 물리치시고 아담이 에덴 동산에서 잃어버린 주권들을 다시 찾아오시게 되신 것이다.

즉 하나님의 나라를 세워나갈 권세인 생육하고 번성하고 땅에 충만하라 정복하고 다스리라[창 1:28]는 하나님의 나라를 건설할 권세를 찾아오시었기 때문에 이 땅에서 찾아오신 권세로 당신 안에서 하나님의 나라를 세워나가실 수가 있게 되시었다 는 말씀이다.[창조 역사 속의 비밀 참조]

5. 내가 도무지 너를 알지 못한다 하심은?

(마 7:15-27)

거짓 선지자들을 삼가라 양의 옷을 입고 너희에게 나아오나 속에는 노략질하는 이리라 그의 열매로 그들을 알지니 가시나무에서 포도를 또는 엉겅퀴에서 무화과를 따겠느냐 이와 같이 좋은 나무마다 아름다운 열매를 맺고 못된 나무가 나쁜 열매를 맺나니 좋은 나무가 나쁜 열매를 맺을 수 없고 못된 나무가 아름다운 열매를 맺을 수 없느니라 아름다운 열매를 맺지 아니하는 나무마다 찍어 불에 던지우느니라. 이러므로 그의 열매로 그들을 알리라. 나더러 주여 주여 하는 자마다 천국에 다 들어갈 것이 아니요 다만 하늘에 계신 내 아버지의 뜻대로 행하는 자라야 들어 가리라. 그날에 많은 사람이 나더러 이르되 주여 주여 우리가 주의 이름으로 선지자 노릇하며 주위 이름으로 귀신을 쫓아내며 주의 이름으로 많은 권능을 행치 아니하였나이까 하리니 그때에 내가 저희에게 밝히 말하되 내가 너희를 도무지 알지 못하니 불법을 행하는 자들아 내게서 떠나가라 하리라. 그러므로 누구든지 나의 이 말을 듣고 행하는 자는 그 집을 반석 위에 지은 지혜로운 사람 같으리니 비가 내리고 창수가 나고 바람이 불어 그 집에 부딪히되 무너지지 아니 하나니 이는 주초를 반석 위에 놓은 연고요. 나의 이 말을 듣고 행치 아니하는 자는 그 집을 모래 위에 지은 어리석은 사람 같으리니 비가 내리고 창수가 나고 바람이 불어 그 집에 부딪히매 무너져 그 무너짐이 심하니라.

1] 거짓 선지자는 누구이며 좋은 열매, 나쁜 열매는 어떻게 알 수 있으며 거짓 선지자가 주의 이름으로 권능과 기적을 행할 수 있다는 말씀인가?

2] [행 2:21] 에 보면 '누구든지 주의 이름을 부르는 자는 구원을 얻으리라' 라고 말씀하셨는데 '나더러 주여 주여 하는 자마다 천국에 다 들어갈 것이 아니오 다만 하늘에 계신 내 아버지의 뜻대로 행하는 자라야 들어가리라' 라고 하신 말씀은 무슨 뜻인가?

3] 주의 이름으로 선지자 노릇도 하고 또 귀신도 쫓아내고 많은 권능도 행하였으면 주님을 믿는 자일 텐데 왜 주님께서는 '내가 너희를 도무지 알지 못하니 불법을 행하는 자들아 내게서 떠나가라' 라고 하셨는가?

4] 주의 이름으로 행하는 일이 어떻게 불법을 행하는 자가 되는가?

 난제 해석

1] 맨 처음에 복음서를 해설하기 전에 복음서는 예수님께서 이 땅에 가지고 오신 직책 즉 하나님께서 예수님께 맡기신 직책과 권세를 알고 그 방향에서 하신 말씀을 조명하여 보고 이해를 하여야 한다고 했다.

2] 위의 말씀은 예수님께서 장래에 일어날 일들을 선지자의 입장에서 말
씀하시는 것이며 또 장래에 예수님께서 심판자가 되실 것임을 나타내
시는 말씀이다.

먼저 거짓 선지자와 열매에 대하여 알아보자.

거짓 선지자의 활동은 두 시대로 나누어 생각하여야 한다.
즉 성령의 내주 역사하시는 오순절 기간과 오순절 이전의 기간이다.
오순절 이전의 선지자들은 성령의 내주 역사 속에서 예언을 하는 것이
아니고 오순절 이후의 선지자들은 성령의 내주 역사 속에서 예언을 한다
라고 크게 나누어 생각할 수가 있다.

성령의 내주 역사가 없는 구약 시대에는 주로 하나님의 미래에 예수님
안에서 되어질 하나님의 인류 영혼 구원의 계획들을 알리시어 성경을 이
루시기 위하여 하는 예언이었다면 오순절 이후의 선지자들은 성령의 내주
역사로 말미암아 하나님의 나라를 세워가는 즉 성도의 삶 속에서 천국을
성도가 어떻게 세워 나가는가와 또 성도가 새 생명의 삶 속에서 어떻게 하
나님과 함께 동행을 하며 천국을 누리는가 하는 것을 알려 주시기 위하여
예언을 하게 하시는 것이다.

즉 점쟁이가 점을 치는 것과 같은 그런 예언을 하여 성도에게 무서움을
갖게 하거나 두려움을 갖게 하는 혹은 마음의 결정에 난처한 입장을 만드
는 그런 예언을 하는 것이 아니다.
오순절 시대에 있어서 선지자들을 넓게 분리하여 말하자면 하는 행위에
따라서 주님의 이름을 부르는 모든 성도가 될 수도 있으며[벧전 2:9] 작은

면으로 보면 목사라는 직책을 가진 자 들로 볼 수 있다.

다음으로 주님께서 말씀하시는 열매에 대하여 알아보자.

흔히 교회에서 성도가 새 생명의 삶 속에서 열매를 맺히는 것을 가르칠 때 전도하여서 새 신자가 주님을 영접하여 신자가 되게 하는 것을 열매라고 말하고 또 그렇게 가르친다.

그것이 열매인 것은 확실하다. 그러나 본문에 주님께서 말씀 하시는 열매는 그런 열매가 아니고 선지자가 자신의 새 생명의 삶 속에서 맺히는 성령의 인도를 따라 맺히는 생명나무의 열매와 또 성도들의 삶 속에서 성도들이 맺혀가는 새 생명의 열매 즉 성령의 역사로 인하여 예수님과 동행하여 예수님의 이름으로 맺히는 영적 생명나무의 열매를 말씀하시는 것이다.

즉, 오순절 기간에 성도들의 삶은 성령님과 동행하는 삶이다. 성령님은 성도와 함께 거하시며 성도가 성령의 열매를 맺힐 수 있도록 소망을 갖게 하시고 또 그 소망을 깨닫게 하시며 그 소망 가운데 믿음과 확신을 주시면서 그 소망을 통하여서 생명의 열매가 맺히게 하시며 하나님의 나라가 세워지는 길로 인도하신다.[빌 2:13]

그런데 성도들은 하나님의 말씀을 분별할 수 있는 능력이 부족하다. 그래서 목자를 세우시고 인도하게 하시는데 그 목자가 어떻게 인도하느냐. 또 어떻게 가르치느냐에 따라서 하나님의 나라가 세워지기도 하고 오히려 남에게 피해를 주고 욕을 먹음으로 하나님의 나라를 무너지게도 한다.

이것은 곧 성도가 새 생명의 삶 속에서 좋은 열매를 맺히느냐 아니면 나쁜 열매를 맺히느냐 하는 것으로 욕을 먹기도 하고 칭찬을 받기도 하여 하나님의 나라를 무너지게도 하고 아니면 세우기도 하는 것이다.

그래서 성도의 새 생명의 삶 속에서 좋은 열매를 많이 맺히게 되면 하나님의 나라가 아름답게 세워지며 성도는 그 아름답게 세워져 가는 영적 하나님의 나라 예루살렘에서 성령님과 함께 참 평안의 새 생명의 삶을 이 땅에서 누릴 수가 있게 되는 것이다.

따라서 성도의 새 생명의 삶은 성령님께로부터 온 간절한 소망과 믿음뿐만이 아니라 주님께로부터 온 십자가를 지는 희생이 있는 사랑이 함께 동반된 그런 사랑의 행위가 있어야만 하는 것이다.

모든 생명나무의 열매는 성령님의 역사로 십자가를 지는 희생하는 사랑이 없이는 열매를 맺히지 못한다.

어쩌다 보면 별 희생하는 사랑도 없이 성령의 열매가 맺히는 것과 같은 현실을 본다. 예를 들면 부흥회나 기도원 같은 데서 병자나 귀신들린 자가 일어나는 기적 같은 것들이다. 이러한 기적은 열매같이 보이지만 실상은 생명나무에 맺히는 성령의 열매와는 별개이다.[눅 17:12-19]

오히려 이러한 기적은 기적을 일어나게 한 부흥 강사 목사를 아주 위험한 상태의 믿음으로 만들고 마는 경우가 종종 있다.

왜냐하면 인간은 성령님이 함께 하셔도 아직 온전한 성화를 이룬 상태가 아닌 육신이 육적인 상태의 삶 속에 있기 때문에 전적인 육적 욕심에서 벗어날 수가 없기 때문에 자기가 자기에게 자기도 모르게 자만하거나 우쭐대게 만들고 마는 결과를 만들기 때문이다.

이러한 느낌이 처음에는 굉장히 부담되고 어쩌면 하나님께 죄의식 까지도 느끼지만 여러 번 반복 되고 나면 아주 당연하거나 정당한 것과 같이 느끼며 전혀 죄 의식을 느끼지 못하는 영적 귀머거리와 장님으로 까지 전락하고 마는 상태가 된다.

그러나 성령님은 그렇게 되는 과정 속에서도 꾸준히 어느 한계까지 계속 알려 주시며 주의를 시키신다. 그래도 듣지를 않으면 성령님은 언제부터인가 주무시는 상태로 되어서 성도가 성경을 인용하여 합리화시키는 단계를 거쳐 사단의 음성을 성령님의 음성으로 착각하는 상태까지 된다. 이런 현상은 성령님의 인도하시는 음성을 자주 듣지를 않을 때 생기는 무서운 현상 이다. 그것도 예수님 안에서[딤전 4:1-2] 그래서 사도 바울께서도 성령을 소멸치 말라고 말씀을 하신 것이다.[살전 5:19]

이렇게 영적으로 영적 귀와 눈이 다시 못 듣고 못 보는 상태가 되면 오히려 사단의 음성을 듣거나 자기의 내면에서 그럴듯하게 들리는 음성이 있는데 이를 성령의 음성이라고 듣고 착각을 하게 되어 자기 자신이 속으면서도 자기 자신도 모르고 행하는 경우가 많게 되는 것이다.

구약의 거짓 선지자들은 그냥 하나님께서 나에게 이렇게 예언을 하라고 하셨다고 하면서 거짓 선지자 노릇을 하지만[신 18:22] 오순절 기간의 거짓 선지자는 예수님의 이름으로 거짓 선지자 노릇을 하는데 이런 현상은 두 가지로 분류하여 볼 수가 있다.

하나는 하나님의 뜻도 정확히 모르고 혹은 성경의 뜻도 정확히 모르면서 자기 마음과 느낌에 일어나는 대로 말하면서 성령님이 알려주신 것을 예언을 한다고 하며 하는 자들과 또 한 부류는 하나님의 뜻과 성경에 계시된 뜻을 정확히 잘 알고 있었는데 어느 날 현실과 혹은 마음의 욕심을 따라 사단의 유혹과 타협하면서 적당히 변질 되어져서 나중에는 자기 자신이 스스로 속고 있으면서도 자기 자신이 잘못된 것을 전혀 느끼지도 못 할 뿐만 아니라 자기가 가르치거나 행하는 것이 잘 깨달은 진리인 것같이 자기도 스스로 속고 있는 자들이다.

이들을 미가 선지자는 양들의 살을 뜯고 뼈를 바른다고 마지막 때의 선지자들의 현상을 지적하여 예언하였다.[미 3:2-3]

즉 점쟁이 같은 말을 하면서 양들을 현혹시키는 목사는 모두 거짓 선지자 즉 목사의 자격이 없는 사람들이다 라고 할 수 있다. 처음부터 자격이 없거나 혹은 처음에는 자격[하나님이 보시기에 합당]이 있었으나 어느 날 변질 되어 자격을 상실한 것을 본인은 모르고 있는 자들이다.

이런 목사들을 주님께서 '내가 도무지 너희를 모른다'라고 말씀하시는 것이다.

그러면 이런 타락한 목사나 선지자가 예수님의 이름으로 기적과 권능을 행하는데 이는 어떻게 보아야 하는가? 하는 문제가 제기된다.

이것은 첫째, 하나님의 말씀의 권능과 둘째, 말씀을 선포할 때 듣는 자의 믿음 혹은 그 말씀을 듣는 사람과 하나님과의 영적인 보이지 않는 상관관계가 있기 때문이라는 것을 알아야 한다. 즉 예수님의 이름과 말씀으로 귀신을 쫓아내고 병을 고치고 기적을 행할 때 일어나는 사건은 예수님 안에서 하나님의 약속된 말씀의 권능이지 그 목사나 선지자의 능력이나 권능이 아닌 것이다.[막 9:38]

따라서 예수님께서 가르치시고자 하시는 본문의 목적은 은사를 받은 자는 언제 자신이 영적 감각에 화인을 맞을지 모르니 조심하고 또 조심하여야 한다는 말씀인 것이다.

일단 한번 성령의 음성을 바로 듣는 영적 양심에 화인을 맞으면 하늘나라 갈 때 까지도 모른다는 무서운 사건인 것이다.

마지막으로 주의 이름으로 권능을 행하고 기적을 행하고 하였으면 주님을 영접한 주님의 자녀들이 아닌가?

[고전 12:3]의 말씀에 하나님의 영으로 말미암지 않고는 주를 주라 시인할 수 없느니라 하셨는데 왜 이들을 주님께서 모른다고 하시나? 하는 말씀은 곧 이 말씀을 하신 전후 말씀의 문맥을 잘 살펴보아야 한다.

즉, 마 7:15-20절 까지의 말씀은 예수님이 활동하시던 당 시대의 선지자들로 볼 수 있는 제사장들과 바리새인, 사두개인들을 들 수 있다.

그들은 당시에 이미 타락한 상태까지 가 있었고 예수님을 잡아 죽일 만큼 배척을 하였다.

그래서 예수님께서 성전 앞에서 장사하는 자들을 채찍으로 때리시고 또 상을 엎으시며 이 '회 칠한 무덤 같은 무리들아' 라고 말씀하시고 성전을 강도의 소굴로 만들었다고 말씀하신 것이다.[마 21:13. 23:27] 즉 이들은 아무리 하나님을 찾고 거룩한 척 하여도 삶 속에서 진정한 천국을 이룰 수도 없고 또 진정한 천국에 이르지도 못한다.

다음의 21-23절의 말씀을 분리하여서 봐야 한다. 이 말씀을 이해하기 위하여서는 예수님께서 말씀하시는 '불법' 이 무엇인가를 먼저 알아야 한다.[창조 역사 속의 해설 참조]

하나님께서는 인간의 죄를 심판하실 때 행위에 따라 정죄하시지 않으시고 너는 내가 정한 인간 영혼 구원의 법 즉 예수를 네 구세주로 네가 마음에 믿느냐? 안 믿느냐? 로 '죄인이다 혹은 죄인이 아니다'로 심판하신다는 것이다.[요 3:19. 막. 16:16]

따라서 이 말씀은 두 가지로 해석을 할 수 있다.

하나는 선지자 혹은 목사 혹은 성도들 중에 아예 처음부터 성령님께서 함께 하시지 않는 자 즉 구원이 없는 무리가 예수 이름으로 거짓 선지자 노릇을 하였다는 것과[거짓 선지자도 기사와 이적을 행할 수가 있다. 마 24:24]

또 하나는 먼저 설명하였듯이 오순절 기간 특히 마지막 때에는 사단이 목사들을 양심에 즉 성령님의 음성을 듣는 영적 양심에 화인을 맞게 하여서 예수님의 이름으로 기적을 행하게 하며 넘어뜨려 자신의 도구로 사용을 하고 있는 것이다. 이것을 베드로 사도가 [벧전 5:8] 에서 경고하고 있다.

그러나 예수님의 본문에 대한 말씀의 의미는 하나님의 영광과 하나님의 나라를 전파하기 위하여 죽기까지 사단의 유혹과 싸워서 승리하여야 한다는 말씀이다.

즉 오순절 기간은 성도가 성령님께서 함께 거하면서 성령님과 함께 동행하는 기간이지만 어쩌다 실족하여 넘어질 수도 있다. 그러나 다시 일어나서 회개하고 성령님의 인도를 받으면 성령님께서 다시 계속 성도와 함께 동행하시며 성도에게 힘을 주시고 끝까지 도우신다는 것이다.[요 14:16-17]

그러므로 '내가 도무지 너를 모른다. 불법을 행하는 자들아 내게서 떠나가라 하시는 말씀은 아예 처음부터 성령님께서 함께 하시지 않는 거짓 선지자나 목사들을 말씀하시는 것이며 또 다른 하나는 먼저 설명하였듯이 처음에는 성령님의 말씀을 잘 듣고 행하며 온전하고 순전하였으나 어느 날 성령님의 음성을 듣는 영적 감각에 화인을 맞음으로 오만하여져서 하늘나라 갈 때 까지 사단의 노예가 되어버린 자들이다.

이런 자들은 입으로는 주여 주여 하는데 행하는 기사와 권능 속에는 예수님께서 계시지 않은 것이다.

즉 성도의 믿음과 사랑과 소망이 예수님께로부터 온 것이 아니거나 또는 성도가 행하는 행위가 예수님의 이름으로 십자가를 지는 사랑이 함께 하지 않으면 행하는 모든 행위는 하나님께서 불법을 행하는 행위로 보신다는 말씀인 것이다.

또 하나 정확히 더 말하자면 하나님과 구원 받은 자의 상관관계 속에서 구원 받은 자가 하나님께서 정하여 놓으신 어느 한계를 벗어나면 구원을 상실할 수도 있다는 말씀인 것이다.

왜냐하면 이는 오순절 기간에 구원받은 자는 성령님과 동행하는 삶을 살게 되는데 성령님께서는 그 구원받은 자의 삶 속에서 구원 받은 자가 당신의 인도에 의하여 생명의 열매를 맺히게 하시며 그 생명의 열매를 음식으로 함께 잡수시면서 동거 동락하신다.[계 3:20]

그러면서 구원 받은 자의 영혼을 또한 힘 있게 하시며 더 많은 성령의 생명의 열매를 맺혀가게 하시는 것이다. 이것이 곧 성령 충만의 삶인 것이다.[요 15:1-8]

그런데 구원 받은 자가 항상 성령님께서 원하시는 것을 좇지 않고 사단의 유혹을 받을 때 현실과 합리화시키면서 또 구약의 말씀을 인용하여 육적 욕심을 좇아 행하면 이는 예수님을 계속 십자가에 못 박는 행위이며 또 성령의 역사를 부인하는 것이므로 성령을 소멸하게 될 수도 있다는 말씀이다.

그러나 그 성령을 소멸하게 되는 한계는 하나님만 아신다.

왜냐하면 모든 사람이 가지고 태어난 환경과 성질 능력 등이 모두 다르기 때문이다. 그러나 하나 확실한 것은 그 성령이 소멸된 성도의 믿음 안에 예수님이 안 계시거나 부정하는 단계인 것만은 확실하다.[고전 9:27. 고후 13:5. 히 6:2-8]

다음 본문 24-26절의 말씀을 보면 21-23절의 말씀이 주님께서 무슨 뜻으로 말씀하셨는가 더욱 확실히 보충이 된다. 즉 성령님께서 구원 받은 자와 함께 하시는 오순절 기간에는 하나님의 나라를 전파 즉 하나님의 나라를 반석이신 예수님 위에 건설하여야만 한다는 말씀이다.

따라서 먼저 말씀하신 예수님의 가르침의 말씀은 현실과 타협하지 말고 기적이나 권능을 행하는데만 신경 쓰지 말고 주님의 뜻을 따라 진정 희생이 있는 사랑하는 마음으로 좁은 길을 걸으며 하나님의 나라를 예수님 위에 세워 나가는 것이 곧 주님을 아는 것이며 주님께서도 원하시는 것이란 말씀이다.

다시 말해서 행하는 기적 속에 희생하는 사랑의 마음과 하나님의 영광이 나타나기를 간절히 바라는 마음 또 예수님의 이름으로 하나님의 나라가 확장되기를 간절히 바라는 믿음과 소망이 없다면 예수님과 아무 상관도 없다는 말씀인 것이다.

이것이 곧 믿음의 반석이신 예수님 위에 하나님의 나라를 건설하는 것이며 바람이 불고 창수가 나도 무너지지 않는 보이지 않는 영적 예루살렘 성전이 성도의 새 생명의 삶 속에 지어지는 것이다.

첫째는 내 마음 속에 성령님이 함께 거하시는 예루살렘 성전이요. 다음은 사람과의 관계의 삶 속에서 지어지는 보이지 않는 영적 예루살렘 성전이요. 마지막 하나는 성도가 모여서 예배를 드리는 성전이다.

현 시대는 인간의 지능이 극도로 발달되어 흑암의 세력이 강하게 역사하므로 사단의 역사가 굉장히 강하게 운행되고 있다.

기적을 통하여 혹은 이상한 교리를 통하여 사회뿐 아니라 교회 안에서도 엄청나게 강하게 역사하고 있는 것을 본다. 정말 분별을 하기 힘들 정도이니까 조심하여야 할 것이다. 이 모든 어려운 상황을 지혜롭게 이겨내고 참 평안의 신앙생활을 하려면 신비나 기적을 좇지 말고 오직 새 생명의 삶을 산 제사의 삶으로 온 힘을 다하여 이웃과 화목하는 삶을 사는 것에 마음을 다 하는 것이 가장 좋은 방법이다.

그래서 예수님께서도 예수님이 여기 있다 혹은 저기 있다 하여도 가 보지 말라고 하신 것이다. 즉 오순절 기간에 신비나 기적을 좇아다니지 말라고 말씀을 하시는 것이다.[마 24:23-24]

6. 바다의 태풍을 잔잔하게 하신 의미

(마 8:23-27)

배에 오르시매 제자들이 쫓았더니 바다에 큰 놀이 일어나 물결이 배에
덮이게 되었으되 예수는 주무시는지라. 그 제자들이 나아와 깨우며 가
로되 주여 구원 하소서 우리가 죽겠나이다. 예수께서 이르시되 어찌하
여 무서워하느냐 믿음이 적은 자들아 하시고 곧 일어나사 바람과 바다
를 꾸짖으신대 아주 잔잔하게 되거늘 그 사람들이 기이히 여겨 가로되
이 어떠한 사람이기에 바람과 바다도 순종하는고 하더라

? 제기되는 난제

1] 바다에 바람이 세게 불고 하여 물결이 배에까지 덥힐 지경인데 예수님
   은 왜 모르고 주무시고 계셨나?
2] 바다의 거센 바람과 큰 파도를 잔잔하게 하신 예수님의 뜻은?

난제 해석

먼저 해설을 하기 전에 우리가 항상 들어온 해설부터 지적을 하여야 할 것 같다.

우리는 이 사건을 통하여 책을 보거나 설교를 들을 때 예수님 은 하나님 이시니 모든 자연 위에 계시다. 그러니 자연도 예수님의 명령에 순종하는 것이다. 또 우리의 일상사의 모든 문제 까지도 예수님의 이름으로 예수님 께 아뢰고 기도하면 해결해 주신다. 뭐 대충 이런 식의 설교나 해설을 들어왔다.

그렇다면 예수님은 질서도 없이 우주의 자연 섭리까지 깨트리시며 당신의 자녀들이 기도만 하면 들어 주시는 그런 무질서한 분이란 말씀인가? 또 그렇게 문제가 있을 때 기도만 하면 과연 척척 해결하여 주시나?

물론 [사 48:13]에 보면 천지를 하나님께서 지으셨으니 하나님께서 명하시면 천지가 일제히 서느니라 라고 말씀하신다.

물론 예수님은 천지의 주재이신 것은 사실이다.[골 1:16-17]

그러나 위의 본문의 말씀을 그렇게 해석을 한다는 것은 양들을 무지하게 만들 뿐만 아니라 어쩌면 성도들을 오만 방자한 이기주의자로 만들어 가는 해석이 될 수도 있을 것이다.

또 만일 성도가 그러한 믿음을 가지고 기도하며 신앙생활을 하다가 문제 등이 해결이 안 되면 믿음이 적다느니 하면서 자책하고 더 열심히 기도하며 교회에 봉사하여야 한다든지 아니면 기도가 부족해서 그런가 보다 하고 기도원으로 달려가기도 하며 열심을 낸다.

그러면서 자기 자신을 더욱더 구속시켜가며 정말 힘든 신앙생활을 하면서도 그렇게 하는 것이 잘하는 신앙생활이라 생각하고 자기의 믿음이 바른 믿음이라고 생각하고 또 그렇게 믿으며 행복하지도 않은데 행복한 가운데로 자신을 넣으려고 애쓴다.

어쩌면 어떤 사람은 그렇게 힘들게 신앙생활을 하는 것이 정말 하나님을 잘 섬기고 예수님의 은혜에 보답하는 것이며 하늘에 상급을 쌓는 것이라고 또 진짜 그렇게 믿고 행복해 할지도 모른다.

왜냐하면 인간의 의지는 항상 자기가 피해를 보지 않으려는 성향의 쪽에 항상 성을 쌓고 스스로 보호하는 습성이 있기 때문이다. 절대 주의를 하여야 할 것이다.

그러나 본문의 말씀은 그렇게 성도를 구속시키거나 또는 무식한 믿음을 갖게 하려고 주님께서 기적을 행하시고 기록을 하시게 하신 것이 아니란 것이다.

항상 지적하였듯이 성경의 사건은 매 사건이 일회적으로 끝난다. 그리고 다음 사건으로 연결된다. 주님께서 무질서하게 아무 때나 시도 때도 없이 기적을 행하시는 것이 아니고 구약에 당신 안에 계시된 내용에 따라 완성을 하셔야 하시기 때문에 기적을 행하시고 계시된 내용을 완성을 시키시기 위하여 기적을 행하시는 것이란 말씀이다.

본문의 사건의 뜻은 이렇다. 즉 홍해 바다에서 세례를 받고 홍해를 건너온 이스라엘 민족이 광야 생활을 할 때 하나님께서는 모세를 통하여 하나님의 산 호렙에서 십계명을 주신다.

또 [출 28-30장]에 보게 되면 제사장의 예법과 하나님께 드려야 하는 각종 제사의 예법을 가르치신다.

이때에 모세를 통하여 주시는 이스라엘의 모든 삶 속에서의 규율과 하나님께 드리는 제사의 예법 안에는 곧 주님께서 이 땅에 오시어서 행하셔야 할 주님의 사명과 권세 직책만이 계시되어 있는 것이 아니라 주님을 영접하여 왕 같은 제사장의 직분을 받을 장래 하나님의 자녀들이 행하며 살아야 할 모든 내용들이 함께 계시되어 있는 것이다.

따라서 이 본문의 사건도 구약의 제사 가운데 당신에게 계시 된 것을 알려 주시고 이루시기 위하여 풍랑을 통하여서 하나님께서 구약에 당신 안에 계시된 제사의 내용대로 행하시어 성경을 이루어 가시는 것이다.

즉 구약에 계시된 모든 제사들은 오순절을 시작으로 예수님 이름으로 사는 성도의 새 생명의 삶 속으로 모두 들어와 있다. 이것이 곧 사도 바울이 깨달은 산 제사의 삶이다.[롬 12:1]

그러므로 예수님께서는 구약에 계시된 제사의 삶들을 성도가 새 생명의 삶을 사는 동안에 당신 안에서 어떻게 사는 것이 구약의 제사 속에 계시된 내용대로 사는 것인가 어떻게 사는 것이 하나님께서 구약의 제사 속에 계시하신 뜻대로 사는 것인가를 가르쳐 주시기 위하여 일어난 풍랑을 이용하여 알려 주시기 위하여 기적을 행하시고 기록을 하게 하신 것이다.

본문을 설명하기 위하여 사건의 필요성을 설명하였다.

다음으로 이 사건을 통한 예수님의 뜻을 정확하게 알려면 다음의 내용들을 먼저 주지하여야 할 것이다.

첫째, 바다는 성도가 사는 인간 세상을 의미한다.[시 98:7. 사 23:11. 60:5. 겔 26:16. 47:8]

둘째. 배는 성도가 새 생명의 삶을 주님과 함께 세상에서 사는 인생의 항로를 의미한다.

셋째. 광풍을 만나고 파도를 만난 것은 성도의 새 생명의 삶 속에서의 사건들을 의미한다.

넷째. 즉 이 사건은 성도가 새 생명의 삶을 세상에서 살 때에 예수님이 함께 동행하여 가시는 것임으로 예수님 안에서 새 생명을 얻은 자의 삶의 행로에서 일어나는 사건을 의미한다.

다섯째. 이 사건은 구약에 예수님 안에 계시된 말씀을 예수님께서 성취시키시기 위하여 사용하신 사건이다.

인간이 세상을 살면서 사건이나 문제가 생기는 데는 항상 원인이 제공되어 있게 마련이다. 원인이 없는 결과는 없다.

성도가 새 생명의 삶을 예수님 안에서 산다고 하여도 역시 이 세상 흑암의 권세 아래에 육신을 입고 살고 있는 한은 세상 사람들과 마찬 가지로 여러 가지 사건들은 똑같이 일어나며 만나게 되어 있다.

지금 배에 예수님과 함께 타고 있는 사람들은 사도들이다.

즉 바꿔 말하자면 배에는 구원받은 성도가 예수님과 함께 타고 있는 것이다.

천지의 주재이신 예수님께서 함께 타고 계시는데 왜 성도의 삶 속에서 풍랑이 일어날까?

그 이유는 성도의 삶 속에 함께 동행하시는 예수님께서 주무시고 계시기 때문인 것을 본문을 통하여 쉽게 알 수 있다.

그러면 왜 예수님께서 주무시고 계시는가?

또 성도의 삶 속에서 새 생명의 삶을 살 때에 풍랑이 일어나서 예수님께 살려달라고 문제를 해결하여 달라고 간구하니 성도의 문제는 과연 본문과 같이 바람이 잔잔하듯 사라져 버려 해결이 되는가 말이다.

그러나 성도의 삶 속에서의 실상은 그렇게 쉽게 되지를 않는다. 어쩌다 우연의 일치로 혹은 뜻밖의 예기치 않은 일로 쉽게 해결이 되는 수도 가끔 있다.

그러나 그런 비정상적인 것을 하나님의 섭리라고 기뻐하는 자체부터가 하나님을 잘못 알고 있는 것이며 하나님을 믿는 믿음 자체가 이미 위험하게 잘못되어 있는 상태이다.

하나님은 질서의 하나님이시지 무질서의 하나님이 아니시라는 것을 우선 성도가 먼저 명심하여야 할 것이다.[고전 14:33]

본문에 일어난 사건에서 주님의 가르치심이 무엇인지 자세히 알아보자.

문제의 원인 즉 성도의 새 생명의 삶 속에서 왜 풍랑이 일어났는가를 먼저 알아보기로 하자.

첫째. 성령님의 내주 역사가 없는 구약 시대에는 하나님을 믿으며 살아도 율법은 지키되 성전에서 드리는 정하여진 예배는 절기를 따라 1년에 3

차례 밖에 드리지 않았다.[신 16:16]

그러나 성령의 내주 역사로 성도와 함께 하시는 '오순절' 기간에는 이스라엘 즉 구원받은 성도의 전 생애의 삶이 예배의 삶으로 바뀐 것이다.[롬 12:1]

즉 성도의 새 생명의 삶 자체가 성도의 삶이 아닌 모든 목적이 주님의 영광을 나타내기 위한 목적의 삶으로 바뀌었다는 것이다.[고후 5:15. 히 4:10 = 안식에 들어간 자는 자기의 일을 쉬느니라 하시는 말씀은 예수님 안에서 구원을 받은 자는 모든 삶의 목적이 자기 중심에서 예수님 중심으로 바뀌었다는 것이다] 따라서 구원받은 자의 삶은 믿음 안에서 십자가를 지는 산 제사의 삶을 살아야 하는 것이다.[갈 2:20]

그러므로 본문의 사건은 곧 예수님께서 이 사건을 통하여서 구약에 계시된 5대 제사 중에 화목제 제사의 삶을 가르치시고자 하시는 것이다. [화목제의 제사에 담긴 내용과 제물의 뜻은 '절기와 제사' 해설을 참조]

즉 구원받은 자가 새 생명의 삶 속에서 예수님과 동행하지 않는 삶을 살면 산 제사의 삶을 살 수가 없다.

삶의 모든 목적과 원인이 하나님의 영광을 위한 예수님 중심의 삶으로 바뀌었는데 실상 성도가 행하는 새 생명의 삶 속에는 예수님이 계시지 않는다는 것이다. 이는 다시 말해서 예수님께서 주무시고 계시다는 것이다.

왜 구약의 제사 중에 화목제 제사를 만들어 놓으셨나?

화목제의 제사는 성령님이 성도와 함께 거하는 오순절 기간에 화평케 하는 삶을 새 생명의 삶 속에서 살아 하나님의 나라를 세워 나가야 한다는 것을 계시하시는 것이다.

그런데 성도의 삶 속에서의 풍랑 즉 문제가 일어났다는 것은 성도가 주님께서 기뻐하시는 화목제의 산 제사의 삶을 세상 속에서 살지를 않았다는 것이다.

즉 산 제사의 삶을 잘 사는 사람은 하나님께도 칭찬받고 사람에게도 칭찬을 받는다.[롬 14:18]

이런 사람은 삶 속에서 거의 풍랑이 일어나지 않는다.

하나님도 기뻐하시지 않고 사람도 기뻐하지 않는 삶을 사는 성도는 하나님께서 함께 계시지 않는 것과 마찬 가지인 것이다. 왜냐하면 주무시고 계시기 때문이다.

즉 예수님께서 성도의 새 생명의 삶 안에 계시지만 주무시고 계시다는 것이다.

즉 본문의 사건은 곧 성도가 예수님 안에서 새 생명을 받아서 새 생명의 삶을 사는데 예수님과 동행하는 산 제사의 삶을 살지를 않으면 이는 곧 성도가 예수님을 성도의 새 생명의 삶 속에서 주무시게 하는 것이다. 그래서 성도의 새 생명의 삶 속에 풍랑이 일어날 수밖에 없는 것이다.

그럼 예수님께서 깨어 나셔서 풍랑을 꾸짖으니 잠잠하여졌다. 라고 하신 말씀은 무슨 뜻인가?

이 말씀은 곧 성도의 삶 속에서 왜 문제가 일어났는가를 점검 하여보고 성도가 잘못 살아온 문제의 원인을 찾아서 고치었다 는 것이다. 즉 성도가 새 생명의 삶을 예수님 안에서 얻어 예수님과 동행하며 사는 동안에 잘못된 것들을 깨닫고 예수님 이름으로 진정 회개를 하고 돌아서서 다시 같은 죄를 범하지 않고 화목제의 삶을 새 생명의 삶 속에서 다시 잘 살게 되면 예수님께서 다시 성도와 동행을 하신다는 것이다.

또 이 말씀은 성도가 회개를 하고 돌아서서 예수님께서 기뻐하시는 산 제사의 삶으로 전환을 하게 되면 예수님께서 어떠한 사람이나 방법을 사용하셔서라도 성도가 직면하여 있는 문제들을 해결하여 주신다는 계시의 말씀이다. 그러므로 이런 회개의 삶은 꼭 회개에 따른 행위를 동반하여야만 온전하여질 수가 있다.[마 5:23-24]

이것이 곧 예수님께서 본문의 풍랑 사건을 통하여서 성도들에게 가르쳐 주시고자 하시는 화목제 삶의 가르치심이다.

[내가 천국열쇠를 네게 주리니. 마16:19]

화목제의 삶이란 성도의 삶 속에서 모든 만나는 사람들과의 사이에서 화평의 삶을 만들어가며 사는 것을 말한다. 그래서 예수님께서 '네가 나를 사랑하느냐? 그러면 내 계명을 지키라'고 말씀하시는 것이고 [요 14:21] 또 [요 15:7] 말씀에 너희가 내 안에 내 말이 너희 안에 거하면 무엇이든지 구하라 그러면 이루리라 라고 말씀하시는 것이다.

이러한 예수님과 동행하는 삶을 살게 되면 항상 주님께서 동행 하심으로 성도의 삶 속에서 오히려 예수님께서 나타나셔서 풍랑이 일어나지 않게 하신다는 계시의 말씀인 것이다.

그러나 성도가 아직 육신에 있음으로 온전히 주님의 뜻을 다 따른다는 것은 불가능한 일이라 하겠다. 왜냐하면 성도의 생명이 아직 육신 안에 있는 동안에는 하나님께서 정하여 놓으신 기간까지 공중 권세 잡은 흑암의 세력 안에서 육신이 흑암의 세력의 영향을 받고 살아야 하기 때문인 것이다.

그러다 보면 어려운 일도 생기고 힘든 일도 생기고 하는 것은 믿는 사람이든 믿지 않는 사람이든 다 똑같다. 그러나 믿는 사람이 꼭 믿지 않는 사람보다 더 적게 일어나야 하는 것은 믿는 사람의 삶은 이웃을 기쁘게 하고 하나님께 영광된 삶을 살기 때문에 적게 일어나야만 하는 것이 진리라 하겠다.

이것이 곧 진정한 하나님의 섭리인 것이다.

주무시는 주님을 깨운다는 것은 곧 예수님의 이름으로 예수님의 사랑으로 예수님의 사랑이 있는 희생의 행위로 문제 속에 내재되어 있는 사람과의 관계를 회복하는 것이며 또 하나님과 영적인 관계에서 멀어져 있다고 생각되며 느끼지는 것은 성령님께서 깨닫게 하여 주신 것이니 곧 성령님께서 마음에 가르쳐 주신대로 회개하고 돌아서서 성령님께서 가르쳐 주신대로 행 하면 그 성도가 회개하고 돌이켜 행하는 그 행위가 곧 주무시는 예수님을 깨우는 것이다.

이것이 곧 본문의 풍랑 사건을 통하여 주님께서 오순절 성도들에게 알려 주시고자 하시는 진정한 계시의 말씀이며 본문을 기록하게 하신 하나님의 뜻이다.

이제 본문을 통하여서 예수님께서 왜 이 사건을 일어나게 하시고 기록하게 하셨는지를 알았다.

즉 성도의 새 생명의 삶 속에서 새 생명의 삶을 사는 동안에 문제가 생겼을 때에는 성령님께 원인을 알게 하여 달라고 기도하고 또 성령님께서 마음속에 원인을 깨닫게 하여 주셨을 때에는 성령님께 또 지혜를 구하여서 성령님께서 주시는 사랑이 함께하는 지혜와 용기와 믿음 그리고 소망을 가지고 문제에 담대하게 접근을 하여 문제를 해결을 하여야지 '예수 이름으로 명 하니 문제야 물러가라' 라는 따위의 허무맹랑한 기도는 하지 말아야 할 것이다.

7. 귀신들을 왜 돼지 떼에게 들여 보내시나?

(마 8:31-32)

귀신들이 예수께 간구하여 가로되 만일 우리를 쫓아내실 찐대 돼지 떼
에 들여 보내소서 한대 저희더러 가라 하시니 귀신들이 나와서 돼지에
게로 들어가는지라 온 떼가 비탈로 내리달아 바다에 들어가서 물에서
몰사 하거늘

(막 5:12-13)

이에 간구하여 가로되 우리를 돼지에게로 보내어 들어가게 하소서 하니
허락 하신대 더러운 귀신들이 나와서 돼지에게로 들어가니 거의 이천 마
리 되는 떼가 바다를 향하여 비탈로 내리달아 바다에서 몰사 하거늘

(눅 8:30-33)

예수께서 네 이름이 무엇이냐? 물으신즉 가로되 군대라 하니 이는 많은
귀신이 들렸음이라 무저갱으로 들어가라 하지 마시기를 간구하더니 마
침 거기 많은 돼지 떼가 산에서 먹고 있는지라 귀신들이 그 돼지에게로
들어가게 허 하심을 간구하니 이에 허 하신대

제기되는 난제

1] 세 군데 기록된 똑같은 사건의 내용이다. 기록된 내용의 어떤 부분에서 약간씩 다르긴 하지만 전체적인 내용은 똑같다. 많은 귀신들이 많은 돼지 떼에 들어가서 바다나 혹은 호수로 들어가서 몰사한다는 내용이다.

2] 그런데 똑같은 한가지 내용은 귀신들이 돼지 떼에 들여 보내 달라고 예수님께 간구한다는 내용이다. 예수님은 왜 귀신들이 돼지 떼에 들어가는 것을 허락하셨을까?
돼지 떼들이 바다나 호수로 들어가서 몰사할 것을 아시면서 그것도 2,000 마리나 되는 많은 돼지 떼에게.....

3] 2,000 마리가 넘는 돼지 떼에 들어간 귀신들은 도대체 몇 귀신이나 되는 것일까? 이천마리 돼지 떼에게 들어 갔으면 아무리 적어도 귀신이 이천 귀신은 된다는 말이다.
[마 8:28 = 두 사람] [눅 8:30 = 한 사람] [마가복음의 내용도 한 사람으로 봄] 내용상으로 보면 한 사람이나 두 사람에게 그 많은 귀신이 들어가 있었다는 것인데..... 왜 그렇게 많은 귀신이 들어가 있었을까?

 난제 해석

1] 이 난제를 해결하기 위하여서는 먼저 이스라엘의 잘못된 죄에 대한 사고 관념을 알아야 한다.

즉 이스라엘은 나병 환자나 귀신들린 자들 혹은 벙어리나 장님들을 하나님께 저주 받은 자 혹은 죄인이라는 사고와 믿음을 가지고 있었다.

그래서 그들이 죽으면 매장을 하지 아니하고 게 헨나[히] 게 힌놈[헬] 라는 예루살렘 남쪽에 있는 산 계곡 쓰레기를 태우는 곳에 던져서 태워 버렸다.

구약에는 이곳에서 이교의 풍습을 따라 아이들을 신께 바치는 행위를 하기도 하였다.[왕하 23:10. 렘 7:31]

또 하나 이 난제를 해결하기 위하여서는 예수님께서 이 땅에 오신 목적을 잘 알아야 한다.

첫째, 예수님께서는 이 땅에 귀신들린 자에게서 귀신을 쫓아내 주시고 병든 자를 고쳐 주시기 위하여서 이 땅에 오신 것이 아니란 것이다. 예수님께서 이 땅에 오신 목적은 잃어버린 자를 찾아 구원을 하시기 위하여 전도를 하러 오신 것이다.[막 1:38. 눅 19:10]

물론 하나님의 인간 영혼 구원의 계획에 따라 대속 제물로 이 땅에 오셨지마는 모든 예수님 안에서의 사건 내용은 하나님의 인간 영혼 구원의 전도에 있는 것이다. 그래서 하나님께서도 자신이 아브라함에게 전도를 하셨다고 말씀을 하셨다.[갈 3:8]

2] 또 이 난제를 해결하기 위하여서는 창세기의 노아의 시대로 돌아가서 하나님께서 노아에게 말씀하신 내용 중에 구원에 대한 내용을 알아야 할 것이다.[창 7:1-3. 9:2-4 = '창조 역사 속의 비밀' 해설 참조]

3] 또 하나 하나님께서 모세에게 지시하신 짐승 중에 먹을 수 있는 정한 짐
승과 먹을 수 없는 부정한 짐승을 왜 구별하셨나 하는 것을 알아야 할 것
이다.['제사와 절기' 해설 참조] [레 11:4-7] = 구원에 대한 내용임.

4] 마지막으로 매 사건은 일회로 끝나며 그 사건 속에는 구약의 계시와 연
관되어 있다는 것을 설명하였다. 예수님께서는 이 땅에 계시는 동안에
구약에 하나님께서 당신에게 계시하신 구약에 계시된 내용들을 완성
하시어서 당신이 하나님께서 구약에 계시된 메시아이심을 증명하시고
또 이루시어서 당신이 하나님께서 인류 영혼 구원을 위하여 예비하시
고 계약하신 확실한 메시아이심을 증명하시어야 하시기 때문에 구약의
계시에 따라서 역시 본문의 기적 또한 행하시어야만 하는 것이다.

5] 이 사건을 설명하기 전에 한 가지 깊이 숙지하고 넘어가야 할 사항이
있다.

돼지가 2,000마리이면 굉장히 많은 숫자인데 가격으로 쳐도 당시의 상
황으로 봐서 엄청난 액수의 돈일 것이다. 그러니까 예수님께서 귀신을 쫓
아내시려면 아무데나 나가라고 명령 하시든지 하면 되고 꼭 돼지에게 들
어가게 허락 하시려면 한 사람이나 두 사람한테 들어있든 귀신들이니까
돼지 한 마리나 두 마리에 다 들어가라고 하셔도 될 텐데 왜 그렇게 많은
숫자의 돼지에게 들어가게 하시었나 하는 것을 생각해보아야 할 것이다.

무슨 이유가 꼭 있으신 것이 분명하지 않은가?

　예수님께서는 꼭 그렇게 행하시어야만 하시는 것은 구약에 하나님께서 부정한 동물과 정한 동물 속에 미리 계시하여 놓으신 전도의 메시지 즉 구원의 메시지가 있는데 하나님의 그 숨은 계시의 뜻을 예수님은 꼭 이루셔야만 할 의무가 있으시기 때문에 그렇게 하신 것이다.

6] 다시 한 번 여기서 알고 넘어가야 할 것은 창세기의 창조 역사 속의 비밀을 알지 못하면 정한 동물과 부정한 동물의 뜻을 알 수가 없다는 것이다. 하나님께서 지으신 것인데 부정한 것이 어디 있으며 정한 것이 어디 있느냐? 하는 것이다.[그러나 분명히 성경의 구약에는 부정한 짐승과 정한 짐승이라고 기록을 하여 놓았으니 그 기록하신 목적과 의미가 무엇인지를 확실하게 알아야만 하는 것이다]

　따라서 구약의 이 난제를 알고 나면 부정한 동물과 정한 동물은 하나님의 인간 영혼 구원의 계획 속에 구원을 받을 자와 받지 못할 자를 말씀하시는 것이라는 것을 금방 알 수가 있다.

　즉 하나님의 생기를 받아 예수님의 살리는 영과 접촉이 될 수 있는 자와 그렇지 못한 자 또 아담의 후손으로부터 하나님의 생기를 이어받아 예수님의 살리는 영과 접촉이 될 수 있는 자와 그렇지 못한 자를 구별하여 말씀하시는 것이라는 것을 이미 창세기의 창조 역사 속의 해설에서 자세히 해설하여 놓았다.

간단히 다시 설명을 하자면 쪽 발 가진 짐승은 혈통적으로 아담의 후손의 계열에 있거나 아니면 다른 혈통이 아담 혈통의 후손과 접촉됨으로 인하여 하나님의 생기를 이어 받아서 예수님의 살리는 영으로 접붙임을 받을 수 있는 사람들을 말한다.

　또 하나 쪽 발 즉 굽이 갈라진 것의 뜻은 구약의 말씀과 신약의 말씀을 의미한다. 즉 굽이 갈라지고 되새김질을 하는 짐승은 구약의 말씀과 신약의 말씀을 먹을 수 있는 사람을 계시하시는 것이며 굽은 갈라졌어도 되새김질을 하지 못하는 짐승은 구약의 말씀은 먹으나 신약의 말씀을 먹지 못하는 사람을 의미 한다. 즉 유대인과 같은 사람들이다. 이런 사람들은 예수님 안에서의 구원의 반열에 들 수 없는 사람들을 의미하는 것이다.[창세기의 해설과 제사와 절기의 해설 참조]

8] 돼지는 쪽 발이 되새김질을 하지 않기 때문에 부정한 동물로 지정되었다. 이 뜻은 어떤 동물을 부정하다고 하시는 하나님의 뜻을 먼저 알아야 한다. 즉 부정하다고 하시는 말씀은 곧 하나님의 생기를 이어 받지 못하여 예수님의 살리는 영과 접촉이 될 수 없는 영혼을 가진 동물[사람] 즉 구약의 말씀은 먹되 신약의 말씀을 먹을 수 없어 구원의 반열에 들 수 없는 사람들을 부정한 동물이라고 표현하시는 것이며 굽도 갈라지고 되새김질도 하는 짐승은 구약과 신약을 모두 먹을 수 있는 동물들을 표현하시는 것이므로 구원을 받을 수 있기에 정한 동물 즉 구원을 받을 수 있는 동물[사람] 이라 말씀하시는 것이다.

즉 예수님의 살리는 영과 접촉될 수 있는 영혼을 소유한 사람을 되새김질을 하는 정한 동물로 표현하신 것이다.[출애굽기와 레위기 해설 참조]

7] 그러므로 본문의 사건을 통하여서 예수님께서 말씀하시고자 하시는 뜻은

첫째. 귀신들린 사람 즉 흑암의 세력에 잡혀있는 사람들을 구원하시러 오셨다는 내용이 그 첫 번째이다.

둘째. 되새김질을 못하여 구원을 받을 수 없는 사람들도 이미 영적으로 하나님의 생기를 받은 자들은 모두 구원하시러 오셨다는 계시인 것이다. 그 내용은 곧 돼지 떼가[많은 수] 사단의 권세의 상징인 귀신을 받아 가지고 바다[호수] 즉 물로 들어가서 몰사하였다는 것 때문이다.[물 = 말씀 = 예수님]

셋째. 유대인들의 죄에 대한 잘못된 믿음과 사고를 고쳐 주시기 위하여 이 일을 행하셨다.

8] 이를 다시 자세히 설명하자면 선천적으로 부정하여 되새김질을 못하는 동물[사람] 즉 예수님의 살리는 영과 접촉될 수 없는 영혼의 소유자로 영적인 상태가 되어 있는 사람들이라 할지라도 아담의 후손과 혈통적으로 접붙임이 되었으면 하나님의 생기를 이어 받았으므로 예수님의 살리는 영과 접붙임이 될 수 있어 구원을 받을 것이라는 계시의 말씀인 것이다.

돼지 떼가 아주 많은 숫자라는 것은 곧 숫자에 관계없이 아담의 후손으로부터 생기를 이어받은 모든 영혼은 영적 상태가 어떠하든 모두 구원을 하실 것이라는 예표인 것이다.[마지막 때의 구원에 관한 설명은 종말론과 천년 왕국 해설 참조]

즉 물은 하나님의 말씀이라는 것을 이미 '창조 역사 속의 비밀'에서 자세히 설명하였다.

그러므로 이 사건의 내용은 사단의 세력에 잡힌 사람들이[귀신이 들어간 돼지 떼] 바다 즉 물로 들어가서 몰사한다는 것은 물로 말미암아 구원을 받을 것을 계시하시는 것이다.

즉 돼지가 몰사하여서 죽었다는 것을 말씀하시려는 것이 아니라 돼지에 들어간 귀신들이 모두 물 즉 말씀에 의하여 흑암의 권세에 잡혀있던 영혼은 죽고 말씀의 물로 다시 태어날 것이라는 것을 계시하시는 내용의 말씀인 것이다.

다시 말해서 돼지 떼가 귀신과 함께 물로 들어가 물로 인하여 죽었다는 표현인데 꼭 이 군대 귀신 사건을 이렇게 표현하시는 것은 곧 예수님 자신이 흑암의 세력인 사단의 권세를 멸하시고 사단의 권세에 잡혀서 흑암의 세력 아래에 있는 하나님의 산 영을 받은 자녀들을 물로 즉 하나님의 말씀으로 구원을 하실 메시아가 당신 자신이라는 것을 나타내시는 것이며 구약의 제사 속에 계시된 구원의 메시아가 당신 자신이라는 것을 계시 하시며 완성을 하시는 것이다.

10] 복음서에 기재된 말씀 중에 예수님께서 행하시는 기적이나 비유의 말씀은 모두 구약에 계시된 하나님의 인간 영혼 구원의 계획을 완성시키시며 기록하게 하신 것이다. 또 장차 예수님 안에서 일어날 구원의 방법과 행하여질 일들을 계시하시는 것이다.

마지막으로 귀신들이 무저갱으로 보내지 말고 돼지 떼에 넣어 달라고 한 것은 아직 흑암의 세력인 사단이 귀신들을 데리고 무저갱에 들어갈 때가 되지 않았기 때문이다.[계 20:1-3]

참고: 성경의 모든 사건이나 비유의 말씀은 예수님 안에서의 영적 하나님의 인류 영혼 구원의 계획안에서만 이해를 하여야 한다. 따라서 말씀의 이해가 하나님의 인류 영혼 구원의 계획과 하나님의 나라 안에서의 성도의 참 평안과 연관이 없다면 일단 이해를 잘못하고 있다고 볼 수 있다.

8. 금식과 신랑, 새 포도주와 낡은 부대

(마 9:14-17)

그때에 요한의 제자들이 예수께 나아와 가로되 우리와 바리새인들은 금식을 하는데 어찌하여 당신의 제자들은 금식하지 아니 하나이까 예수께서 저희에게 이르시되 혼인집 손님들이 신랑과 함께 있을 동안에는 슬퍼할 수 있느뇨 그러나 신랑을 빼앗길 날이 이르리니 그때에는 금식할 것이니라 생베 조각을 낡은 옷에 붙이는 자가 없나니 이는 기운 것이 그 옷을 당기어 헤어짐이 더하게 됨이요 새 포도주를 낡은 가죽 부대에 넣지 아니 하나니 그렇게 하면 부대가 터져 포도주도 쏟아지고 부대도 버리게 됨이라 새 포도주는 새 부대에 넣어야 둘이 다 보전되느니라.

❓ 제기되는 난제

1] 요한의 제자들과 바리새인들은 왜 금식을 했나? 그런데 그들의 물음에 왜 예수님께서는 신랑을 빼앗기면 금식을 한다고 대답을 하셨나? 그리고 바로 이어서 생베 조각과 새 포도주의 비유를 말씀하셨는데 연관성이 무엇인가?

난제 해석

1] 먼저 성경에 나타난 금식에 대하여 알아보자

첫째, [레 16:29-31] [레 23:28-29]에 보면 금식이라는 단어는 없지만 아무 것도 하지 말고 또 이스라엘인이나 객이나 이방인이나 속죄하는 마음으로 정결케 하라. 하신 것은 곧 먼저 설명한 속죄제의 내용과 스스로 괴롭게 하라는 말씀으로 볼 때 스스로 괴롭게 하는 마음으로 금식을 한 것이다.

둘째, [삼상 7:6] 이스라엘이 하나님께 지은 죄를 자복하고 마음을 온전히 드리는 표현으로 금식을 하는 것.

셋째, [삼하 12:16-17] [시 35:13] 남을 위한 간절한 중보의 금식 기도.

넷째, [욜 1:14. 2:15] 성회의 날을 금식일로 정하고 통회 자복하는 마음으로 하나님께 부르짖으며 기도.
[초대 교회 때 예배에 가끔 사용되었던 외경 '디다케' 8:1에서는 수. 금요일을 금식일로 정하고 있다.

다섯째, [슥 8:19] 금식이 화평의 행위로 바뀔 것을 계시.

여섯째, [사 58:3-7] 온전한 영적 금식의 모형.

2] 이스라엘 민족의 금식은 역사적으로 볼 때 하나님께 범죄 하였을 때 회개하는 마음으로 하나님과 다시 화목하려는 마음으로 금식을 하였다. 주로 성일 날을 금식일로 정하여 금식을 하였으며 특별히 죄를 자복하는 마음으로 왕이나 제사장이 직접 금식을 선포하여 하나님께 회개하는 마음을 드리며 실제로 회개의 행위로 마음과 행위의 잘못된 것들을 돌이키게 하였다.[스 8:21. 렘 36:9]

3] 예수님 당시에는 일주일에 두 번 주로 수요일과 금요일에 하였는데 진정한 하나님의 뜻을 따른 회개가 아니고 형식적인 회개 행위에 지나지 않았다.[눅 18:12] 그래서 예수님께서 책망하신 것이다.[마 6:16]

4] 하나님께서 요구하시는 진정한 금식은 밥만 굶는 것이 아니라 육적 욕심을 따라 일어나는 육적인 행위를 하나님을 두려워하고 또 사랑함으로 참고 억제하여 그 육적인 욕망을 하나님께서 기뻐하시는 영적 산 제사의 행위로 바꾸어서 하는 것이 곧 하나님께서 원하시는 금식이다.

즉 오락할 돈과 시간이 있으면 예수님의 사랑과 하나님의 나라가 확장되도록 불우한 이웃에게 시간과 돈을 사용하여 예수님의 사랑을 나타내며 힘들고 아픈 사람이 있으면 함께 문제를 해결하는데 가지고 있는 것을 사용하고 또는 내가 육적으로 좋아하는 육신의 정욕과 안목의 정욕 그리고 이생의 자랑들을 참고 영혼이 잘되는 욕심으로 바꾸어서 행하는 것이 진정한 금식이다.

즉 육적 욕심을 참는 것이 진정한 금식이라는 말씀이다.

[슥 8:19. 사 58:3-7]

5] 따라서 예수님께서 '신랑을 빼앗긴 뒤에는 금식하리라' 하신 말씀은 요
한의 제자들이 묻는 금식에 대하여 대답하시거나 설명하신 것이 아니
라 예수님께서 승천하시고 나면 주님의 자녀들은 성령님과 동행하며
성령의 인도하심과 가르치심을 따르며 살게 된다. 그때에 예수님께서
가르쳐 주신 것들을 생각나게 하시고 그 가르치신 대로 자녀들이 살아
가며 하나님의 나라가 확장되어 가는 길로 인도하실 것이다.

이런 생활은 육적인 욕망을 따라서 살아갈 수가 없는 것이기 때문에 항
상 육적 욕심을 참으며 성령의 인도를 따라 살아야 하기 때문에 예수님께
서 신랑을 빼앗기면 금식을 할 것이다 라고 말씀하신 것이다.

즉 예수님께서 승천하시고 난 후에 성령님께서 강림하시면 성령의 인도
로 말미암아 육적 욕심으로부터 일어나는 것들을 행하지 않고[먹지 않고]
성령의 소욕을 좇아 영적으로 살 것을 말씀하시는 것을 금식이라고 하신
것이다. 다시 말해서 예수님께서 신랑을 빼앗기면 금식할 것이다 라고 말
씀하시는 것은 곧 당신이 승천하시고 난 뒤에 성령님이 강림하셔서 성도
와 함께 거하시며 육적인 소욕을 좇아 행하든 육적 욕심들을 성령의 소욕
을 좇아 행하게 하실 것을 말씀하시는 것이다.

6] 이어서 주님께서 말씀하시는 '생베 조각을 낡은 옷에 붙일 수 없고 새 포도주를 낡은 부대에 담을 수 없고' 라고 금식 기도에 대한 말씀을 하시고 바로 이어서 이 말씀을 하시는 것은 첫째, 그들의 금식은 남에게 거룩하게 보이려는 행위에 불과한 진정성이 없는 그런 영적인 믿음의 금식이 아니라는 말씀이다.

따라서 그들의 믿음은 새 생명을 갖은 새 믿음과 접붙임이 될 수가 없다는 말씀이다.

즉 바리새인들이나 제사장들 그리고 예수님을 배척하는 사람들은 이미 형식적이고 퇴폐된 상태에서 형식적으로 하나님을 섬기는 자들이 되어 버렸기 때문에 그들의 낡은 믿음에는 새 포도주인 예수님을 담을 수가 없다는 말씀이다.

즉 낡은 옷과 낡은 부대는 그들의 하나님을 믿는 믿음을 말씀 하시는 것이다. 그러므로 그들의 잘못된 낡은 믿음에 새 생명을 주시는 새 생명의 믿음이 접붙임 될 수가 없다는 말씀이다.

다시 말해서 전 장에서 설명한 대로 그들은 쪽 발은 가졌는데 되새김질을 할 수가 없는 동물[사람]이라는 말씀이다. 그러나 이들 중에도 더러는 되새김질을 하거나 앞으로 할 사람들도 있다.[롬 11:25]

간단히 다시 설명 하자면 헌 부대에 담을 수도 헌 옷에 기울 수도 없다는 말씀은 곧 당시 제사장이나 바리새인들 그리고 예수님을 따르지도 않고 받아 드리지 않는 사람들의 믿음에는 하나님을 믿기는 믿는데 새 생명을 주시는 새 포도주이신 예수님의 말씀을 담을 수 있는 새 믿음이 없기 때문에 덧붙임 될 수도 담을 수도 없다는 말씀인 것이다.

이러한 사실은 하나님께서 이미 아시고 구약에 계시를 하여 놓으셨
다.[신 32:21.29:4, 사 6:9-10]

※ 조심하여야 할 것은 하나님께서 이스라엘이 그렇게 할 것을 미리 정하
여 놓으셨다고 해석을 하면 아주 엄청나게 잘못 해석을 하여 하나님을 아
주 나쁜 하나님으로 만드는 결과를 초래하게 되는 것이다.

※ 바울 사도가 기록한 말씀의 여러 내용 중에도 구원에 대한 내용을 하나
님께서 미리 정하여 놓으시고 그렇게 행하신 것과 같이 기록이 되었는데
이는 사도 바울이 창세전 하나님께서 인간의 죽은 영혼을 구원하시려는 계
획의 시점에서 미래에 되어질 상황들을 보고 쓰는 것이기에 미래 완료형으
로 쓰여지게 되니 그렇게 표현이 되는 것이다. 모세가 모세 오경을 쓴 내용
들도 마찬 가지이다.[예. 롬 8:29-30]

9. 집안 식구가 원수니라

(마 10:34-39)

내가 세상에 화평을 주러 온 줄로 생각지 마라 화평이 아니요 검을 주러 왔노라. 내가 온 것은 사람이 그 아비와 딸이 어미와 며느리가 시어미와 불화하게 하려 함이니 사람의 원수가 자기 집안 식구니라. 아비나 어미를 나보다 더 사랑하는 자는 내게 합당치 아니하고 아들이나 딸을 나보다 더 사랑하는 자도 내게 합당치 아니하고 또 자기 십자가를 지고 나을 쫓지 않는 자도 내게 합당치 아니하니라. 자기목숨을 얻는 자는 잃을 것이요. 나를 위하여 자기 목숨을 잃는 자는 얻으리라.

(마 19:29)

또 내 이름을 위하여 집이나 형제나 자매나 부모나 자식이나 전토를 버린 자마다 여러 배를 받고 또 영생을 상속 하리라.

(막 10:29-31)

예수께서 가라사대 내가 진실로 너희에게 이르노니 나와 및 복음을 위하여 집이나 형제나 자매나 어미나 아비나 자식이나 전토를 버린 자는 금세에 있어 집과 형제와 자매와 모친과 자식과 전토를 백배나 받되 핍박을 겸하여 받고 내세에 영생을 받지 못할 자가 없느니라.

[구약에 게시된 관련 성구]

(미 7:6)

아들이 아비를 멸시하며 딸이 어미를 대적하며 며느리가 시어미를 대적하리니 사람의 원수가 곧 자기의 집안 사람 이리로다

❓ 제기되는 난제

1] 어떻게 예수님은 사랑이시라고 하시면서 가족간에 불화하게 하시려고 오셨다고 말씀하셨는가?

2] 복음을 위하여 집이나 형제나 부모나 전토나 자식을 버린 자는 백배나 더 받되 핍박을 겸하여 받고 영생을 받지 못할 자 가 없다 하시며 예수님과 복음을 위하여 형제간에 원수가 되며 부모에게는 불효 자식이 되어야 영생을 받을 수가 있다는 말씀인가?

 난제 해석

1] 마 10:34-36의 말씀은 예수님 안에서 영적으로 일어나는 구원의 상태를 알면 금방 알 수 있다.

즉 예수님을 영접하기 이전의 인간의 영혼은 곧 죽은 인간[영혼]이다.[마 8:22]

이 말씀은 곧 생명이 있어도 하나님과 교통이 되지 않는 영혼 즉 흑암의 권세 아래 있는 죽은 영혼이라는 것이다.

그러므로 누구든지 주님을 영접하고 새 생명을 얻은 자는 흑 암의 세력에서 하나님께로부터 새 생명을 받아 광명의 세력이 운행하는 광명의 하나님의 나라로 옮겨 왔다. 이는 쉽게 말하여서 예수님 안에서 새 생명을 받아 하나님의 나라 영적 천국에서 살고 있다는 것이다.[엡 5:8-9]

그러므로 새 생명을 받아 예수님 안에서 새 광명의 나라 영적 천국에서 살고 있는 영혼과 새 생명을 받지 않아 아직 흑암의 권세 아래 있는 영혼의 관계는 곧 영적으로 원수의 상태가 되는 것이다. 즉 육적으로는 여전히 부모, 형제, 자매이지만 영적인 상태로는 자연적으로 원수지간이 된다는 말씀이다.

한 집안의 구원의 시작은 어느 한 사람으로부터 시작을 하기 때문에 처음 주님을 영접한 사람과 그 나머지 아직 주님을 영접하지 않은 사람과의 영적 상태는 한 집안 식구이지만 영적으로는 원수의 상태가 되는 것이기 때문에 예수님께서 '네 집안 식구가 원수이니라'고 말씀하신 것이다.

[한 집안에서 제일 먼저 주님을 영접한 사람은 그 집안의 전도자로 임명을 받은 것이다. 그러므로 그 처음 주님을 영접한 사람은 집안을 전도하여야 할 의무를 부여 받은 것을 알아야 할 것이다]

2] [마 10:37-39] 아비나 어미나 아들이나 딸을 나보다 더 사랑하는 자는 내게 합당치 아니하고. 라고 하신 말씀과 자기 십자가를 지고 나를

쫓지 않는 자도 내게 합당치 하니 하고 라는 말씀의 뜻은 이렇다.

즉 예수님이 승천하신 후에 성령님께서 강림하셔서 예수님 안에서 새 생명을 받아 사는 성도를 성전 삼아 거하시며 함께 동행 하실 때에 생명나무에 열매를 맺히게 하시며 함께 잡수시며 동행을 하신다.

[고전 3:16. 6:19. 갈 5:22-23. 계 3:20, 생명나무는 곧 예수님이다. 창세기 해설 참조]

이 생명나무의 열매는 성도가 예수님의 말씀대로 자기 십자가를 지고 예수님을 쫓을 때에만 열린다.

그래서 예수님께서 자기 십자가를 지고 나를 쫓지 않는 자도 내게 합당치 아니하고 라고 말씀하신 것이다.

즉 성도가 이 땅에 태어나면서 받아 가지고 태어난 사명들과 또 이 땅의 삶을 살면서 숙명적으로 받아 가진 사명들이 곧 자기 십자가인 것이다.

예를 들면 부모면 부모로서 자식이면 자식으로서 형제면 형제로서 남편이면 남편으로서 아내이면 아내로서 사회에서 받은 직책이면 그 직책으로서의 모든 것들이 예수님의 이름으로 행 하며 하나님의 영광이 나타나도록 살려고 노력하는 것이 곧 자기 십자가를 지는 것이다.

즉 가족을 위하여 형제를 위하여 또 남을 위하여 나 외의 모든 사람들을 위하여 희생이 있는 사랑의 삶을 예수님의 이름으로 하나님의 영광을 위하여 사는 것이 곧 십자가를 지고 예수님을 따르는 것이다.

왜냐하면 우리는 예수님과 한 몸이요 하나님의 자녀이기에 예수님을 대신하여서 하나님께 영광을 돌려 드리는 희생과 사랑의 십자가를 지는 삶

을 살아야 할 책임을 예수님께로부터 부여 받았기 때문인 것이다.[고전 5:15]

그래서 성령님께서 내주 역사 하시면서 하나님께 영광을 돌려드릴 소망을 주시며 함께 동행 하시며 하나님의 나라를 세워 나가시는 것이다.[빌 2:13]

3] 어떻게 사는 새 생명의 삶이 아비나 어미보다 아들이나 딸보다 하나님을 더 사랑하는 것이며 또 자기 십자가를 지는 삶인가 다시 한 번 정리하여 보자

곧 성도의 새 생명의 삶이 예수님을 영접하기 이전보다 예수 이름으로 하나님의 영광을 위하여 부모를 더욱 공경하고 예수님을 영접하기 이전보다 형제를 예수님의 이름으로 하나님의 영광을 위하여 더욱 사랑하고 예수님을 영접하기 이전보다 자식을 예수님의 이름으로 하나님의 영광을 위하여 더욱 사랑하고 예수님을 영접하기 이전보다 아내나 남편을 예수님의 이름으로 하나님의 영광을 위하여 더욱 사랑하고 예수님을 영접하기 이전보다 이웃을 예수님의 이름으로 하나님의 영광을 위하여 더욱 사랑하고 사는 것이 곧 예수님의 이름으로 하나님의 영광을 위하여 자기 십자가를 지는 삶인 것이며 아비나 어미나 아들이나 딸과의 관계를 예수님을 영접하기 이전보다 더욱 아름답게 만들며 살아서 항상 하나님의 영광이 나타나게 사는 것이 곧 아비나 어미나 형제보다 더 예수님을 사랑하는 것이 되는 것이다.

다시 말해서 예수님 안에서 하나님의 영광을 먼저 생각하며 모든 인간 관계를 가져야 한다는 말씀이다.

새 생명의 삶 속에서 이렇게 십자가를 지고 섬기는 새 생명의 삶이 곧 목숨을 다하여 하나님을 사랑하고 목숨을 다하여 네 이웃을 네 몸과 같이 사랑하라. 라고 하신 말씀을 따라 사는 것이다.[막 12:30-31]

또 성도의 모든 새 생명 속에 주어진 사명과 행하는 일들의 목적과 원인이 오직 예수님의 이름으로 하나님의 영광을 나타내려는 목적과 원인으로 바뀐 것이니 행하는 일마다 먼저 예수님을 생각하고 예수님의 이름이 손상되지 않고 하나님의 영광이 가려지지 않도록 조심하여 행하여야만 한다.

이 말씀이 곧 아비나 어미나 아들이나 딸을 나보다 더 사랑하는 자는 내게 합당치 아니하고. 라고 하신 말씀과 또 자기 십자가를 지고 나를 좇지 않는 자도 내게 합당치 아니하고. 라고 하신 말씀의 뜻인 것이다. [딤전 5:8]

4] [막 10:29-31]에 복음을 위하여 집이나 전토나 형제나 부모를 버린 자는 금세에 백배나 더 받고 핍박을 겸하여 받되 영생을 못 받을 자가 없다. 라고 말씀하시는 것은 곧 성도의 새 생명의 삶은 예수님 안에서 믿음에 의한 십자가를 지는 삶 밖에 없다는 것을 말씀하시는 것이다.[갈 2:20]

왜냐하면 성도는 이미 창세전 하나님의 영광을 위하여 예비된 하나님의 백성이기 때문인 것이다.[엡 1:4-6]

그러므로 예수님 안에서 새 생명의 삶을 얻은 성도는 이제 성도의 개인적인 삶은 없게 되는 것이니 집이나 전토나 형제나 부모나 모든 나와 연결되어 있는 모든 것들 심지어 행하는 일 까지도 모두 예수님을 영접하여 새 생명을 얻는 순간 모두 하나님의 것이 되는 것이다.[히 4:10]

즉 성도가 가지고 있는 모든 것이 하나님의 것이 되며 성도의 모든 인간관계 역시 모두 하나님 안에서만 연결이 되니 하나님의 것이 되는 것이므로 영적으로 복음을 위하여 집이나 전토나 형제나 부모를 버린 것이 되는 것이다.

그러므로 이 말씀은 성도가 가지고 있는 모든 것을 예수님의 이름으로 하나님의 영광을 위하여 사용을 하여야 하며 성도가 가지고 있는 모든 인간관계를 예수님의 이름으로 하나님의 영광을 위하여 십자가를 지고 잘 관리하여 나아가야 한다는 말씀이다.

성도가 새 생명의 삶을 예수님 안에서 이렇게 살고 있으면 영생을 받는 것은 하나님의 약속된 말씀이니 당연한 것이요 그러한 아름다운 십자가를 지는 삶을 하나님의 영광을 위하여 예수님의 이름으로 살게 되면 어디를 가나 사랑을 받으므로 성도의 영적 지경은 백배나 넓어지고 또 영적 부모 형제는 백배나 더 많아 지게 되니 집이나 영토나 부모 형제를 이 세상에서 백배나 더 받게 되는 것이다.

또 성도가 그러한 산 제사의 삶을 이 땅에서 살게 되면 영혼이 잘되고 범사가 잘 되므로 하는 일도 잘 되어서 축복이 넘치게 되므로 재물 또한 백배로 늘어나게 되어 있고 아울러 건강도 좋아지게 되어있다 라고 하시는 축복의 말씀도 포함이 되어 있는 것이다.[말 4:2]

왜냐하면 모든 사람이 성도를 사랑하므로 말미암아 성도가 하는 모든 일로 인하여 하나님께서 영광을 받으시기 때문에 성도를 축복하시기 때문인 것이다.[엡 1:11-12. 벧전 4:11. 딛 2:14]

이로써 그리스도를 섬기는 자의 삶은 하나님께 기뻐하심을 받으며 사람에게도 칭찬을 받느니라[롬 14:18]의 말씀과 같으니 영적 육적으로 물질적으로 백배의 축복을 받게 된다는 말씀이다.

10. 천국에서 큰 자와 작은 자란?

(마 11:10-14)

기록된 바 보라 내가 내 사자를 네 앞에 보내노니 저가 네 길을 네 앞에 예비하리라 하신 것이 이 사람에 대한 말씀이니라 내가 진실로 너희에게 말하노니 여자가 낳은자 중에 세례 요한보다 큰 이가 일어남이 없도다 그러나 천국에서는 극히 작은 자라도 저보다 크니라 세례 요한의 때부터 지금까지 천국은 침노를 당하나니 침노하는 자는 빼앗느니라 모든 선지자와 및 율법의 예언한 것이 요한까지니 만일 너희가 즐겨 받을진대 오리라 한 엘리야가 곧 이 사람이니라

❓ 제기되는 난제

1] 천국에서 큰 자와 작은 자가 있다면 그게 어떻게 천국이라 할 수가 있는가? 만약 있다면 예수님께서 천국에서는 지극히 작은 자라도 저보다 크다고 하신 말씀은 무슨 뜻인가?

 난제 해석

먼저 예수님께서 왜 요한을 보고 여자가 난 자 중에서 요한 보다 큰 자가 없다고 말씀하셨으며 그 의미는 무슨 말씀인가? 하는 것부터 알아보기로 하자.

이 문제를 알아보기 위하여서는 요한의 태어난 과정을 먼저 알아보아야 하겠다. 요한은 하나님의 특별한 섭리하심 가운데 태어났다. 즉 예수님께서 마리아를 통하여 오실 것을 알려준 '천사 가브리엘' 이 직접 하나님의 명을 가지고 와서 사가랴에게 잉태 될 것을 알려 주시며 또 그가 앞으로 하나님 나라를 위하여 어떻게 하여야 할 것인가도 마리아에게 알려 준 것과 같이 정확하게 알려 주었다는 사실이다.[눅 1:13-16. 76-77]

이는 곧 요한은 말 3:1. 4:5-6. 사 40:3-11의 말씀에 계시된 대로 하나님의 특별한 예비하심 가운데 세상에 태어났다는 것이다. 따라서 그의 임무는 하나님께서 예수님 안에 예비하신 대로 예수님의 길을 예비하기 위하여 꼭 특별하게 태어나서 주의 길을 예비하여야만 하는 것이다. 그런데 그 요한이 오리라고 약속된 엘리야인가 하는 것은 그의 잉태된 내용을 천사 가브리엘이 가르쳐준 데에도 있지만 삼위 일체 하나님이신 예수님께서도 직접 말씀 하시기를 그가 오리라 한 엘리야 라고 증명을 하여 주신 것으로 더욱 확실하여지는 것이다.[마 11:14][예수님이 삼위일체 하나님이라는 계시의 말씀 : 사 9:6]

다음 요한이 예수님의 길을 예비하려면 예수님보다 먼저 태어나야하므로 먼저 태어났다.[눅 1:35-36]
또 요한은 예수님의 길을 예비하여야 하므로 선지자 중에 최고의 선지자요 마지막 선지자[마 11:13]로 와야 하는데 이는 곧 구약에 계시된 엘리야가 예수님의 모형이며[왕하 2:11] 또 엘리야는 예수님 생전에 변화산에서 모세와 함께 이 땅에 내려와서 예수님과 대화를 나누며 성도의 소망인 천국의 소망과 변화 체로서의 소망을 확실하게 알려주실 때 사용하신 특별한 인물이기 때문이다.[마 17:1-3] 그러므로 요한은 꼭 엘리야로 와야만 하는 것이다.

다음 요한이 예수님의 길을 앞서서 어떻게 예비하였나 하는 것에 대하여 알아보기로 하자.

히브리어에 예비하다 라는 말로 쓰인 말은 '카타스 큐아조' 라고 쓰였는데 이 말의 뜻은 '세우다' 혹은 어떤 일을 하기 위하여 '기반을 닦아 놓다' 라는 말의 뜻으로 쓰인다.

그러므로 요한은 예수님이 공생애 동안에 하나님께서 당신에게 맡겨놓으신 일을 행하시게 하기 위하여서 예수님께서 일을 하실 기초를 마련하여 놓아야만 하는 것이다. 그래야 그 예비된 기초 위에서 일을 하실 수가 있기 때문인 것이다.

즉 에덴 동산에서 아담이 사단에게 빼앗겨 버린 권세를 되찾아 오시기 위하여서는 그 잃어버린 것을 되찾아 오시기 위하여 영과 육이 죄 없는 온전한 자가 되어야 하므로 세례를 받으셔야 만 하시는 것이 그 첫 번째로 행하실 일이다.

그래야만 예수님께서도 영과 육이 온전하여 지심으로 사단과 싸워서 이길 수 있는 권세를 하나님께로부터 받게 되시기 때문인 것이다.

그런데 예수님께 세례를 베풀만한 사람은 이 세상에 없는 것이다. 그래서 예수님의 모형인 엘리야가 세례를 베풀어서 예수님께서 사역을 감당

하실 수 있게 길을 예비하여 드리는 것이다.[마 3:13-17]

그런데 왜 물세례인가?

요한이 물세례를 왜 베풀게 되었으며 그 의미는 무엇이며 또 물세례를 베풀며 '회개하라. 천국이 가까웠느니라' 라고 외친 것에 대하여는 무슨 진정한 뜻이 있는가? 하는 것에 대하여 알아 보기로 하자.

첫째, 물세례를 베풀게 된 것은 요한이 구약에 계시된 말씀을 잘 알고 있기 때문이다. 즉 사도 바울이 물세례의 뜻을 알고[고전 10:1-4] 에서 기록하여 놓은 것같이 요한도 물세례를 왜 베풀어야 하는가를 알았던 것이다. 그래야 구약에 계시된 대로 오순절 기간에 양떼들을 예수님 앞으로 이끌 수가 있기 때문인 것이다. [요한은 어머니 뱃속에서부터 예수님을 알았었다. 이는 곧 하나님께서 자기에게 맡기신 일이 무엇인지를 알고 이 세상에 왔다는 증거이다. 눅 1:41-44]

즉 물이 말씀이라는 것을 의미한다는 것과 이 물은 믿음의 반석에서 나온다[출 17:5-6]는 것을 구약에 계시된 대로 알기 때문인 것이다.[창 1:2. 8:16 = 벧전 3:20] 즉 물에 의하여 옛 사람이 죽고 물에 의하여 새 사람으로 거듭나야 한다는 것을 알았기 때문에 요한이 물로 세례를 주며 이르기를 '회개하라' 라고 외친 것이다. 이 회개하라고 외친 의미는 곧 두 가지의 의미가 있는데 물 즉 말씀으로 인하여 거듭나야 한다고 외치는 것이 그 하나이며 또 하나는 물로 인하여 거듭난 자들도 새 생명의 삶 속에서 물로 인하여 항상 회개하고 거듭나야만 주님과 만날 수가 있고 주님과 동행을 할 수가 있다는 것을 계시하시는 것이다.

즉 예수님의 말씀으로 인하여 거듭난 자들도 계속하여서 물로 씻음을 받아야 예수님과 동행을 할 수가 있다는 것이다.[물로 씻어 예수님과 동행을 하는 것은 곧 새 생명의 삶 속에서 성령의 인도하심을 항상 따르며 성령을 소멸하지 말아야 하는 것이다.[살전 5:19. 계 22:14]

다음, 천국에서 지극히 작은 자라도 저보다 크니라 하신 말씀의 뜻은 무엇인가?

이 말씀은 현재 요한이 처하여 있는 현실과 또 장래의 일을 연관시켜서 말씀을 하시는 것이다. 즉 현재 요한은 온전한 구원을 이룬 상태가 아니다.[온전한 구원은 마지막 세례인 영광의 세례를 받아야만 온전하여지는 것이다. 즉 예수님 안에서 성령 세례를 받고난 후 새 생명을 받아 그 새 생명의 삶을 이 땅에서 예수님 안에서 살고 있다가 마지막 날에 구원을 얻은 영혼이 육신의 장막을 벗을 때 아주 온전하고 깨끗하고 거룩한 자가 되어서 천국에 이르게 되는 것이다]

[예수님의 십자가 세례가 마지막으로 온전한 영광에 이르는 세례이다. 눅 12:50]

따라서 요한은 아직 육신이 죽지도 않았고 아직 천국을 가지도 않았으니 이 땅에서는 예수님께서 사역을 감당하실 수 있게 하는 아주 크고 중대한 역활을 맡았으니 선지자 중에 가장 크다 라고 일컬을 수 있지만 천국에서는 비유적으로 작은 자라는 말씀이다. 즉 요한이 천국에 가서도 작은 자가 아니라 아직 이 땅에 있으니 비유적으로 천국에 있는 자보다는 작은 자라는 말씀이다.

11. 성령 훼방 죄란?

(마 12:31-32)

그러므로 내가 너희에게 이르나니 사람의 모든 죄와 훼방은 사하심을 얻되 성령을 훼방하는 것은 사하심을 얻지 못하겠고 또 누구든지 말로 인자를 거역하면 사하심을 얻되 누구든지 말로 성령을 거역하면 이 세상과 오는 세상에도 사 하심을 얻지 못하리라.

? 제기되는 난제

1] 모든 죄와 훼방은 사하심을 받는다 하심은 죄의 한계는 어디까지이며 훼방은 무엇을 말씀하시는 것인가?

2] 성령을 훼방하는 것은 어떤 것을 말씀하시는 것이며 말로 성령을 훼방하는 것은 무엇을 말씀하시는 것인가?

 난제 해석

1] 먼저 성경에 하나님께서 정하시는 죄에 대하여 알아보자

첫째. 인간이 하나님과 교통을 할 수 없는 것은 곧 죄가 인간과 하나님의 사이를 가로막고 있기 때문이다고 말씀하신다.[사 59:2] 그러면 인간과 하나님의 사이를 가로막고 있어 하나님과 교통이 안 되는 죄의 원천을 찾아보자. 그러려면[창 3:6]에서 찾아 볼 수가 있겠다.

즉 하나님과 교통이 단절되는 상태는 바로 아담과 하와가 하나님의 말씀을 듣지 않았을 때이지 선악과를 따먹고 난 후가 아니라는 것이다. 즉 마음에 이미 하나님의 말씀을 듣지 않기로 작정을 하는 순간 즉 선악과를 따 먹겠다고 작정하는 순간 혹 암의 세력은 인간의 욕심을 통하여 인간의 마음을 이미 점령하여 버렸기 때문에 하나님과의 교통은 이미 단절되는 것이다. 따라서 원죄라고 하는 것은 아담 이후로 하나님의 말씀을 듣지도 않을 뿐만 아니라 들을 수도 없는 모든 인간 영혼의 상태를 원죄라고 하는 것이다.

[원죄와 선악과에 대한 해설은 창조 역사 해설 참조]

2] 다음으로 사도 요한을 통하여서 기록한 죄의 정의를 알아보자. [요일 5:16-17]에 보면 간단히 말해서 죽는 죄를 위하여서는 기도를 하지 말라 하시고 죽지 않는 죄를 위하여서는 기도를 하라 하신다.

얼듯 보면 상반된 것 같은 말씀이지만 그렇지가 않다.

즉 이 말씀은 인간의 삶 속에서는 죽는 죄와 죽지 않는 죄 두 가지가 있다는 말씀이다.

3] 그럼 죽는 죄는 무슨 죄이고 죽지 않는 죄는 무슨 죄인가?

이는 주님께서 말씀하신 죄에 대한 정의를 보면 금방 알 수 있다.[막 16:16. 요 3:18-19]

즉 간단히 말해서 예수님을 믿지 않는 것이 바로 심판에 이르는 죽는 죄란 것이다. 왜 그런가? 이는 곧 하나님께서 예수님을 인간의 영혼 구원을 위하여 대속 제물로 예비하신 예수님 안에서의 인간 영혼 구원의 하나님의 계획의 말씀을 믿지 않기 때문에 하나님도 계시지 않을 뿐만 아니라 예수님 안에서의 대속의 사건을 믿지를 않음으로 죄가 그대로 있기 때문인 것이며 결과로는 하나님의 말씀을 믿지 않을 뿐더러 하나님의 말씀에 순종을 하지 않기 때문에 아담과 하와와 같이 원죄 뿐 아니라 자범죄 까지도 그대로 있기 때문인 것이다. 하나님께서는 인간의 죄사함을 오직 예수님 안에서만 결정하신다.

그런데 왜 요한 사도는 이 죽는 죄를 위하여는 기도를 하지 말라고 하셨나? 하는 것이다. 이는 바로 구원을 주시는 믿음의 권능이 인간의 행위에 있지 아니하고 하나님의 권능에 있기 때문인 것이다.[엡 1:4. 엡 2:8-9. 고전 2:5. 고후 4:-6]

그럼 죽지 않는 죄를 위하여서는 왜 기도하라고 하시나? 하는 것은 죽지 않는 죄는 성도가 삶 속에서 살아가면서 말로 행위로 또 마음으로 알게 모르게 죄를 짓기 때문인 것이다.

성도가 새 생명의 삶 속에서 성령님 즉 주님과 함께 동행하므로 하나님의 자녀로서 거룩한 삶을 살아야 하는데 육신의 정욕과 안목의 정욕 등으로 그렇지 못하게 살 때가 많기 때문인 것이다.

왜냐하면 성도가 구원을 얻었어도 아직 육체 가운데 있고 욕심 가운데 살기 때문에 성도라도 항상 알게 모르게 죄를 범하며 살게 되기에 항상 깨어서 기도를 하여야 조금이라도 주님께서 원하시는 거룩한 삶을 살 수 있기 때문인 것이다.

기도로 성령님과 교통하며 성령님의 도우심을 받아 하나님께 영광을 돌려 드리는 승리의 삶을 살아야 하기 때문에 요한 사도가 죽지 않는 죄를 위하여서는 기도를 하여 성령님의 인도를 받음으로 좀 더 거룩한 삶을 살아 하나님의 영광을 나타내라는 뜻으로 죽지 않는 죄를 위하여서는 기도를 하라 말씀하시는 것이다.[살전 5:17]

4] 바울 사도의 죄에 대한 정의를 보자 [롬 7:15-20]에 보면 죄 짓는 것 때문에 바울 사도가 마음에 고통을 받으면서 고백한 죄의 정의가 나온다. 즉 죄를 짓는 것은 내가 아니라 내 속에 거하는 '죄' 다. 라고 정의한다.

이는 우리가 육신에 있는 한 죄의 속성에서 조금도 벗어날 수가 없음을 나타내는 것이며 그래서 인간의 행위로는 의롭다 함을 얻을 수가 없다는 것이다. 즉 인간은 '선'을 행하는 그 '선' 속에서도 악이 함께 존재하기 때문인 것이다.[롬 3:20 롬 7:21 갈 2:16]

5] 성경에서 죄에는 두 가지가 있다는 것을 알았다. 그런데 성령 훼방죄는

어떤 죄에 속하는가 어떻게 하는 것이 성령을 훼방하는 죄인가 라는 것
이다.

첫째, 우주에 가득 차서 움직이는 '에너지' 가 있다. 과학에서 정의한 언
어로 '흑암의 물질' 이라고 한다. 이는 왜 '흑암의 물질' 이라고 이름을 명
명 하였나 하면 지금의 과학으로는 도저히 무슨 물질로 형성 되었는지 밝
힐 수가 없기 때문이란다.

이 흑암의 물질은 우주가 아무리 팽창하여도 부피가 늘거나 줄어드는
일이 없이 항상 우주에 가득히 차서 우주의 팽창과 더불어 같은 비율로 팽
창한다고 한다.

이것을 과학자들은 어떤 보이지 않는 힘 즉 '하나님의 기운' 이라고 정의
한다.[창조 역사 속의 비밀 참조] 또 이 기운을 성령 이다 라고 정의하기도
한다.

둘째, 성경에서 말씀하시는 성령님은 온 우주 만물을 주관하시며 살아
있는 모든 피조물들에게 생명을 주시는 그 성령님과 예수님 안에서 인간
에게 새 생명을 주시고 함께 하시기 위하여 일하시는 성령님이 계시다. 똑
같은 성령님이시지만 각기 행 하시는 목적과 일이 다르시므로 나누어서
부르는 것이다.

즉 하나님께서 인간들과의 사이에 인간들과 함께 하시기 위하여 정하여
놓으신 특별한 계획이 있는데 이 특별한 하나님의 계획을 따라서 행하시
는 성령님의 역할이 있다. 그런데 이 하나님의 인간들과의 사이에 정하여
놓으신 계획을 따라 행하시는 성령님의 역사를 훼방하는 것이 곧 성령훼

방이다.

이 하나님의 예수님 안에서의 인류 영혼의 구원 계획을 위하여 일하시는 성령님의 일을 방해하는 죄를 곧 '성령 훼방 죄' 라 하시는 것이다.

6] [마 12:30]에 나와 함께 아니하는 자는 나를 반대하는 자요. 나와 함께 모이지 아니하는 자는 해치는 자니라. 라고 말씀 하신 것을 본다.

즉 성령의 역사를 해치면 예수님을 영접할 수가 없고 예수님을 영접하지 않으면 여전히 죄 속에 있음으로 하나님의 정죄에서 벗어날 수도 없고 하나님께서 예수님 안에서 정하여 놓으신 구원의 믿음이 없으면 구원을 받을 수도 없으니 천국을 받을 수도 갈 수도 없게 되니 이 세상뿐 아니라 오는 세상 즉 영원히 구원을 받을 수가 없다는 말씀이다.

8] 성도가 주의하여야 할 것은 '성령 훼방' 이라는 말을 많은 성도님들이 아주 잘못 이해하고 있다는 것이다.

즉 예를 들어서 어느 목사님이나 혹은 은사를 받았다는 분께서 성도를 보고 성령님께서 이렇게 말씀하시는데요... 라면서 마음에 두려움을 갖게 하거나 혹은 헌금 등의 강요로 부담을 느끼게 한다거나 혹은 어떤 일을 하나님을 위한 일이라고 하면서 강요를 하면서 만약 듣고 행하지 않으면 '성령 훼방 죄' 를 짓는 것이라는 인식이나 느낌을 갖게 한다든지 하는 말과 행위는 곧 그 말을 하는 점쟁이 같은 사람이 바로 '성령 훼방죄' 를 짓고 있는 것이지 듣고 행하지 않는 사람이 성령 훼방죄를 짓는 것이 아니다는 것이다.

왜냐하면 하나님 안에서 성도가 참 자유나 행복을 누리게끔 도와줘야 하는 분들이 오히려 자유나 행복은커녕 불안과 두려움만 성도에게 조성시켜서 오히려 하나님과 사이가 멀어지게 하는 일을 성령을 빙자해서 하기 때문인 것이다. 이것이 곧 하나님의 뜻도 모르고 말로 성령을 훼방하는 것이다.

9] 결론적으로 '성령 훼방죄'는 예수님 안에서의 하나님의 인간 영혼 구원의 계획을 방해하는 것과 영적으로 성도가 하나님께로부터 부여 받은 참 평강의 예루살렘을 아름답게 지어나갈 수 없게 하는 것을 '성령 훼방죄'라고 하는 것이다.

[막 3:28-30]

12. 일곱 귀신을 데리고 들어왔다

(마 12:43-45)

더러운 귀신이 사람에게서 나갔을 때에 물 없는 곳으로 다니며 쉬기를 구하되 얻지를 못하고 이에 가로되 내가 나온 내 집으로 돌아가리라 하고 와보니 그 집이 비고 소제되고 수리 되었거늘 이에 가서 저보다 더 악한 귀신 일곱을 데리고 들어가서 거하니 그 사람의 나중 형편이 전보다 더욱 심하게 되느니라 이 악한 세대가 또한 이렇게 되리라.

? 제기되는 난제

1] 귀신이 나갔는데 어떻게 또 들어오며 집이 청소가 되어서 거하기 좋으니 일곱 귀신을 데리고 들어왔다는 말씀인가?

난제 해석

1] 이 말씀의 뜻은 곧 비유의 말씀인데 그 뜻은 곧 '이 악한 세대가 또한 이렇게 되리라' 하신 말씀의 뜻에 있다.

이 말씀을 이스라엘과 예수님의 사역에 맞추어서 생각하여 보면 쉽게 알 수가 있다. 즉 전편에서 '성령 훼방죄'에 대하여 설명 하였듯이 예수님을 영접하지 못하게 방해하는 것이 곧 성령의 역사를 훼방하는 것이다. 따라서 당시에 제사장을 비롯한 바리새인들과 대부분의 이스라엘 사람들이 예수님의 사역을 훼방하고 또 받아드리지 않았다. 이는 곧 성령을 훼방하는 큰 죄를 짓고 있음을 이스라엘은 모르고 있었던 것이다.

그래서 이 말씀은 진짜 귀신이 사람에게서 나갔다 또 들어갔다 하는 것을 말씀하시는 것이 아니라 예수님께서 장래에 이스라엘이 받아야 할 엄청난 슬픈 일들 즉 앞으로 이스라엘이 받아야 할 아주 비참하고 엄청난 사건들을 바라보시고 비유로 말씀 하시는 것이다.

(관련성구)

[마 23:37-38] 예루살렘아 예루살렘아 선지자들을 죽이고 네게 파송된 자들을 돌로 치는 자여 암탉이 그 새끼를 날개 아래 모음같이 내가 네 자녀들을 모으려 한일이 몇 번이더냐. 그러나 너희가 원치를 아니 하였도다. 보라 너희 집이 황폐하여 버린바 되리라

[마 24:2] 너희가 이 모든 것을 보지 못하느냐 내가 진실로 너희에게 이르노니 돌 하나도 돌 위에 남지 않고 다 무너뜨리우리라.

2] 더러운 귀신이 사람에게서 나갔다고 비유로 말씀하시는 것은 곧 이스라엘을 두고 말씀하시는 것이다. 즉 하나님께서 인류를 구원할 메시아를 보낼 민족으로 선택 받은 아주 귀한 민족 거룩한 민족이라는 말씀이다. 실제로 이스라엘은 아담의 직계 후손으로서 또 애굽에서 홍해를 건너면서 영적으로 육적으로 구원을 받은 민족이다. 그러므로 하나님의 말씀의 뜻을 정말 잘 지키며 축복을 받아야 하는데 선지자들을 계속 보내셔서 알게 하셔도 선지자들을 핍박하기만 하는 것이 아니라 죽이기도 하며 우상 숭배로 하나님을 대적하는 삶을 살았고 예수님 당시에는 아주 형식적으로 타락한 성전 숭심의 생활을 하고 있었던 것이다.[마 21:12]

그러니 예수님께서 미래에 이스라엘이 받아야 할 비참한 상황을 내다보시고 나간 귀신 하나가 일곱 귀신을 데리고 들어왔다 고 비유로 말씀하시는 것이다.

즉 장래에 이스라엘이 아주 완벽하게 나쁘고 비참한 상황을 맞을 것을 내다보시고 말씀하시는 것이다.

3] 당시에 처하여 있었던 이스라엘의 상황을 좀 살펴 보기로 하자.

B.C. 63년에 로마의 장군 '품페이우스'가 예루살렘을 쳐들어와서 성전 벽을 헐어버린 것을 유다의 헤롯왕이 A.D. 37년에 되찾아서 새로 견고하게 건축을 다시 하였다. 그러나 아직도 로마의 지방 정권에 불과했다.

A.D. 68년에 로마 '베스파시아누스' 장군이 예루살렘을 다시 쳐들어 왔

다가 황제가 되는 바람에 돌아가고 대신 **A.D.** 70 년에 그의 아들 디투스 [Titus] 장군이 4개 군단의 병력으로 쳐들어와서 예루살렘 성을 안에 두고 토성을 밖으로 쌓고 안의 사람을 밖으로 나오지 못하게 하는 전술로 예루살렘을 공격하였다. 그러므로 예루살렘 성안의 사람들은 먹을 것이 없어서 아이들을 서로 잡아 먹으며 생명을 연장하였던 것이다.

이러한 미래에 이스라엘이 격어야 할 상황들을 예수님께서 미리 내다보시고 우시면서 본문의 비유를 들어서 말씀하시는 것이다.[마 24:2]

A.D. 130년에는 로마로부터 유대인의 강제적 추방이 시작되어서 이때부터 이스라엘은 세계 각지로 흩어져서 나라 없이 살아가게 되었던 것이다.

이렇게 예수님 당시로부터 시작하여서 거의 2000년이라는 세월을 나라도 없이 흩어져 살다가 1948년 5월 17일 영국의 도움으로 '다윗 뱅그리온' 이 수상이 되어서 '시온 성 복귀 운동' 이 시작 되면서 세계 각지에 흩어져 있던 이스라엘이 속속히 모여들기 시작하여서 지금의 이스라엘이 된 것이다.

[지금 이스라엘과 팔레스타인 땅을 놓고 싸우고 있는 팔레스타인은 구약 성경에 나오는 가나안 땅에 살고 있던 블레셋 족속 이다]

[호 9:17 = 저희가 듣지 아니하므로 내 하나님이 저희를 버리시리니 저희가 열국 가운데 유리하는 자가 되리라]

4] 곧 본문의 말씀에 귀신이 나가서 <u>깨끗하게 된 사람은 곧 이스라엘을 말</u><u>씀하심이다.</u>

왜냐하면 이스라엘 민족은 하나님께서 인류의 영혼 구원의 계획을 완성시키시기 위하여 여자의 몸을 빌어 여자의 후손으로 오셔서 인류를 구원할 메시아의 혈통을 갖은 거룩한 민족이다. 그 메시아로 오실 거룩한 혈통으로 선택 받은 민족이며 하나님께서 또 특별히 인간 영혼 구원의 계획을 실행하시기 위한 모형으로 선택을 받은 특별하고 거룩한 민족인 것이다.

그런데 이 민족이 애굽을 나와서 광야 생활을 거쳐서 가나안 생활을 하는 동안 하나님께서 함께 하시면서 인도하고 가르치셨건만 듣지 않고 거기다 하나님께서 보내신 선지자들을 죽이고 우상 숭배까지 하며 하나님의 노를 격빌하였던 것이다.

5] 일곱 귀신을 데리고 들어왔다고 비유로 말씀하시는 것은 먼저 설명한 대로 이스라엘이 맞아야 할 비참한 상황을 말씀하시는 것이다.

즉 지금 처하여 있는 이스라엘의 환경이 앞으로 아이들을 서로 잡아먹을 만큼 악하여지며 또 예루살렘 성전은 흔적도 없이 무너져 버릴 것이고 이스라엘 민족은 나라도 없이 떠돌 것을 말씀하시는 것이다.

6] 이 비유의 말씀은 이스라엘 민족에게만 하시는 말씀이 아니라 곧 예수님을 영접하여 성령님과 동행하는 현재의 '이스라엘' 즉 모든 성도들에게 경고하시는 메시지 또한 있는 것이다.

첫째는 모든 성도들에게 주시는 메시지로 성도는 주님의 보혈의 공로로 인하여 귀신이 나가서 깨끗함을 받은 거룩한 이스라엘이다. 이는 곧 흑암의 권세에서 나와서 광명의 나라 즉 빛의 나라에 살고 있는 빛의 자녀가 된 것이다.[엡 5:8-9]

빛의 자녀는 빛의 자녀다운 삶을 살아야 한다. 만약 그렇지 않고 과거의 흑암의 나라에서 행하던 습성을 그대로 가지고 옛날 습성대로 행하며 살고 그것도 또 반복하여 행하며 살게 되면 어느 날 성령의 음성을 듣는 새 생명을 받은 영혼의 영적 감각이 화인을 맞아서 나중에는 일곱 귀신이 들어와서 하는 짓과 같은 짓을 하면서도 느끼지 못하게 된다는 계시의 말씀이다.

둘째로 주님께서 주시는 메시지는 양들을 인도하는 목자들과 특별하게 하나님의 나라를 세워가게 하시기 위하여 은사를 받은 은사자들이다.

우선 이스라엘이 왜 이 지경까지 되였나 하는 것을 살펴 보자.

광야 생활에서도 아론은 제사장이 되어 우상을 만들어 백성들을 현혹되게 하고 가나안 생활에서도 왕들이나 제사장들은 양들을 제대로 인도하지 않고 우상 숭배를 하는데 앞장서곤 하였다. 양들은 목자가 인도하는 대로 따라 간다. 목자가 양들 위에 군림하고 대우를 받다 보면 이미 성령의 음성을 듣는 영적 감각은 화인을 맞아서 일곱 귀신이 들어간 짓을 하면서도 모르고 있을 수 있다는 말씀이다.[미 3:1-5]

예로 이런 사람들이 하는 일에 가끔 예수님의 이름으로 기적이 일어나 기도 하니 본인 자신도 정말 하나님께서 기적을 일으켜 주시는 줄 알고 착각을 하고 있다는데 문제가 있는 것이다.

특히 목자[목사] 중에서도 부흥 강사들은 더욱 조심을 하여 자신을 살펴 보아야 할 것이다.

어떻게 하면 헌금을 많이 나오게 하나 어떻게 하면 기적을 많이 일으키 어서 성도들을 현혹시키나 하는데만 온 정신을 집중하여 설교를 준비하지 말고, 예수님께서 제자들의 발을 닦아 주시면서 본을 보여 주신 것과 같이 섬기는 자세로 어떻게 하면 양들을 참 평안의 길로 잘 인도를 할 수 있는 가에 신경을 써서 설교도 준비하고 준비한 설교대로 그렇게 행하는 자세 로 양들을 섬겨야 할 것이다. 그런데 자기들은 특별히 하나님께로부터 제 사장으로 기름 부음을 받았다고 양들을 자기들 밑에 있는 부리는 사람 정 도로 생각을 하고 행하는 것이 곧 일곱 귀신 들어가서 하는 행위인 것과 같은 짓이다.[요 13:4-5, 14-15]

13. 오병이어 기적의 의미

(마 14:15-21)

저녁이 되매 제자들이 나아와 가로되 이곳은 빈들이요 때도 이미 저물었으니 무리를 보내어 마을에 들어가 먹을 것을 사먹게 하소서 예수께서 가라사대 갈 것 없다 너희가 먹을 것을 주어라. 제자들이 가로되 여기 우리에게 있는 것은 떡 다섯 개와 물고기 두 마리뿐이니이다. 가라사대 그것을 내게 가져오라 하시고 무리를 명하여 잔디 위에 앉히시고 떡 다섯 개와 물고기 두 마리를 가지사 하늘을 우러러 축사 하시고 떡을 떼어 제자들에게 주시매 제자들이 무리에게 주니 다 배불리 먹고 남은 조각을 열두 바구니에 차게 거두었으며 먹은 사람은 여자와 아이 외에 오천 명이나 되었더라.

[막 6:35-44] [눅 9:12-17] [요 6:9-13]

❓ 제기되는 난제

1] 떡 다섯 덩이와 물고기 두 마리로 남자만 그것도 청년 이상만 오천 명이라면 아무리 적어도 전체 군중의 수는 만 명은 넘을 텐데. 떡이 쉴 새 없이 부풀어 올랐다는 말씀이며 물고기가 쉴 새 없이 하늘에서 떨어졌다는 말씀인가?

2] 만약 그런 기적을 일으키시려면 알맞게 딱 먹을 만큼만 일으키시지 왜 열두 바구니나 남게 하셨을까?

 난제 해석

이 난제 해설은 두 가지로 할 수 있다.

첫째는 예수님께서 하나님이시니까 축사하시고 나서 제자들에게 떡을 떼어 주라고 하신 말씀대로 계속해서 떡이 불어나게 하시어서 나누어 주신 것이다. 또는 바구니 속에서 계속 불어나게 하시든지[왕상 17:12-16 = 사르밧 과부와 엘리야의 말씀과 같이] 하여간 어떠한 방식이든 군중들을 배부르게 먹이시고 남게 하신 것이다.

그러나 이 사건에 담긴 내용은 주님께서 이 사건을 통하여서 성경을 이루시고 예수님께서 이 땅에 생명의 떡으로 오신 분이라는 것과 또 육신의 음식까지 책임지시는 분이시라는 것을 가르쳐 주시려는 데 더 큰 의미와 목적이 있으신 것이다.

따라서 이 말씀의 해설은 예수님께서 말씀을 통하여 영적인 기적을 이루셨을 것을 전제로 이해를 하여야 정확한 영적인 이해를 할 수가 있다.

항상 성경에 기록된 모든 사건은 하나님께서 예수님 안에서 인간 영혼을 구원하시려는 계획 안에서 이해를 하여야만 정확한 이해를 할 수가 있기 때문이다.

예수님께서 당신의 말씀으로 기적을 일으키시고 당신을 따르는 무리에게 먹이시는 이해는 다음과 같다.

1] 이 난제는 먼저 복음서의 해설을 하기 전에 안내 편을 꼭 읽어 보라고 한 것을 기억하시길 바란다. 예수님께서 꼭 기적들을 행하셔야 하는 것들이 있다. 그런데 그 행하시는 기적들이 그냥 그때그때 상황을 따라서 행하시는 것이 아니라는 것을 해설하기 전에 이미 설명을 하였다.

하나님께서 구약에 계시된 것들을 예수님은 꼭 완성을 시키셔야만 할 책임이 있으신 것이다.

왜냐하면 구약에 계시된 모든 내용들이 모두 예수님 자신이 완성을 시키셔야 할 내용들을 계시하신 것이기 때문이다.

따라서 예수님께서 구약의 계시된 내용에 따라 이 땅에 오신 메시아 라고 하신다면 예수님께서는 그 계시된 메시아가 예수님 자신이라는 것을 기적으로 나타내셔야만 하는 것이다.

기적을 사용하시지 않으시면 영적인 하나님의 영적 인류 영혼 구원의 계획을 나타내실 수도 이루실 수도 전혀 없기 때문이다.

따라서 이 오병이어의 기적도 구약에 계시된 사건을 따라서 꼭 기적을 행하셔야만 하는 것을 우선 염두에 두고 다음을 읽으시길 바란다.

2] 이 기적의 해설을 정확히 할 수 있는 사람은 실제로 하나님의 말씀만 먹고 즉 성경만 읽으면서 목마름이나 배고픔을 적어도 일주일 이상 전

혀 느껴보지 못한 경험을 가진 사람만이 할 수 있다. 라고 감히 말할 수 있다. 왜냐하면 이 기적의 사건은 곧 말씀 즉 만나의 기적의 사건이기 때문이다.

[이런 체험을 하신 성도님들도 많이 계시리라고 믿는다]

3] 우선 해설을 하기 전에 필자의 체험을 먼저 이야기를 하여야 할 것 같다.

필자는 하나님의 말씀을 전혀 모르면서 전도를 받을 때[전도는 많이 받았지만 마지막으로 주님을 영접할 때] 전도 하시는 분이 하나님의 말씀[계 3:20]의 말씀을 사용하실 때 듣는 순간 성령님의 강권하신 능력이 나의 온몸을 덮어 씌우시는 그 순간 아주 전혀 느껴보지 못한 평온함을 느끼는 동시에 마음의 문이 실제로 열리는 체험을 하였다.

마음에 진짜 문이 있다. 그런데 말씀을 듣는 순간 내가 여는 것이 아니라 스스로 그냥 열린다는 것도 알았다. [당시 전도자는 중국에서 선교하시는 오상희 목사님]

4] 두 번째 역시 하나님의 말씀을 제대로 알지도 못할 때 [신앙계] 책에 어느 분이 담배 끊는 간증을 한 것을 읽을 때 나도 담배를 끊는 기도를 하고 싶은 마음이 생겨서 기도를 할 줄 몰라 그냥 무릎만 꿇고 담배 끊게 도와주세요. 그리고 들은 풍월대로 예수님 이름으로 기도합니다. 했는데 그 순간부터 내 머리에는 담배를 피워야 한다든지 하는 생각 자체

를 할 수 없었던 것이었다. 아예 머리 속에서 담배라는 생각을 **빼버리신 것이다.**

다음날 어느 담배 피우는 사람을 보았을 때 정말 하나님이 살아 계시구나 하는 것을 느끼며 말로 형용할 수 없을 정도로 놀랬다. 왜냐하면 전혀 담배라는 생각을 거의 담배 반 갑을 피울 시간 동안 한 번도 하지 않았기 때문이다. 이러한 기적을 체험하고 어떤 능력을 느끼는 순간 정말 입에서 '하나님은 살아 계시구나' 하는 말이 저절로 나오며 얼마나 놀랐는지 모른다.[이때가 호주에서 성령 체험을 한 후 약 2주 후 방콕의 호텔 방에서이다]

필자가 하나님을 만난 곳이 호주인데 호주에는 **winfild**라고 하는 담배 한 갑에 25가치가 들은 담배가 있다. 그걸 보통 때 하루에 두 갑을 피웠으며 술을 마시면 세 갑 정도를 피웠다. 그러니 그 놀라움이 얼마나 컸겠는가?

5] 세 번째 체험은 직접 본문과 연관이 있다. 성령님의 인도를 체험하며 외국생활 15년을 접은 채 한국으로 온다. 첫 예배를 여의도 순복음 교회에서 드리며 신앙생활을 시작한다.

첫날 성전 문 앞에 서서 예배 드린 분들이 나오면 다음 예배를 드리려 들어가려고 기다리는 사람들과 함께 서 있으면서 정말 많이 울었다. 왜냐하면 하나님께서 나에게 저 성전에 들어가서 예배를 드릴 수 있게 허락하여 주신 것이 너무 너무 감사하였고 그 감사함이 물밀듯 가슴에 밀려 왔기 때문이다.

첫 예배 드린 후 바로 지금의 최자실 기념 금식 기도원을 일주일 금식을 작정하고 성경을 읽기 위하여 또 더 정확히 예수님을 알기 위하여 기도원 버스를 타고 기도원으로 갔다. 나는 그때 정말 놀라운 체험을 하게 된다.

말씀을 읽는데 가끔 혀에 꿀방울 같은 것이 떨어지면서 혓바닥으로 확 퍼지는 것을 느끼는데 정말 진짜 꿀보다 더 달고 표현하기 힘든 오묘한 맛이었다. 그러면서 온몸이 힘이 차오르는 것을 체험하게 된다. 그러나 그냥 놀랐을 뿐 하나님의 오묘한 역사인가 보다 하고 감사하는 마음만 있었다.

그런 체험을 성경을 읽어 가면서 여러 번 계속하던 어느 날[시 19:10] 말씀을 읽는 순간 너무나 놀랍고 반갑고 기뻐서 그렇게 감사의 눈물로 기도를 한 적은 없었다.

다음으로 [시 81:16. 잠 24:13]을 읽을 때도 넋을 놓고 울고 또 울었다. 왜냐하면 그 동안 여러 번 혀에 꿀방울이 떨어지는 체험을 하였기 때문이다.

그렇게 일주일 동안에 목마른 생각도 느낌도 배고픈 생각도 느낌도 전혀 하여보지 못한 것이 지금 읽고 있는 말씀 때문이었구나 라고 깨닫는 순간 어떻게 기쁨의 눈물이 나지 않을 수가 있었겠는가?

그런 체험을 하며 그렇게 일주일이 지났다. 이런 놀라운 체험은 내가 성경을 여러 번 통독하며 가끔 체험을 한다.

또 하나 특별한 체험은 성경의 이해하기 힘든 어려운 말씀의 구절들을 가지고 깊은 묵상을 할 때면 그 말씀들의 내용을 영적으로 알려 주실 때 알려 주시면서 배에서 생수의 강이 흐르는 것을 체험하게 하시기도 하신다. [요 7:37:38]

※ 필자가 간단히 간증을 쓴 것은 본문의 해설 이해를 돕기 위하여서이다.

6] 본문의 해설은 먼저 설명을 한대로 예수님께서 하늘에서 내려온 생명의 떡 즉 말씀의 떡임을 예수님 자신이 증명을 하여 보이셔야만 할 의무와 필요가 있는 것이다. 왜냐하면 예수님은 곧 구약에 계시된 만나로 말씀이 육신이 되어 이 땅에 오신 진짜 만나이시기 때문인 것이다.[창 1:2]과 [요 1:1-4,14]

간단히 말해서 하나님께서 구원받은 이스라엘에게 광야에서 내려주신 하늘 양식인 만나는 장래에 말씀으로 오실 예수님의 말씀의 예표이기 때문에 말씀을 통하여 더욱 확실한 증거를 기적으로 나타내 보여주셔야만 하는 것이다.[출 16:14-30]

즉 광야에서 하나님께서 이스라엘에게 먹여주신 만나는 예표에 불과하기 때문에 이스라엘의 조상이 먹었어도 죽었지만 실제의 만나이신 말씀의 예수님을 먹는 자는 죽지 않는다는 것을 기적으로 보여 주셔야만 하는 것이다.[요 6:32-35] [요 6:49-51]

7] 따라서 예수님께서 [요 6:9-13]에 오병이어의 기적을 행하시고 말씀을 가르치시면서 직접 자신을 설명하시기를 너희 조상들은 하늘에서 내린 만나를 먹고도 죽었지만 예수님 자신을 먹는 자들은 영원히 죽지 않는다고 [요 6:48-51]에 말씀하고 계신다.

이는 곧 말씀에 의한 기적을 체험하게 하신 후에 하신 말씀인 것이다. 즉 예수님 자신이 영적인 영의 음식일 뿐만 아니라 육의 양식을 책임지시

는 하나님이심을 가르쳐 주시기도 하시는 것이다.[요 6:32-35]

※ 모세가 40주야를 물도 먹지 않고 떡도 먹지 않고 하나님과 교통한 것을 상고하면 이해를 하기 쉽다.[출 34:38]

8] 그럼 제자들을 통하여 말씀을 먹이시는 것을 살펴보자[마 14:16. 막 6: 37. 눅 9:13]에 보면 예수님께서 제자들에게 너희가 먹을 것을 주라. 하시며 또 [막 6:40. 눅 9:14]에 말씀 하시기를 50이나 혹은 100명씩 앉게 하시는 것을 본다. 즉 이렇게 앉게 하시고 12제자들을 통하여서 말씀을 가르치게 하시는 것이다. 이때에 주님께서 필자가 체험한 것과 같은 기적을 말씀을 듣는 각 사람에게 베푸시는 것이다.

이때는 주님의 능력으로 주님께서 말씀 즉 생명의 양식이심을 증명하셔야 하기 때문에 말씀을 듣는 모든 사람들에게 실제 양식을 먹은 것과 같은 배부름의 기적을 베푸시는 것이다.

9] 예수님께서 실제로 빵이 불어나게 하시고 물고기 숫자가 늘어나게 하셔서 모인 군중들을 먹이셨다고 하여도 그 기적을 베푸신 영적인 내용에는 전혀 변화가 없다.

두 해설의 내용이 모두 예수님께서 이 땅에 진짜 '만나' 로 오신 구약의 계시된 '만나' 즉 새 생명의 양식으로 오신 예수님을 증명하시려는 목적은 같기 때문이다. 그러나 말씀을 통하여 배부르게 하신 것이 더 정확하다고 볼 수 있는 것은 예수님이 구약에 계시된 영적 말씀의 만나이시기 때문이다.

10] 떡을 떼어주고 열두 바구니에 가득 거두었더라. 하시는 말씀은 전도
   의 계시이다.

즉 열두 바구니의 열둘의 숫자는 이스라엘의 열두 지파를 의미 하는데
이 이스라엘의 열두 지파는 곧 오순절 기간에 구원을 얻은 모든 성도[이스
라엘]들을 의미한다.

바구니는 이스라엘 사람들이 일하러 들로 나갈 때 먹을 음식을 담아 가
지고 나간다. 또 빵은 곧 생명의 양식인 예수님의 몸을 의미하며 예수님
은 생명의 말씀을 의미하므로 이 떡 열두 바구니의 사건은 전체적으로 구
원을 받은 성도[이스라엘]가 오순절 기간에 하나님의 말씀을 가지고 세상에
나가서 전도를 하여야 할 것을 계시하시는 것이다.[요 1:1-3. 14. 요 6:48-
51. 마 26:26]

따라서 말씀에 계시된 대로 예수님 안에서 새 생명을 받은 모든 성도는
말씀의 떡을 들고 세상으로 나가서 예수님과 함께 많은 죽은 영혼들을 구
원하여야 하는 것이다.

14. 가나안 여자와 귀신들린 딸

(마 15:22-28)

가나안 여자 하나가 그 지경에서 나와서 소리질러 가로되 주 다윗의 자손이여 나를 불쌍히 여기소서 내 딸이 흉악히 귀신 들렸나이다 하되 예수는 한 말씀도 대답지 아니하시니 제자들이 와서 청하여 말하되 그 여자가 우리 뒤에서 소리를 지르오니 보내소서 예수께서 대답하여 가라사대 나는 이스라엘 집의 잃어버린 양 외에는 다른 데로 보내심을 받지 아니 하였노라 하신대 여자가 와서 예수께 절하며 가로되 주여 저를 도우소서 대답하여 가라사대 자녀의 떡을 취하여 개들에게 던짐이 마땅치 아니하니라 여자가 가로되 주여 옳소이다 마는 개들도 제 주인의 상에서 떨어지는 부스러기를 먹나이다 하니 이에 예수께서 대답하여 가라사대 여자야 네 믿음이 크도다 네 소원대로 되리라 하시니 그 시부터 그의 딸이 나으니라.

? (제기되는 난제)

1] 예수님은 사랑이신데 어찌 이 가나안 여인에게 이토록 무정 하신가?

난제 해석

1] 먼저 이 난제는 예수님께서 왜 두로와 시돈 지방으로 가셨나 하는 것을 알아야 한다.

[가나안 여인은 두로와 시돈 지방의 이방 여인이며 두로와 시돈 지방은 우상숭배가 무척 심했든 지방이다]

[왕상 16:30-33] 예수님께서 두로와 시돈 지방으로 가신 것은 성경을 이루시고 전도를 하기 위하여 라는 것을 생각하면 금방 이해가 갈 것이다.[막 1:38]

2] 두 번째 이유는 창세기 노아의 방주 사건에 하나님의 인류 영혼 구원 계획 속에 계시하신 내용 중에 이방인에게 구원을 주어야 할 것을 실행하셔야 하고 또 제자들에게 가르치시기 위하여 가신 것이다.[창조 역사 속의 비밀. 노아의 방주 사건 참조]

3] 노아의 홍수 때 방주에 들어간 짐승들 중에 정한 짐승과 부정한 짐승에 대하여 설명을 하였다.

즉 예수님께서 '자녀의 떡을 취하여 개들에게 던짐이 마땅하지 아니 하 니라' 고 말씀하신 것은 곧 노아의 홍수 때 방주에 들어간 동물 중에 부정 한 동물을 비유하여 말씀하시는 것이다.

부정한 동물 즉 하나님의 생기를 이어받지 못한 사람 중에서도 하나님 의 예비하심에 따라 예수님 안에서 무조건적인 구원이 있음을 알려 주시 는 것이다.[노아의 방주에 들어간 부정한 짐승은 아담의 직계 후손 외에 이방 종 족 중 하나님의 생기를 이어 받은 자의 구원의 예표이다]

4] 따라서 예수님은 이방의 고을에 꼭 가셔야만 하시며 이 사건을 통하여 서 하나님께서 노아의 방주 사건에서 계시하신 것을 꼭 이루셔야만 하 고 제자들에게 가르치셔야 하는 것이다.

5] 가나안 여인과 여인의 딸도 자신은 모르지만 예수님 안에서 불가항력 적으로 구원을 받도록 예비 되었기 때문에 예수님께서 무슨 말씀을 하 시든 부스러기 떡 즉 주님의 말씀을 먹어야만 하는 것이다 즉 주님을 영접하여야만 한다는 말씀이다.

6] 귀신에 매여 있다는 것은 곧 흑암의 권세에 잡혀 있다는 것이며 귀신에 게서 노임을 받는다는 것은 곧 사망에서 생명으로 흑암의 세계에서 광 명의 나라로 옮기었다는 것을 말씀하시는 것이다. 예수님은 이 땅에 계

시는 동안에 하나님께서 당신 안에서 계획을 세우시고 구약에 계시하신 것들을 모두 완성을 시키시고 그 완성된 사건들을 자녀들에게 가르쳐 주셔서 성경이 이루어지는 것을 가르쳐 주셔야 하기 때문에 기록을 하게 하시는 것이다.

그러니까 본문에 예수님께서 여자에게 '개' 라고 말씀하신 것은 예수님이 그렇게 인격적으로 여자를 개 즉 짐승으로 취급하실 만큼 인격이 파탄되신 분이 아니라. 창세기의 노아의 방주에 부정한 동물로 계시된 계시를 이루시고 예표로 삼으시기 위하여 그렇게 표현하시고 말씀하시며 기적을 이루시고 하나님의 인류 영혼 구원의 계획과 뜻을 완성시키시는 것이다.

15. 베드로가 물 위를 걸은 사건의 의미

(마 14:28-32)

베드로가 대답하여 가로되 주여 만일 주시어든 나를 명하사 물 위로 오라 하소서 한대 오라 하시니 베드로가 배에서 내려 물 위로 걸어서 예수께로 가되 바람을 보고 무서워 빠져 가는지라 소리질러 가로되 주여 나를 구원하소서 하니 예수께서 즉시 손을 내밀어 저를 붙잡으시며 가라사대 믿음이 적은 자여 왜 의심하였느냐. 배에 함께 오르매 바람이 그치는 지라.

 제기되는 난제

1] 예수님께서 베드로에게 물 위를 걷게 하신 뜻은?

 난제 해석

1] 성경의 모든 사건은 일회적으로 끝나며 그 사건 속에 하나님께서 예수님 안에서 인류에게 구원을 주시기 위한 영적인 내용이 계시되어 있다고 이미 설명을 하였다.

베드로가 물 위로 걸은 사건도 역시 한번으로 끝났으며 베드로 이후 단한 명도 물 위를 걸은 사람은 없다. 또 누가 걷겠다고 하여도 예수님은 허락하시지 않으신다. 이 사건도 성경을 이루시기 위하여 단 한번만 필요한 것이기 때문이다.

예수님께서 왜 베드로를 물 위로 걷게 하셨을까?

첫째: 바다는 세상을 말씀하심이며 물은 곧 말씀이다[지금까지 여러 번 설명함] 고로 직역을 하면 베드로는 말씀 위를 걸었다 고 직역할 수 있다.

둘째: 바람을 보기 전에는 예수님을 바라보고 물 위를 걸었다 는 말씀은 곧 예수님 안에서의 순수한 믿음 즉 하나님의 영광을 나타내기 위한 순전한 소망과 사랑을 가지고 예수님과 동행하며 함께 걸었다는 것이다.[벧전 3:21. 고전 13:13]

[벧전 3:21]의 말씀에 대하여 알아보자.

이 말씀은 물세례[침례가 아님] 즉 말씀을 통하여 성령의 역사로 말미암아 영적 세례를 받은 성도는 새 사람을 입은 새 생명을 받은 자들이다.[고후 5:17] 이 예수님 안에서 새 생명을 받은 자들은 모든 행하는 행위가 선하여야 하되 선한 그 행위의 목적이 하나님의 영광을 나타내기 위하여 선하여야 한다는 것이다.

[고전 13:13] 믿음과 소망과 사랑에 대하여 알아보자.

믿음. 소망. 사랑. 이 세가지는 항상 있을 것인데 그 중에 제일은 사랑이라. 하신 말씀은 믿음이나 소망이 사랑보다 작다는 말씀이 아니다.

왜냐하면 성경에서 말씀하시는 믿음은 하나님께로부터 온 믿음을 말씀하심이며[고전 2:5] 소망 또한 하나님께로부터 온 소망을 말씀하심이다.[빌 2:13]

이처럼 믿음. 소망. 사랑. 이 세가지가 모두 하나님께로부터 왔는데 크고 작은 것이 어디 있나?

따라서 이 말씀은 곧 믿음의 행위에 하나님께로부터 온 사랑이 함께 있어야 하고 또 행하고자 하는 소망 안에도 역시 하나님께로부터 온 사랑이 함께 하여야 만이 그 믿음과 소망이 온전 하여지기 때문에 '그 중에 제일은 사랑이다' 라고 말씀하신 것이다.

다시 말해서 예수님의 사랑 없는 믿음은 가치가 없고 예수님의 사랑 없는 소망 또한 가치가 없다는 말씀이다.

성도는 새 생명의 삶 속에서 어떠한 일을 행하든지 즉 어떠한 믿음이든 소망이든 예수님과 함께 하는 십자가 사랑이 함께 있어야만 하나님께 온전한 영광을 돌릴 수가 있기 때문인 것이다.

셋째: 바람을 보고 무서워하니 물에 빠져간다는 말씀은 곧 세상의 현실과 타협을 하며 주님만을 바라보지 않는다는 것이다. 즉 주님께 맡겨 버리는 삶을 살지 못하며 또 주님과 동행을 하는 삶을 살지를 않는다는 것이

다.[벧전 5:7]

넷째: 물에 빠져가는 베드로가 예수님을 부르니 예수님께서 베드로의 손을 잡아 끌어 올리셔서 배에 같이 오르시니 바람이 멎은 것은 곧 환난 때에 예수님을 부르면 예수님께서 잡아 건져 주시고 배에 함께 타셔서 도와주시며 성도의 삶 속에서 함께 동행을 하신다는 말씀이다. 이는 다시 말해서 예수님께서 성도와 함께 동행을 하시면 바람 즉 풍랑이 일지 않고 조용한 평강의 삶을 살 수가 있다는 말씀의 계시인 것이다.

2] 그럼 어떻게 하는 것이 성도가 새 생명의 삶 속에서 예수님과 함께 항해를 하는 것인가?

산 제사의 삶을 살아야 하는 것이다.[롬 12:1-2]=모든 행위의 삶 속에서 하나님의 영광을 나타내기를 바라는 사랑이 있는 희생의 삶과 소망의 삶을 살아야 하는 것을 말씀하시는 것이다.

또 성도는 빛의 자녀이기 때문에 빛의 자녀의 삶을 살아야 한다는 것이다.[엡 5:8-9]

성령님과 동행하는 삶을 살아야 하는 것이다.[갈 5:22-23]= 참고로 말씀드리면 이 성령의 아홉 가지 열매는 성령의 열매라고 할 수도 있지만 성령의 열매를 맺히기 위하여 성령님께서 성도와 함께 사용하시는 도구를 말씀하시는 의미가 더 크다 하겠다.

3] 전신 갑주를 입고 사단과의 전투에서 승리하는 삶을 살아야 하는 것이다.[엡 6:11-17]

예수님의 계명을 지키는 사랑의 삶을 살아야 하는 것이다.[요 13:34. 14:21]

예수님을 따라 자기 십자가를 지고 희생의 삶을 살아야 하는 것이다.[마 10:38]=십자가의 삶은 곧 사랑이 있는 희생의 삶이다.[빌 2:5]

4] 즉 성령님과 동행하는 삶을 사는 성도는 베드로와 같이 물위를 걸을 수 있는 것이다.

언제나 예수님께서 함께 하심으로 손을 잡아 주시며 동행하신다. 누룩이 없는 순전한 믿음과 소망과 사랑이 함께하는 행위의 삶은 곧 산 제사의 삶이며 그 산 제사의 삶에는 생명나무의 열매가 맺히게 되어 있는 것이다.[생명나무 실과에 관하여는 창조 역사 속의 비밀 참조]

이 생명나무의 열매는 성도의 구원 받은 영혼이 먹고 또 성도와 함께 거하시며 동거 동락하시는 성령님께서도 잡수시며 성도에게 힘을 주시고 역사하시어 더욱 많은 생명나무의 열매가 맺히게 하시는 것이다.[계 3:2]

그러면 그 성도의 속사람이 강건하여지며 또 모든 삶 속에서 예수님께서 자신을 나타내시며 영광을 받으시고 그 성도의 산 제사를 받으시는 것이다.

이것이 곧 베드로와 같이 성도가 물 위를 걷는 삶인 것이다.

그러면 성도의 새 생명의 삶 속에 풍랑이 없고 바다는 잔잔하여 새 생명의 삶 속에서 축복의 항해를 하게 되는 것이다.

왜냐하면 만나는 모든 사람으로부터 칭찬을 받으니 풍랑이 어찌 일어나겠는가? 일어난다고 하여도 금방 해결이 되지 않겠는가? [롬 14:18]

5] 본문에 예수님께서 베드로를 물 위로 걷게 하신 이유가 바로 말씀으로 오신 예수님을 먹고 살라는 메시지이며 말씀대로 살면 예수님께서 풍랑을 잠재우시겠다는 계시의 말씀인 것이다.

말씀을 먹는다는 것은 성경을 읽고 설교를 듣는 것만 먹는 것이 아니라 실제로 예수님의 뜻을 따라 산 제사의 삶을 새 생명의 삶 속에서 예수님의 이름으로 행하며 사는 것이 곧 예수님의 살과 피를 먹는 것이다. 그래야 생명나무의 열매가 맺히게 되는 것이다.[요 6:53-58]

그래야 성령님도 생명나무 열매를 성도와 함께 잡수시고 성도를 평안의 길로 인도하심으로 성도가 주님이 주시는 참 평안 안에 거하며 천국을 누리게 되는 것이다.[요 14:27]

16. 떡 일곱 덩이와 생선 서너 마리의 기적

(마 15:36-38)

떡 일곱 개와 그 생선을 가지사 축사 하시고 떼어 제자들에게 주시니 제자들이 무리에게 주매 다 배불리 먹고 남은 조각을 일곱 광주리에 차게 거두었으며 먹은 자는 여자와 남자 외에 사천 명이었더라.

? 제기되는 난제

1] 사건은 '오병이어' 의 기적 사건과 많이 다르다. 어떻게 다른가?

2] 이 사건이 오병이어의 사건과 많이 다른 것은 먹고 남은 것을 거둔 그릇이 다르다는 것과 떡의 숫자와 물고기의 숫자가 다르다는 것이다. 내용이 다른 것은 무슨 의미인가?

난제 해석

1] 오병이어의 기적과 마찬가지로 이 사건도 예수님께서 하나님이시니 하늘에서 떡이 쏟아지게 하시든지 아니면 떡이 계속 불어나게 하시든지 하시면 된다.

그러나 먼저 오병이어의 기적에서 해설을 하였듯이 예수님께서는 당신 자신이 하나님 본체이심과 말씀의 떡으로 이 땅에 오신 분이심을 말씀의 능력으로 나타내시어야만 하는 것이 중요하지 능력을 나타내시기 위하여 기적을 베푸시는 것이 중요한 것이 아니라는 것이다.

그럼 이 사건을 통하여 예수님께서 성도들에게 주시고자 하시는 메시지가 무엇인가 알아보기로 하자.

2] 이 사건도 말씀을 제자들을 통하여 모인 무리들에게 먹이실 때 떡 일곱 개에 해당하는 말씀을 먹이신 것이 확실하다 하겠다. 즉 떡 일곱 개를 사용하여 무리들을 먹이셨다는 것은 곧 예수님 자신이 새 생명을 주시는 온전한 말씀의 떡이라는 것을 나타내시는 것이다.

그리고 생선 두어 마리 라고 확실한 숫자를 기록하지 않으신 것은 새 생명을 주시는 당신의 말씀으로 타락한 인간의 영혼을 구원하실 때에 새 생명을 주시는 사역이 쉬지 않고 계속될 것임을 진행형으로 말씀하시는 것이다

[여기서 잠시 생각하여 보자. 생선이 수십 마리도 아니고 수백 마리도 아닌 겨우 두 마리나 세 마리인데 왜 정확히 기재를 하지 않으셨나. 제자들이 두 마리인지 세 마리인지 그것을 분별 할 수가 없었다면 이해가 가겠는가?]

3] 그럼 떡 일곱 개의 의미부터 먼저 알아보기로 하자.

[다음은 생선 두어 마리와 다음은 일곱 광주리]

[마 4:4] 참조

첫째, 떡 덩어리 일곱 개의 말씀은 하나님께서 하나님과 하나님의 자녀들 사이에 하나님께서 책임지실 것 일곱 가지를 알려 주시는 것이다. 즉 일곱의 숫자가 의미하듯 온전하게 아주 완전하게 하나님께서 당신의 자녀들을 인도하시고 책임지신다는 뜻으로 일곱 개의 떡 덩어리가 있게 하시어서 기록하게 하시고 가르쳐 주시는 것이다.

둘째, 떡 일곱 덩어리에 해당하는 말씀을 당시에 예배 때 사용하였던 말씀 중에서 찾아보면 시편의 말씀 중에 시 23:1-6의 말씀을 들 수 있겠다.[이 예로 사용하는 말씀은 어떤 말씀을 가지고 먹이시든 상관없다는 것이다]

말씀의 해설

* 시 23:1 = 하나님은 나의 목자이시다.[구원 받은 당신의 자녀들을 먹이시고 인도하시는 목자이시다.

* 시 23:2 = 하나님은 나의 인도자이시다.[아주 평온하고 먹을 것이 많고 풍부한 곳으로 인도하신다.

* 시 23:3 = 영혼을 소생케 하시고 새 생명을 주시는 아버지이시다.[새 생명을 주시고 의로운 자라 칭하시며 의로운 길로 인도하시며 영광을 받으신다]

* 시 23:4 = 말씀으로 안전하게 인도하시는 안내자이시다.[사망의 음침

한 골자기라도 하나님께서 당신의 지팡이 즉 당신의 약속의 말씀으로 안전하게 인
도하고 보호하신다]

* 시 23:5 = 승리의 삶을 살게 하신다.[당신의 구원받은 자녀와 함께 거하
시며 항상 원수와의 싸움에서 승리하게 하신다]

* 시 23:6 = 책망하지 아니하시는 온유한 아버지 하나님이시다.[일단 당
신의 자녀가 된 양들을 항상 온유와 인자하심으로 보살피시어 기쁨의 삶을 살게 하
신다]

* 시 23:6 = 영원한 생명을 주신다.[당신의 자녀들을 당신의 집에서 영원히
거할 수 있게 허락하시고 영원히 함께 하신다]

4] 생선 두어 마리는 말씀으로 인하여 구원받은 성도를 의미하며 여기서
   숫자적으로 두어 마리라고 확실한 숫자를 적으시지 않으신 것은 첫째,
   말씀에 의하여 구원을 얻을 성도들이 많이 있다는 뜻이며 둘째는 구원
   을 얻은 성도들이 여러 가지 하나님께로부터 받은 영적 도구와 말씀의
   검을 가지고 성령님의 인도를 받으며 행함의 삶 속에서 전도의 삶 즉
   물고기를 낚는 삶을 살라는 계시의 말씀인 것이다.

5] 마지막으로 먹고 남은 떡이 일곱 광주리에 가득 찼다. 라는 말씀은 우
   선 광주리의 의미를 알아야 한다.

광주리는 이스라엘이 모여서 일할 때 먹을 것을 담아 가지고 나가서 일
꾼들에게 나누어 준다.

따라서 일곱 광주리에 떡이 가득 찼다고 하시는 말씀은 곧 일곱이라는 숫자에 의미가 있다.

즉 인간에게 새 생명을 주시는 하나님의 말씀은 아주 정확하고 온전하며 인간에게 새 생명을 주시는데 전혀 부족함이 없다는 말씀이다. 예수님 안에서 새 생명을 주시는 약속된 주님의 말씀의 온전함과 순전함을 나타내시는 것이니 이 말씀의 떡을 광주리 안에 가득 채워 가지고 나가서 물고기를 잡는데 사용하라는 말씀인 것이다.

광주리 안에 떡 덩이는 떨어지지 않게 계속해서 주님께서 채워 주실 것이다.

6] 성경의 모든 사건은 하나님께서 예수님에게 주신 권세와 책임 그리고 약속의 자녀들을 말씀으로 구원하셔야 할 사명이 포함 되여 있다. 그러므로 예수님께서도 구약에 계시된 하나님의 계획의 말씀을 따라 행하셔야만 하는 것이다.

따라서 이 사건도 하나님께서 예수님에게 맡기신 책임이 무엇인지를 양들에게 가르쳐 주시어야 하시기 때문에 말씀으로 배부름의 기적을 일으키시고 기록하게 하신 것이다.

7] 이 말씀도 오병이어의 말씀처럼 예수님께서 당신의 능력으로 빵이 바구니에서 계속하여 솟아나게 하시고 물고기를 계속하여서 하늘에서 떨어지게 하시든 하시면 된다.

그러나 이 말씀도 역시 예수님 안에서 계획된 하나님의 인류 영혼 구원의 계획을 구약에 계시된 말씀을 완성하시는 것이라고 하면 역시 영적으로 말씀에 의지하여 해석을 하여야 정확한 해석이라고 할 수가 있겠다. 즉 말씀으로 무리를 먹이신 것이다.

빵을 막 불어나게 하시거나 하늘에서 물고기를 떨어지게 하시어서 먹이고 남은 것이 일곱 광주리를 거두었다고 해설을 하기 보다는 말씀으로 모인 무리를 먹이시고 나서 무리가 가지고 온 떡을 모으니 일곱 광주리가 되었다고 해설을 하는 것이 옳은 해설이라 하겠다.

왜냐하면 오 병 이 어의 기적을 일으키실 때도 남은 열두 바구니란 숫자의 떡도 그렇고 본문에 칠 병의 숫자와 일곱 광주리의 숫자도 그런 것이 정확하게 영적으로 요구되는 필요한 숫자만큼 정확하게 남았기 때문인 것이다.

간단하게 이해를 돕자면 오병이어의 기적은 말씀의 전도에 목적으로 기적을 일으키시고 기록을 하게 하신 것이고 떡 일곱 개와 물고기 두어 마리의 기적은 예비된 숫자의 온전한 구원을 기적을 통하여 계시하시는 것이다.

어찌 되었든 두 사건은 목적에서 다르지만 구약의 출애굽기에 계시된 만나의 계시를 예수님께서 오병이어의 기적과 같이 이 칠 병의 기적을 통하여 예수님이 구약에 계시된 만나이심을 나타내시고 완성을 시키시는 것만은 똑같다 하겠다.[출 16:31-35]

17. 반석과 천국 열쇠

(마 16:15-20)

가라사대 너희는 나를 누구라 하느냐 시몬 베드로가 대답하여 가로되 주는 그리스도요 살아계신 하나님의 아들이시니이다. 예수께서 대답하여 가라사대 바요나 시몬아 네가 복이 있도다. 이를 네게 알게 한 이는 혈육이 아니요 하늘에 계신 내 아버지이시니라. 또 내가 네게 이르노니 너는 베드로라 내가 이 반석 위에 내 교회를 세우리니 음부의 권세가 이기지 못하리라. 내가 천국 열쇠를 네게 주리니 네가 땅에서 무엇이든지 매면 하늘에서도 매일 것이요. 네가 땅에서 무엇이든지 풀면 하늘에서도 풀리리라 하시고 이에 제자들을 경계하사 자기가 그리스도인 것을 아무에게도 이르지 말라 하시니라.

제기되는 난제

1] 반석에다 교회를 어떻게 세우며 천국 열쇠는 어떻게 사용하는 것인가?

2] 왜 예수님께서 그리스도이신 것을 아무에게도 이르지 말라 하시나?

난제 해석

1] 먼저 베드로라는 이름에 대하여 알아보자.

  본문에 바요나 시몬아 하고 예수님께서 부르시는 이름은 '요나의 아들 시몬' 이라는 뜻이며 당시의 아람어로는 '시몬'을 '케파' 라고 한다.[요 1:42 에서는 '게바' 라고 변역 됨] 이 말을 헬라어 발음으로는 '페트로스' 인데 번역을 하면 '바위' 라는 말로 '베드로' 가 된다.[아람어로 '게바' = 바위]

  즉 시몬이 예수님을 그리스도로 고백을 하니 예수님께서 이름의 뜻이 [바위] 반석인 '베드로' 로 이름을 새로 지어주신 것이다.

2] 다음으로 반석에 대하여 알아보기로 하자.

  [출 17:6]에서는 반석 위에 하나님께서 서 계신다고 나와 있으며 [민 20:8]에는 모세가 지팡이 즉 말씀을 가지고 반석에 명하여 물을 내라고 하시며 [신 32:13]에는 반석에서 꿀과 기름을 빨게 하신다. 라고 말씀 하시며 [시 78:35]에서는 하나님이 반석이시다. 라고 말씀 하신다. 또한 직접적으로 예수님이 반석이라고 나타낸 성경의 구절은 [사 8:14]에는 이스라엘의 거치는 반석으로 말씀하시며 [롬 9:33]에는 부딪치는 돌 거치는 반석을 시온에 두셨다 라고 하시고 [고전 10:4]에는 신령한 반석은 곧 그리스도라고 말씀하시며 [벧전 2:8]에는 보배롭고 요긴한 모퉁이 돌을 시온에 두셨다.

라고 말씀 하신다.

따라서 반석은 예수님을 계시하시는 것이며 예수님께로부터 오는 믿음을 믿음의 반석이라 하시는 것이다.

3] 베드로가 반석이 된 내용을 살펴보기로 하자.

베드로가 예수님을 그리스도 즉 '메시아'로 인정을 하고 고백을 한 것은 고백한 대로 그렇게 믿는다 라는 것이다.

즉 예수님을 메시아로 믿는다는 것이다.

그러니까 예수님께서 이름을 '베드로' 라고 지어 주신 것이다. 즉 시몬의 믿음에 의하여서 예수님이 시몬에게 지어주신 새로운 이름이 베드로이니 베드로의 믿음과 베드로의 뜻을 합하면 베드로는 '믿음의 반석'이 되는 것이다.

4] 그럼 믿음은 어떻게 해서 오나?

본문의 말씀대로 예수님께서 베드로에게 '바 요나 시몬아 네가 복이 있다. 하시며 이를 네게 알게 하신 이는 하늘에 계신 내 아버지시니라 라고 말씀하신다.

이는 즉 예수님을 구주로 믿는 믿음은 하나님께로부터 온다는 말씀인 것이다.[고전 2:5. 고후 4:6-7. 엡 2:8-9]

5] 반석에 대하여 정리를 하여보면 예수님을 구세주로 믿는 믿음을 가진 사람을 하나님께서는 하나님의 아들이다 라고 말씀 하신다.[요 1:12]

하나님의 아들이 된 사람은 곧 예수님과 한 형제가 되는 것이라고 말씀하시며[롬 8:29] 또한 한 몸이라고 말씀하신다.[고전 12:12. 골 3:15. 롬 12:5]

그러므로 예수님을 영접한 사람은 누구나 다 예수님과 한 몸이 된 것이므로 같은 한 반석이 되는 것이다. 어떻게 해서 반석이 되었나 하면 베드로와 같이 예수님을 구세주로 믿는 믿음으로 말미암아 믿음의 반석이 되었기 때문이다.

그래서 예수님께서 이 반석 위에 내 교회를 세우시겠다 라고 말씀하시는 것은 곧 예수님께서 당신의 자녀들에게 주신 '믿음의 반석을 통하여 그 믿음의 반석 위에 교회를 세우시겠다 라고 말씀하시는 것이다.

6] 그럼 교회를 주님께서 어떻게 세워 나가시나 하시는 것은 하나님께서 주신 믿음이 우리 마음에 들어 올 때 [고전 4:6-7] 에서 말씀 하셨듯이 성령님께서 성도의 몸에 들어 오시어서 함께 거하신다[고전 3:16, 6:19] 그러면 그때부터 성령님께서는 성도의 마음에 하나님의 나라를 세워나갈 소망을 갖게 하시며 인도 하신다.[빌 2:13]

즉 성령님은 예수님의 영이므로 곧 예수님께서 우리 가운데 영으로 함께 하시며 성도의 마음에 하나님의 나라를 세워나갈 소망을 갖게 하시고

당신의 나라를 세워 나가시는 것이다.[요 14:26. 갈 4:6]

7] 다음으로 예수님께서 베드로에게 믿음을 확인한 후에 천국 열쇠를 주신다. 왜냐하면 베드로에게 준 천국 열쇠는 곧 하나님께로부터 온 믿음을 소유한 자가 성령님을 소유하게 되는데 이 천국 열쇠는 이때 성령님께서 성도와 함께 거하는 순간 성도가 하나님께로부터 받는 것이다.

이 천국 열쇠는 성도가 성령님의 음성을 듣고 성도가 새 생명의 삶 속에서 하나님의 나라를 세워 나갈 때에만 작동을 하게 되어 있는 것이다.

이 천국 열쇠가 작동을 하여서 천국 문이 열리면 천국 문이 열릴 때마다 하나님의 나라는 세워지고 교회는 부흥되며 성도의 삶 속에는 천국으로부터 보화가 쏟아져 내려오게 되어 있는 것이다.

8] 그래서 네가 땅에서 무엇이든지 매면 하늘에서도 매이고 땅에서 무엇이든지 풀면 하늘에서도 풀린다. 라고 말씀하시는 것이다.

그럼 이 천국 열쇠는 어떻게 사용하여야 하나 하는 것은 성도가 새 생명의 삶을 예수님과 함께 사는 동안 예수님의 이름으로 하나님께 칭찬받는 일을 하면 되는 것이다.[롬 14:18. 요 14:13]

즉 예수님 대신 자기 십자가를 지고 십자가의 삶을 살면 되는 것이다.

십자가의 삶은 곧 사랑이 있는 희생과 하나님의 영광이 나타나기를 간절히 바라는 소망의 산 제사의 삶이 곧 십자가의 삶이다.[마 10:38. 16:24.

고후 5:15]

이러한 삶을 성도가 새 생명의 삶 가운데 살게 되면 곧 천국의 열쇠가 작동을 하여 천국이 성도의 새 생명의 삶 속에서 열리므로 성도의 새 생명의 삶 속에 예수님께서 교회를 세우시게 되는 것이다.

10] 마지막으로 왜 제자들에게 예수님이 그리스도이심을 나타내지 말라고 하셨나 하는 것인데 이는 곧 아직 하나님께서 정 하신 유월절의 시간이 되지를 않았기 때문인 것이다.

즉 예수님은 유월절 양 대신 십자가에서 돌아가시기 위하여 오셨으니까 유월절 어린양이 제물로 드려지는 날에 어린양 대신 십자가를 지시고 돌아 가셔야 하시기 때문이다.

즉 아직 유월절 날이 이르지 않았기 때문인 것이다.

[출 12:5-6 레 23:5. 대하 35:6. 요 1:29. 막 14:12]

18. 변화산 사건

(마 17:-8)

엿새 후에 예수님께서 베드로와 야고보와 그 형제 요한을 데리시고 따로 높은 산에 올라 가셨더니 저희 앞에서 변형되사 그 얼굴이 해같이 빛나며 옷이 빛과 같이 희어 졌더라. 때에 모세와 엘리야가 예수로 더불어 말씀하시는 것이 저희에게 보이거늘 베드로가 여짜와 가로되 우리가 여기 있는 것이 좋사오니 주께서 만일 원하시면 내가 여기서 초막 셋을 짓되 하나는 주를 위하여 하나는 모세를 위하여 하나는 엘리야를 위하여 하리이다. 말 할 때에 홀연히 빛난 구름이 저희를 덮으며 구름 속에서 소리가 나서 가로되 이는 내 사랑하는 아들이요 나의 기뻐하는 자니 너희는 저의 말을 들으라 하는지라 제자들이 듣고 엎드려 심히 두려워하니 예수께서 나아와 저희에게 손을 대시며 가라사대 일어나라 두려워 말라 하신대 제자들이 눈을 들고 보매 오직 예수 외에는 아무도 보이지 아니 하더라.

? 제기되는 난제

1] 예수님의 얼굴이 해같이 빛나며 옷이 빛과 같이 희어 졌더라 하신 말씀은 무슨 뜻인가?

2] 모세와 엘리야가 내려와서 예수님과 이야기 한 것은 무슨 의미인가?

3] 빛난 구름이란 어떤 구름이며 무슨 의미인가?

 난제 해석

1] 예수님께서 하나님의 인간 영혼 구원의 계획에 따라 이 땅에 오시어서 책임지고 이루셔야 할 사건을 크게 나누면 이 땅에서 계시면서 승천하실 때 까지가 5가지로 크게 나눌 수 있고 장차 승천하신 이후에 책임지시고 이루시어야 할 사건이 1가지이다.

이 변화산의 사건은 장차 예수님께서 이루셔야 할 마지막 1가지 사건의 예표이다.

그래서 미리 제자들에게 예표로 보여 주시어서 성경을 이루실 것을 계시하시는 것이다.

이를 예수님의 5대 사건이라 한다. 즉 성 육신 탄생. 죽음. 부활. 승천. 재림이다.

2] 예수님의 얼굴이 해같이 빛나는 것은 예수님의 신성을 의미한다. 즉 예수님은 하나님의 인간 영혼 구원 역사 속에 빛으로 오시게끔 예비 되신 새 생명의 빛 곧 아무 흠도 없는 거룩한 빛 흑암의 세력을 물리치실 권세와 권능의 빛. 영광과 신성으로 가득 찬 빛의 본체이시라는 것을 나

타내시는 것이다. [창 1:2, 창 1:14]

3] 모세와 엘리야의 현현은 곧 천년 왕국 때에 성도들이 영체로 부활할 것
을 미리 예표로 보여 주시는 것이다.[눅 14:14, 고전 15:13, 계 20:6]

4] 빛난 구름이 저희를 덮으며 구름 속에서 소리가 나서 가로되, 라고 하
신 말씀은

  첫째, 빛난 구름은 푸른 하늘에 햇빛 같은 광채가 구름의 형태로 있으면
서 빛이 온 천지를 휩싸는 상태를 말씀하시는 것이다. 그러면서 그 빛이
베드로와 요한과 야고보를 감싸는 것을 나타내는 것인데 이 상황은 장차
예수님 1차적 재림 때에 성령으로 오시어서 온 세상을 덮고 있는 흑암의
세력을 물리치실 것을 예표로 보여주시는 것이며 또한 천년왕국 때에는
예수님께서 직접 통치하실 것을 나타내시는 것이나 육신으로 혹은 부활체
로 오셔서 통치하신다는 것이 아니라 흑암의 세력이 떠난 상태에서 오직
하나님의 영광의 말씀으로만 통치하실 것을 예표로 보여 주시는 것이다.

  [천년 왕국 때에는 지금의 지구의 환경이 아닌 새로운 자연 환경으로 바뀐다] [계
21:22-23]

  [절기와 제사의 해설에서 초막절의 해설을 참조]

모세와 엘리야의 현현은 성도가 영체로 부활할 것을 예표로 보여 주시는 것이나 예수님과 같이 살이 있고 뼈가 있는 그런 영 체가 아니고 천사와 같은 영체이다.[천년 왕국과 종말론 해설 참조]

5] 왜 모세와 엘리야이어야 하는가? 모세는 이스라엘[모든 성도들의 예
   표]을 애굽에서 하나님의 말씀의 지팡이를 가지고 이끌어낸 예수님의
   예표이며 엘이야는 아세라 선지자와 바알 선지자 850명과 대결 하여서
   물리친 즉 흑암의 세력을 물리치고 불 수레를 타고 승천한 또 하나의
   예수님의 예표이기 때문이다.[출 4:20. 왕상 18:19. 40. 왕하 2:11]

19. 겨자씨 만한 믿음

(마 17:15-20)

주여 내 아들을 불쌍히 여기소서 저가 간질로 심히 고생하여 자주 불에
도 넘어지며 물에도 넘어지는지라 내가 주의 제자들에게 데리고 왔으
나 능히 고치지 못하더이다. 예수께서 대답하여 가라사대 믿음이 없고
패역한 세대요 내가 얼마나 너희와 함께 있으며 얼마나 너희를 참으리
요. 그를 이리로 데려오라 하시다. 이에 예수께서 꾸짖으시니 귀신이 나
가고 아이가 그때부터 나으니라. 이때에 제자들이 종용히 예수께 나아
와 가로되 우리는 어찌하여 쫓아내지 못 하였나이까. 가라사대 너희 믿
음이 적은 연고니라 진실로 너희에게 이르노니 너희가 만일 믿음이 한
겨자씨 만큼만 있으면 이 산을 명하여 여기서 저기로 옮기라 하여도 옮
길 것이요 또 너희가 못할 것이 없으리라.

? 제기되는 난제

1] 겨자씨 만한 믿음은 어떠한 믿음인가?

2] 믿음이 한 겨자씨 만한 믿음만 있으면 산을 옮길 수 있다는 말씀은?

난제 해석

1] 믿음에 대하여 우선 알아보자.

예수님을 믿는 믿음 안에는 두 가지의 믿음이 존재한다.

그 하나는 예수님을 새 생명을 주시는 구세주로 믿는 믿음과 또 말씀을 통한 성령의 역사로 말미암아 이 예수님을 구세주로 믿는 믿음이 성도의 마음에 들어올 때 함께 생기는 또 하나의 하나님의 영광을 나타내기를 원하여 행하려는 믿음이 있다.

이 하나님의 영광을 나타내기를 바라며 행하려는 믿음은 구원을 얻은 영혼이 하나님께서 구원하여 새 생명을 주신 것이 감사하여 하나님의 영광을 들어내고자 하는 소망이 함께 존재하는 믿음이 바로 그 믿음이다. 이 믿음이 성령의 인도를 받을 때 전도가 일어나고 또 하나님의 나라가 확장이 되는 것이다.

2] 이 두 가지의 믿음은 동시에 생기면서 공생 공존하며 함께 자라간다. 이 것을 쉽게 설명하면 영혼 구원의 믿음과 행함의 믿음이라고 할 수 있다.

영혼 구원의 믿음은 행함의 믿음에 소망을 주고 행하게 한다. 이것이 성령의 역사인데 이것을 성령님의 음성을 듣는다 라고도 한다. 이때 거의 동시에 사탄의 음성도 같이 듣게 되는데 이것은 우리가 아직 육신에 있기 때문인 것이다.

이때 성령의 음성을 듣고 행하는 것이 곧 육적 구원을 이루는 것인데 이 육적 구원은 영혼을 튼튼하게 하며 하나님의 나라를 세우고 성도의 새 생명의 삶도 강건하게 만든다.[시 50:23. 빌 2:12]

3] 하나님께서 주신 예수님 안에 있는 새 생명의 삶은 성령의 인도하심을 받고 행하여야 하는데 그때마다 사단은 성령의 음성을 듣고 행하지 못하게 방해를 한다.

이것이 성령의 소욕과 육신의 소욕의 싸움인데 이때에 어느 쪽의 말을 듣느냐에 따라서 하나님께로부터 온 행함의 믿음이 힘을 얻고 자라느냐 아니면 자라지 못하느냐로 결과가 나타난다.[갈 5:17]

이때에 성령의 음성을 듣고 행하면 성도가 예수님을 영접했을 당시 성도의 마음 가운데 생긴 행함의 믿음이 자라게 되며 따라서 구원의 믿음도 한층 힘을 얻고 강건하여지는 것이다.

이것이 곧 성령님께서 성도가 당신의 인도를 따라 맺힌 결과의 열매를 성도와 함께 잡수시며 성도와 함께 거하시면서 새 힘으로 성도를 강건케 하시며 예수님 안에서의 성도의 삶을 참 평안으로 이끌어 가시는 것이다.[계 3:20] 이러한 행복하고 평강이 가득한 삶을 성령 충만한 삶이라 일컫는다.[엡 5:18]

이러한 믿음을 죽지 않은 살아 움직이는 산 믿음이라고 말씀 하시는 것이다.[약 2:22.26]

4] 성령님의 음성을 듣고 행하는 것은 곧 성도가 하나님의 말씀을 믿고 믿음으로 행하는 것인데 그 표본으로는 하나님의 지팡이 즉 말씀을 가지고 행함으로 이스라엘을 구원한 모세를 보면 알 수 있다.

모세는 호렙산에서 하나님과 대면하여 말씀을 나누고도 믿음이 없어서 하나님의 말씀을 좇지 않았으나 애굽에서 열 가지 재앙으로 기적을 체험하면서 맨 마지막에는 지팡이로 바다를 향하여 명령만 하여도 바다가 갈라질 만큼의 믿음으로 자란 것이다.[출 4:2-10. 출 14:16]

5] 그러므로 본문의 겨자씨 만한 믿음은 즉 겨자씨 같이 작지만 그 속에 새 생명이 있어서 싹을 틔우고 자라는 믿음을 말씀 하시는 것이다. 그래서 예수님께서 천국을 비유로 가르치실 때도 겨자씨를 비유로 들어서 사용하신 것이다.[마 13:31-32]

6] 위에서 설명한 것과 같이 이 겨자씨 만한 믿음이란 곧 믿음은 작지만 생명이 있어 살아 움직이는 믿음을 말씀하시는 것이다. 새 생명 안에 있는 믿음에는 산 소망이 있다.[벧전 1:3] 산 소망이 없는 믿음은 곧 행함이 따르지 않기 때문에 죽은 믿음이라 한다.

죽은 믿음은 열매가 없다. 예수님의 제자들에게는 그냥 예수님을 무작정 좇아다니는 그런 믿음은 있을 수 있으나 산 믿음 즉 산 소망이 함께하는 그런 새 생명이 있는 믿음이 없었다는 것이다.[벧전 1:3]

그러므로 귀신을 쫓고 병을 고치는 역사가 일어나지 않은 것이다.

7] 이 산 소망이 있는 산 믿음이 언제 들어오는가 하면은 성령님께서 내주
하실 때 성도의 마음에 함께 들어오는 것이다. 즉 성령님께서 내주 역
사하실 때에 이 믿음도 함께 성도의 마음에 들어온다는 것이다.

그러나 각 사람의 성격이나 습관 또는 태어나는 환경에 따라서 각각 다
르며 또 이 믿음을 소유한 자에 따라 은사를 또한 다르게 주시어서 당신의
몸인 교회를 세워나가게 하시는 것이다.

그러므로 어떤 성도는 귀신을 쫓아내려고 해도 나가지 않고 병을 낫게
기도를 해도 낫지를 않는 것이다. 각각의 믿음의 분량과 은사가 다르기 때
문인 것이다.[롬 12:3-8] [고전 12:4-12]

8] 따라서 이 성령 내주 역사의 권세를 주실 분이 예수님이라는 것을 미리
성경에 기록하게 하시기 위하여 열두 제자에게 귀신 쫓는 권세와 악한
병 고치는 권세를 주셨으며[막 6:7]

또 제자들을 향하여 숨을 내쉬며 가라사대 성령을 받아라 라고 말씀하
시는 것도 역시 예수님께서 본인 자신이 곧 성령을 주시고 권세와 권능을
주실 메시아라는 것을 보이시고 알려 주시는 것이다.[요 20:22]
그래서 예수님께서 이 믿음이 없고 패역한 세대여 내가 얼마나 너희와
함께 있으리요 라고 역설적으로 말씀하시는 것이다.

9] 따라서 너희에게 믿음이 한 겨자씨 만큼만 있어도 산을 옮길 수 있다고 하신 말씀은 주님을 영접한 믿음의 삶 속에서 성령의 음성을 듣고 성령의 소욕을 좇아 행하려는 겨자씨 만한 산 믿음만 있다고 한다면 성령님께서 그 겨자씨 만한 믿음이라도 그 살아 움직이는 산 믿음을 좇아 우리의 삶 속에 항상 개입하시어서 아름다운 생명나무의 열매를 맺히는 삶을 살게 하신다는 것이다.

그러면 열매가 많으면 많을수록 우리 가운데 거하시는 성령님께서 그 새 생명의 열매를 잡수시고 우리의 속 사람을 강건케 하심으로 믿음은 자꾸 자라고 아주 강건하여져서 나중에는 모세와 같이 하나님께 무엇을 구하든지 다 받을 수 있는 풍성한 삶을 살 수 있게 하신다는 계시의 말씀이다.

그래서 예수님께서 포도나무의 비유를 들어서 열매를 많이 맺히면 너희가 무엇을 구하든지 내 이름으로 다 받게 하리라. 라고 말씀하신 것이다.[엡 3:16. 요 15:16] 이것이 바로 주님을 모시고 사는 삶 속에서 산을 옮기는 풍성한 산 믿음의 삶인 것이다.

즉 겨자씨 만한 믿음이지만 이 겨자씨 만한 믿음이 살아서 움직이기 때문에 성도의 행위를 따라서 성령의 역사로 말미암아 아주 크게 자라서 나중에는 아주 큰 일도 해낼 수 있게 된다는 말씀이다.

20. 용서와 빛 탕감의 비유

(마 18:21-35)

그때에 베드로가 나아와 가로되 주여 형제가 내게 죄를 범하면 몇 번이나 용서하여 주리이까 일곱 번 까지 하오리이까 예수께서 가라사대 네게 이르노니 일곱번 뿐 아니라 일흔 번씩 일곱 번이라도 할찌니라 이러므로 천국은 그 종들과 회계 하려 하든 어떤 임금과 같으니 회계 할 때에 일만 달란트 빚진 자를 데려오매 갚을 것이 없는지라 주인이 명하여 그 몸과 처와 자식들과 모든 소유를 다 팔아 갚게 하라 한데 그 종이 엎드리어 절하여 가로되 내게 참으소서 다 갚으리이다 하거늘 그 종의 주인이 불쌍히 여겨 놓아 보내며 그 빚을 탕감하여 주었더니 그 종이 나가서 제게 백 데나리온 빚진 동관 하나를 만나 붙들어 목을 잡고 가로되 빚을 갚으라 하매 그 동관이 엎드리어 간구하여 가로되 나를 참아 주소서 갚으리이다 하되 허락하지 아니하고 이에 가서 저가 빚을 갚도록 옥에 가두거늘 그 동관들이 그것을 보고 심히 민망하여 주인에게 일을 다 고하니 이에 주인이 저를 불러다가 말하되 악한 종아 네가 빌기에 네 빚을 전부 탕감하여 주었거늘 내가 너를 불쌍히 여김 같이 너도 네 동관을 불쌍히 여김이 마땅치 아니하냐 하고 주인이 노하여 그 빚을 다 갚도록 저를 옥졸들에게 붙이니라 너희가 각각 중심으로 형제를 용서하지 아니하면 내 천부께서도 너희에게 이와 같이 하시리라.

1] 평범한 비유 속에 무슨 뜻이 들어 있는가?

 난제 해석

1] 전체적인 내용의 첫 번째 의미는 이스라엘 특히 제사장이나 서기관 바리새인 등 특히 권세를 잡은 특권층과 하나님 사이에 또 권세를 잡은 층과 당시에 가난하지만 예수님을 따르는 자들이나 혹은 예수님을 따르지는 않지만 소외된 가난한 층 사람들의 상관관계에서의 일어난 상황을 예를 들어 말씀하시는 것이다.

즉 부자와 권세 잡은 자는 하나님께 일만 달란트 빚진 자로 말씀하시는 것이고 일백 데나리온의 빚진 자는 부자나 특권층에게 가난한 층의 사람들이 빚진 자로 비유적으로 말씀하시는 것이다.

즉 일만 달란트 빚을 진 자는 구원의 가치를 생각할 때 애굽에서 나와 홍해를 건너 가나안 즉 천국에 이른 이스라엘 전체를 말할 수도 있지만 본문에서 말씀하시는 의미는 일만 달란트의 빚을 진 자들은 이스라엘의 특권층을 말씀하시는 것이며 일백 데나리온의 빚을 진 자들은 이스라엘의 가난한 소외된 층을 비유로 말씀하시는 것이다.

이들이 모두 하나님의 은혜에 감사하여 하나님을 섬기며 부자와 권세를 잡은 자들은 가난한 자들을 돌보고 섬겨야 하는데 권세를 잡고 나서는 가난한 자들 즉 자기들에게 실제적으로 조금의 빚을 지고 가난하게 사는 자들을 용서하지 않고 괴롭힌다 는 말씀이다.

또 중요한 메시지는 장차 도래할 오순절 기간에 구원을 받은 성도들이 새 생명의 삶을 주님 안에서 살면서 아주 조심하여야 할 내용을 비유를 통하여서 계시적으로 알려 주시는 것이다.

즉 목사나 혹은 세상에 권세 잡은 자가 되어서 성령의 역사를 소멸시키지 말고 조심하여 화인 맞은 자가 되지 말 것을 비유를 통하여 말씀하여 주시는 것이다.

그 내용을 가만히 살펴보자.

첫째. 종이나 동관이나 똑같이 구원 받은 자들이다. 그러나 종 하나는 현 사회로 보면 아주 부자요 잘 사는 측에 드는 사람이며 교회로 보면 목사 등을 들 수 있다. 동관은 아주 못사는 서민층의 사람이나 평신도로 보면 된다. 그러나 이 두 층의 사람들이 교회 안에 있든 밖에 있든 모두가 구원 받아 하나님 안에서 사는 사람들이다.

둘째. 회계할 때에 라고 말씀하시면서 비유를 들으시는 것은 곧 이 세상에서 주님 안에서의 삶을 다 마치고 천국에 갔을 때 심판자이신 주님께서 이렇게 하실 것이라는 말씀이다.

즉 새 생명의 이 땅에서의 삶 속에서 서로 용서하며 천국을 만들라고 비유로 말씀하시는 것이다.

그 이유는 이 비유를 들으신 것이 베드로가 예수님께 어떤 사람이 죄를 짓고 용서를 빌면 일곱 번이라도 용서하여야 하느냐 고 예수님께 여쭈니까 예수님께서 들으시고 일흔 번에 일곱 번 이라도 용서하라고 하시면서 그 다음에 이 비유를 들으셨기 때문이다.

즉 이 땅에서 싸우지 말고 서로 끝까지 용서하며 선한 화목제의 삶을 살아야 한다는 말씀이다.

셋째. 예수님의 이 비유의 말씀의 목적은 예수님께서 가르쳐 주신 기도의 내용 중에 '우리가 우리의 죄를 사하여 준 것 같이 우리의 죄를 사하여 주옵시고' 에 해당 한다. 이 말씀은 곧 기도문의 말씀대로 구원 받은 자는 새 생명의 삶 속에서 서로 용서하며 천국을 만들어 가라는 말씀이다.[마 6:12]

넷째. 그럼 여기서 실제 빚의 상황을 알아보면서 주님의 뜻을 다시 한 번 마음에 새겨 보기로 하자.

1] 부자는 임금에게 일만 달란트 빚을 지고 가난한 종은 부자에게 일백 데나리온의 빚을 졌다.

1달란트 = 6,000 드라크마

[달란트는 유대 화폐. 드라크마는 그리스 화폐의 단위이며 1 드라크마는 노동자 하루 품삯에 해당하며 유대 돈으로는 1 데나리온이 노동자의 하루 품삯에 해당한다. [눅 19:13-25 눅 15:8] 따라서 1 드라크마는 곧 1 데나리온이 된다]

비교

10,000 달란트 x 6000 데나리온 = 60,000,000 데나리온

[60,000,000 데나리온 −:− 365 일 = 164,400 년에 해당 [당시에 인간이 장수하는 사람이 약 60년을 산다고 보면

약 2,730번을 태어나 태어나면서부터 일을 하여서 갚아야 할 기간이다]

100 드라크마는 그대로 백일 품삯.

이 비유를 예수님께서 하신 뜻은 위에 계산에서 보았듯이 구원받은 성도는 천 번 만 번을 태어나서 갚아도 다 갚을 수 없는 빚을 주님께 지고 있다는 것이다.

한 마디로 이 은혜는 이 세상의 무엇과도 비교될 수 없고 이 세상의 무엇으로도 값으로는 계산을 할 수가 없다는 말씀이다.[마 16:26]

돈을 가진 자든 못 가진 자든 권세를 잡은 자든 못 잡은 자든 주님 안에서는 하나님께 죽을 때까지 갚아도 다 갚지 못할 빚을 진 자들이니 서로서로 사랑하면서 한 형제 한 몸이 되어 하나님의 나라 즉 천국을 만들어가며 주님의 은혜에 감사하며 하나님께 영광을 돌리는 삶을 살으라는 비유의 말씀인 것이다.

21, 포도원 일꾼들의 공평치 않은 삯의 의미

(마 20:1-16)

천국은 마치 품군을 얻어 포도원에 들여 보내려고 이른 아침에 나간 집 주인과 같으니 저가 하루 한 데나리온 씩 품군들과 약속하여 포도원에 들여 보내고 또 제 삼시에 나가보니 장터에 놀고 서있는 사람들이 또 있는지라 저희에게 이르되 너희도 포도원에 들어가라 내가 너희에게 상당하게 주리라 하니 저희가 가고 제 육시와 제 구시에 또 나가 그와 같이 하고 제 십일 시에도 나가 보니 서있는 사람들이 또 있는 지라 가로되 너희는 어찌하여 종일토록 놀고 여기 서 있느뇨. 가로되 우리를 품군으로 쓰는 이가 없음이니이다. 가로되 너희도 포도원에 들어가라 하니라. 저 물매 포도원 주인이 청지기에게 이르되 품군들을 물려 나중 온 자로부터 시작하여 먼저 온 자까지 삯을 주라 하니 제 십일 시에 온 자들이 와서 한 데나리온 씩을 받거늘 먼저 온 자들이 와서 더 받을 줄 알았더니 저희도 한 데나리온 씩 받은 지라 받은 후 집 주인을 원망하여 가로되 나중 온 이 사람들은 한 시간만 일 하였거늘 저희를 종일 수고와 더위를 견딘 우리와 같게 하였나이다. 주인이 그 중의 한 사람에게 대답하여 가로되 친구여 내가 네게 잘못한 것이 없노라 네가 나와 한 데나리온의 약속을 하지 아니 하였느냐. 네 것이나 가지고 가라 나중 온 이 사람에게 너와 같이 주는 것이 내 뜻이니라. 내 것을 가지고 내 뜻대로 할 것이 아니냐 내가 선하므로 네가 악하게 보느냐. 이와 같이 나중 된 자로서 먼저 되고 먼저 된 자로서 나중 되리라.

? 제기되는 난제

1] 예수님의 비유의 말씀이지만 어쩐지 좀 불공평 한 것 같지 않은가?

 난제 해석

1] 우선 포도원에 대하여 성경에서 어떻게 사용을 하고 계시했는지 알아
보기로 하자.

[사 5:2.7] 에는 아주 심히 기름진 땅에 극상품 포도나무를 심었다고 말
씀하신다. 이 말씀에 기름진 땅은 곧 구원 받은 자가 사는 영적 하나님의
땅을 말한다.

즉 구원을 얻어 새 생명을 받은 성도는 곧 극상품 포도나무이며 아주 기
름진 하나님의 나라에 심기웠다는 말씀이다.

그러므로 성도는 극상품 포도나무답게 아주 좋은 포도 열매를 맺히며
살아야 한다는 것이다.

[요 15:1.5.7]의 말씀에 '내가 참 포도 나무요. 내 아버지는 농부라' 이는
예수님은 참 포도나무요. 하나님은 농부라는 말씀이다. 나는 포도나무요
너희는 가지니 저가 내 안에 내가 저 안에 있으면 이 사람은 과실을 많이
맺나니 나를 떠나서는 너희가 아무것도 할 수 없음이라. 너희가 내 안에

거하고 내 말이 너희 안에 거하면 무엇이든지 원하는 대로 구하라 그리하
면 이루리라. 라고 말씀하시는 것을 본다.

이 말씀은 곧 성도의 삶은 예수님과 함께 하나님의 나라에서 살고 있다
는 말씀이다.

따라서 성도가 새 생명의 삶을 예수님과 함께 하나님의 나라에서 하나
님의 영광을 위하여 살게 되면 자연히 풍성한 포도나무의 열매 즉 새 생명
나무의 열매를 많이 맺히며 성도가 하나님 나라에서 사는 동안 무엇이든
지 원하는 바를 하나님께로부터 예수님의 이름으로 받아 누릴 수가 있다
는 것이다.

따라서 성도는 참 포도나무이신 예수님의 가지이니 들포도를 맺혀서는
안 된다는 말씀이다.

두 말씀[마 20:1-16. 요 15:1-7] 모두 다 구원받아 새 생명의 삶을 하나
님의 포도원 즉 영적 하나님의 나라에서 포도원 일군으로 아주 좋은 극상
품 포도를 맺혀가며 하나님께 영광을 돌려 드리는 삶을 살게 되면 하나님
의 나라 즉 천국을 이 땅에서 누려가며 하나님께 구하는 모든 것을 예수님
안에서 모두 받아 누리며 살 수가 있다는 말씀이다.

2] 예수님께서 왜 이 말씀을 비유로 들으셨는지 시대적으로 알아 보기로 하자.

이 말씀의 비유는 예수님께서 인간 영혼 구원의 시대적 배경을 나타내
고 계시는 것이며 진행 되어져 갈 하나님 나라의 인간 영혼 구원의 시대적

배경을 설명하고 계시는 것이다.

왜냐하면 포도원은 하나님의 나라를 의미하며 이미 포도원에 들어와서 일하는 사람들은 구원을 받은 사람들이기 때문이다.

따라서 예수님의 본문에 대한 비유의 말씀은 오순절을 시작으로 시대가 지나가면서 하나님의 포도원에 들어가서 일하는 일꾼들을 시대적으로 말씀을 하는 것이다. 예를 들면 초대교회 때부터 중세 시대 또 영국을 거쳐 미국으로 그리고 전 세계적으로 이어지는 시대적 배경을 말씀하시는 의미가 있다.

3] 아침에 들어간 자나 저녁에 들어간 자나 한 데나리온씩 받은 것은 곧 하나님의 인간 영혼 구원에 있어서는 차별이 없다 는 말씀이며 또 하나님의 인간 영혼 구원의 때는 시대적으로 또는 민족적으로 또는 개인적으로 하나님의 예정된 시간에 예정대로 이루어질 것을 말씀하심이며 또한 인간의 영혼 구원에는 구원 받는 자의 어떠한 노력도 필요 없다는 말씀이다.

즉 영혼 구원을 받는 것은 얼마나 일을 많이 했느냐가 아니고 하나님의 은혜로 값없이 주어지는 것을 말씀하시는 것이며 먼저 온 자나 나중 온 자나 한 데나리온씩 받았다는 것은 구원 받은 자의 이 땅에서의 삶이 어떠하든가 즉 일을 많이 했든가 아니면 적게 하였든가에 관계없이 모두 구원을 받아 천국을 소유하고 갈 수 있다는 것을 말씀하시는 것이다.[마 25:14-22의 달란트 비유는 다음에 설명]

4] 먼저 된 자로서 나중 되고 나중 된 자로서 먼저 될 자도 있으리라 하신 말씀은 먼저 된 자는 곧 이스라엘을 말씀하심이며 나중 된 자는 오순절 기간에 성령의 역사로 인하여 구원 받은 자들을 말씀하시는 것이다. 왜 냐하면 이스라엘은 하나님께서 인간의 영혼 구원의 역사를 시작할 때 부터 즉 아담 이후로 부름 받은 민족으로서 하나님의 나라에 먼저 들어 오기는 하였지만 구원이 없으니 아직 '된 자'가 아니기 때문이다.

따라서 포도원의 일꾼들의 삯을 줄때에 나중에 들어온 자로부터 시작하여 먼저 들어온 자에게 주라고 하신 말씀은 오순절 기간에 성령의 역사로 말미암아 구원을 받은 성도가 맥추절[오순절]에 들어온 자가 되는 것이니 초막절 즉 마지막 때가 오기 전에 구원을 받을 이스라엘 민족보다 먼저 하나님의 나라를 받은 것이 되니 곧 삯을 먼저 받는 것이 되는 것이다.

즉 하나님의 구원 역사가 끝나는 초막절을 마지막 날로 보았을 때 구약 때 이미 포도원에 들어온 이스라엘 민족보다 나중에 포도원에 들어온 자 즉 오순절 기간에 구원을 받은 자가 나중에 되었지만 천국을 먼저 받았으니 삯을 먼저 받은 자가 되는 것이다. 그러므로 나중에 온 자부터 시작하여 삯을 주라고 하시는 말씀은 마지막 때에 이스라엘의 구원이 있을 것을 계시적으로 말씀하시는 것이다.

22. 무화과 나무의 비유

(마 21:18-22) (막 11:12-14, 20-21)

이른 아침 성으로 들어오실 때에 시장하신지라 길가에서 한 무화과나무를 보시고 그리로 가사 잎사귀 밖에 아무것도 얻지 못 하시고 나무에게 이르시되 이제부터 영원토록 네게서 열매가 맺지 못하리라 하시니 무화과나무가 곧 마른지라. 제자들이 보고 이상히 여겨 가로되 무화과나무가 어찌하여 곧 말랐나이까 예수께서 대답하여 가라사대 내가 진실로 너희에게 이르노니 만일 너희가 믿음이 있고 의심치 아니하면 이무화과 나무에 된 이런 일만 할뿐 아니라 이 산더러 들려 바다에 던지우라 하여도 될 것이요 너희가 기도할 때에 무엇이든지 믿고 구하는 것은 다 받으리라 하시니라.

? 제기되는 난제

1] [마 22:19]에서는 그냥 무화과나무에 잎사귀만 있고 열매가 없다고 말씀하시고 [막 11:13]에서는 무화과의 때가 아니라 열매가 없다고 말씀하신다. 그러면 무화과의 때가 아니라 열매가 없는 것은 당연한데 왜 저주하셔서 불쌍한 나무만 죽게 하시나?

2] 무화과나무가 죽는 기적을 행하시고 나서 제자들이 무화과 나무가 어찌하여 죽었나이까 하니 예수님께서 말씀이 믿음이 있고 의심치 아니하면 산도 옮기고 기도하고 구하는 것은 다 받으리라 하시는 말씀은 무슨 뜻으로 말씀하시는 것인가? 왜 제자들의 물음에 엉뚱한 말씀으로 대답을 하시나?

 ## 난제 해석

1] 이 난제를 이해를 하려면 제일 먼저 무화과나무가 의미하는 뜻을 알아야 한다.

즉 무화과나무와 감람나무 포도나무는 이스라엘을 대표하거나 상징하는 나무들이다.[렘 5:17=[무화과나무] 렘 11:16 = [감람나무] 호 2:12 = [무화과나무와 포도나무] 사 5:1-2.7.= [포도나무] 시 128:3 = [감람나무. 포도나무] 롬 11:17 = [감람나무] 욜 1:7.12. = [포도나무. 무화과나무]

2] 이때는 이미 예수님께서 예루살렘에 입성하시어서 유월절 양으로 십자가에 달리셔야 할 날이 며칠 남지 않은 때이다.[마 20:17-19. 21:1-5]

이제 제자들에게 가르치셔야 할 것들을 다 가르치셔야 하고 또 대 선지자로서 이 땅에 오시어서 미래에 보이셔야 할 것들을 다 말씀하시어서 알게 하시어야만 한다.

3] 마 21:18의 '시장하신지라' 라고 쓴 것은 막 11:13의 말씀에 '무화과의 때가 아니라' 라는 말씀으로 비교하여 볼 때 그냥 표현상 기자가 그렇게 쓴 것이고 또 예수님의 권세와 능력으로 볼 때 예수님께서 무화과나무의 열매가 없음을 알지 못하고 가셨겠는가?

무화과나무로 가신 것은 제자들에게 미래의 될 일을 보여 주시고 또 성경에 기록하게 하시려고 무화과나무에 기적을 행하시려 일부러 가신 것이다.

4] 무화과나무는 이스라엘을 의미한다. 따라서 당시에 이스라엘은 하나님을 찾기는 찾았지만 열매가 없었다. 자기들은 선택 받은 민족이라고 하나님은 자기들의 하나님으로만 착각하고 있었으며 메시아를 기다리고는 있었지만 그들이 기다리는 메시아는 이스라엘이 세계를 지배할 수 있게 만들어 주실 메시아로 알고 기다리고 있었던 것이다.

즉 영적으로 세계를 지배할 메시아는 이미 오셨지만 그들은 눈이 가리어서 보지를 못하고 있었던 것이다.
[신 29:4, 사 6:9-10]

곧 이스라엘은 잎사귀는 무성하지만 즉 하나님은 잘 찾지만 열매가 없다는 것을 예수님께서 제자들과 이스라엘에게 가르쳐 주시기 위하여 무화과나무로 가신 것이다.

5] 막 11:15-16 [요 2:15]에 보게 되면 무화과나무를 저주하신 후에 바로 예루살렘 성전으로 가셔서 성전에서 채찍으로 소나 양을 때려 내쫓으시며 또 물건 파는 자들을 내어 쫓으시며 가르치시는 말씀이 나온다. 이로 보아서 당시의 이스라엘이 하나님을 찾기는 찾았지만 얼마나 타락해 있었는가를 알 수 있는 것이다.

6] 모든 이스라엘은 일년에 삼차 예루살렘 성전으로 가서 속죄의 제사를 하나님께 드려야만 하였다.[신 16:16]

그때는 양을 잡아 드려야 하기 때문에 먼데 있는 사람은 양을 끌고 갈 수가 없으니까 돈을 가지고 가서 예루살렘에서 양을 사서 속죄제를 드렸던 것이다.

그런데 그때에 제사장들과 짜고 장사꾼들이 흠이 있는 양을 드리지 말라고 하나님께서 말씀을 하셨는데도 아무 양이나 폭리를 남기고 팔아서 성전을 더럽혔다는 것이다.

그래서 이런 현실을 가르치시기 위하여 예수님께서 무화과나무에 열매가 없는 줄을 아시면서도 그리로 가셔서 보시고 저주의 말씀을 하신 것이다.

7] 그러나 예수님께서 무화과나무에다 저주의 말씀을 하신 것은 예수님이 화가 나셔서 이스라엘이 앞으로 그렇게 저주를 받으라고 말씀하시는 것이 아니라 이는 앞으로의 이스라엘에 닥쳐올 일을 가르쳐 주시기 위한 것이지 예수님이 이스라엘을 사랑하지 않으셔서 저주를 하시는 것

이 아님을 알아야 한다.

즉 예수님께서 그렇게 저주를 하지 않으셔도 이미 이스라엘은 그렇게 갈 길이 이미 정하여져 있었던 것이다.[신 32:21]

8] 이 사건은 앞으로 이스라엘이 열매 없는 무화과나무가 죽은 것 같이 열매 없는 이스라엘이 죽은 자와 같이 되어서 나라 없이 약 2,000년간을 떠돌 것을 계시하시는 것이 그 하나이며 또 마지막 때까지 정말 죽은 자와 같이 열매가 없는 삶 즉 예수님을 영접하지 않아 구원이 없는 삶을 살 것을 나타내시는 것이다.

[그래서 예수님께서 '이제부터 영원히 네게서 열매가 맺히지 못 하리라 하신 것이다]

예수님 당시에도 이미 이스라엘은 로마의 지배하에 있었으니 이미 나라가 없는 것이나 마찬가지이며 이후로 로마의 [A.D 130] 유대인 강제추방 정책 이후 정말 나라 없는 삶을 세계 각지로 흩어져서 살다가 영국의 도움으로 '시온성 복귀운동' 이 시작되어 이스라엘이 나라를 회복할 때까지 거의 2,000년이란 세월을 유리하게 된다.[1948년 5월17일 다윗 뱅그리온이 초대 수상이 되며 나라를 회복한다.

9] 무화과나무는 열매가 없어 저주를 받아 시들어 죽은 것 같지만 뿌리는 죽지 않고 있어서 마지막 때에 잎이 나고 열매가 맺힐 것이다. 그래서 예수님께서 마지막 때를 제자들에게 설명 하실 때 무화과나무의 비유

를 배우라 그 가지가 연하여지고 잎사귀를 내면 여름이 가까운 줄 알라고 말씀하신 것이다.

이는 곧 이스라엘 민족이 예수님을 영접할 기운이 보이면 마지막 때가 가까이 왔다는 말씀인 것이다. [마 24:32. 막 13:28]

10] 예수님께서 이 사건을 행하시고 제자들에게 가르치시며 후세에 알게 하시고자 하시는 목적은 곧 [마 23:39]의 말씀대로 '너희가 주의 이름으로 오시는 이여 할 때까지 나를 보지 못하리라. 하신 말씀대로 이스라엘이 마지막 때까지 주님을 영접하지 못하고 받아야 할 고통을 미리 보여 주시는 것이다.

11] 기적을 행하신 다음에 가르쳐 주신 것이 기도하고 믿으면 다 받으리라 하시며 산더러 들리어 바다로 던지우라 하여도 그대로 되리라 하신 말씀은 곧 무화과나무에 행하신 기적을 보면 금방 알 수가 있다.

즉 성도의 새 생명의 삶이 무화과나무와 같이 잎사귀만 많고 열매가 없으면 죽은 자와 같이 된다는 말씀이다. 그러므로 육신의 정욕을 좇아 행하지 말고 성령의 소욕을 좇아 행하여 성도의 새 생명의 삶에 열매가 많이 맺히게 하여야 된다. 그러면 영적인 면 즉 새 생명을 받은 속사람이 강건하여져서 육적인 면의 생활도 형통하게 된다는 것을 말씀하시는 것이다.

영적인 면에서 성령의 교통하심이 활발하게 되어 성도의 생활 속에서 주님께서 기뻐하는 새 생명이 성령의 열매를 많이 맺히게 되면 주님께서 항상 함께 동행하시며 성도의 삶을 통하여 영광을 받으시므로 성도의 새 생명의 삶에 큰 문제가 없게 하여 주신다는 말씀인 것이다.[시 23:1-6. 눅 2:14]

즉 성도의 새 생명의 삶 속에서 산 제사의 산 예배를 항상 받으시게 되시므로 성도의 삶에 문제가 잘 생기지도 않지만 생겨도 기도하면 주님께서 해결할 지혜를 주시고 또 사람들을[천사] 보내시어서 해결하여 주신다는 것이다. [갈 5:17. 22-23. 롬 12:1-2]

참고] 가끔 교회에서 이 비유의 말씀을 인용하여 설교를 하거나 가르칠 때 성도의 삶 속에서 전도의 열매가 없으면 잎사귀만 무성하고 열매 없는 삶으로 묘사하며 가르침으로 성도가 불안하여 하고 또 마음에 상심하여 있는 것을 본다. 또 실제로 많은 성도들이 전도의 열매 없음을 인하여 울며 회개하며 기도 하는 것을 자주 보게 된다[성도가 전도의 열매가 없음으로 울며 회개하는 것이 잘못 되었다는 것이 아니라 성도가 열매에 대하여 잘못 이해하고 울고 회개하는데 문제가 있다는 것이다]

이는 설교를 이 열매 없는 무화과나무의 비유의 말씀에다 갖다 맞춘 것부터가 잘못이며 성도의 열매의 기준을 이 비유의 말씀에 비유하여 설교를 하는 것 자체가 문제이다.

이런 현상은 가르치는 자가 성도의 삶 속의 열매를 전도된 새 신자에다 기준을 두고 있기 때문에 이런 현상이 일어나는 것이다. 실제로 이 본문 비유의 뜻을 그렇게 잘못 해석을 하기도 하여 문제를 만들기도 하고 또 성도가 주님 안에서 평안의 삶이 아니라 오히려 불안한 삶을 살게 만들기도 한다. 물론 전도하여서 새 신자를 만들어서 주님을 영접하게 하는 것이 열매가 아니라는 말씀이 아니다.

문제는 성도의 새 생명의 삶 속에서 성령님의 역사로 말미암아 예수님께 영광을 돌려드리는 삶을 살아 성령의 열매가 가득함으로 인하여 전도가 되게끔 가르쳐야 하는데 전도된 신자를 열매로 가르치는데 문제가 있다는 것이다.

다시 말해서 성도의 새 생명의 삶 속에서의 모든 행위는 열매를 맺히는 삶인 것이다. 다만 좋은 포도 열매를 맺히느냐 아니면 들포도를 맺히느냐만 다르지 열매는 맺히게 되어 있는 것이다.

지금은 오순절 기간이다 이 기간은 성령님의 내주 역사하시는 기간이다. 즉 성령님께서 함께 하시며 소망을 주시고 그 소망을 이루시게 하시며 열매를 맺히게 인도하신다.[빌 2:13]

그러므로 예수님의 이름으로 행하는 모든 행위는 성령의 열매가 되는 것이다.

다만 성도가 아직 육체 가운데 있기 때문에 가끔 성령님의 음성을 듣지 않고 사단의 음성을 듣고 육체를 따라 행하므로 성령의 열매를 못 맺히기 때문에 전도도 되지 않고 남한데 칭찬을 받기는커녕 예수님 욕만 먹이는 삶을 살게 되는 수도 있다 라 말씀이다.

이런 삶을 성령 소멸의 삶이라 한다.

이런 성도의 새 생명의 삶 속에는 성령님이 계시지 않으시므로 성령의 열매는 당연히 없다. 따라서 실제로 예수님께서 잡수실 과실이 없으신 것이니 예수님 안에서 산다고 하여도 영적인 삶이 힘이 없게 되는 것이다.

그리고 전도 되어 주님을 영접하게 하는 영혼 구원은 성령님의 몫이지 성도의 몫이 아니다.

성도는 다만 성령님의 음성을 듣고 행하여 성령의 열매를 많이 맺히어서 성령님께서 우리의 새 생명의 속사람을 강건하게 하시게끔 하기만 하면 전도는 자연히 되게끔 되어 있으며 또 성령님께서 성도를 축복의 삶으로 인도하여 주신다는 것이다.

이러한 산 제사의 삶이 곧 산을 바다로 던지우는 삶인 것이다.

23. 포도원 일꾼

(마 21:33-44) (막 12:1-9) (눅 20:9-18)

다시 한 비유를 들으라 한 집 주인이 포도원을 만들고 산울로 두르고 거기 즙 짜는 구유를 파고 망대를 짓고 농부들에게 세로 주고 타국으로 갔더니 실과 때가 가까우매 그 실과를 받으려고 자기 종들을 농부들에게 보내니 농부들이 종들을 잡아 하나는 심히 때리고 하나는 죽이고 하나는 돌로 쳤거늘 다시 다른 종들을 처음보다 많이 보내니 저희에게도 그렇게 하였는지라 후에 자기 아들을 보내며 가로되 저희가 내 아들은 공경하리라 하였더니 농부들이 그 아들을 보고 서로 말하되 이는 상속자니 자 죽이고 그의 유업을 차지하자 하고 이에 잡아 포도원 밖에 내어쫓아 죽였느니라. 그러면 포도원 주인이 올 때에 이 농부들을 어떻게 하겠느뇨 저희가 말하되 이 악한 자들을 진멸하고 포도원은 제때에 실과를 바칠만한 다른 농부들에게 세로 줄찌니이다 예수께서 대답하여 가라사대 너희가 성경에 건축자들의 버린 돌이 모퉁이의 머리 돌이 되었나니 이것은 주로 말미암아 된 것이요 우리 눈에 기이하도다 함을 읽어 본 일이 있느냐 그러므로 내가 너희에게 이르노니 하나님의 나라를 너희는 빼앗기고 그 나라에 열매 맺는 백성이 받으리라 이 돌 위에 떨어지는 자는 깨어지겠고 이 돌이 사람 위에 떨어지면 저를 가루로 만들어 흩으리라 하시니.

제기되는 난제

1] 포도원의 농부들이 왜 세를 바치지 않고 종들을 죽이고 아들까지 죽였다고 하시는 말씀의 뜻은?

2] 건축자들의 버린 돌이 모퉁이의 머리 돌이 된다는 것과 하나님의 나라를 열매 맺는 백성이 받으리라 하시는 것과 돌이 사람 위에 떨어지면 저를 가루로 만들어 흩으리라 하시는 말씀의 뜻은 무엇인가?

난제 해석

1] 예수님께서 이 말씀을 비유로 하신 것은 이스라엘이 애굽에서 구원을 받아 광야를 거쳐 가나안에 들어와 하나님을 모시고 사는 영적인 삶 속에서 이스라엘이 하나님께 범죄한 것들을 간단히 요약하여서 비유로 들어 말씀하신 것이다.

2] 그러나 우리가 아주 조심하여 하나님의 온전하신 뜻을 알아야 할 것은 42절의 예수님의 말씀대로 예수님께서 모퉁이의 머리 돌이 되셔야 하시기 때문에 이스라엘은 성경을 이루기 위 하여서 예수님을 영접할 수가 없다는 것이다.

[시 118:22-23. 벧전 2:7-8]

3] 그럼 여기서 아주 신학적으로 어려운 난관에 부딪힌다. 무엇이냐 하면 그럼 하나님께서 이스라엘을 사용하시기 위하여서 일부러 애굽에서 구원하여 내신 것이란 말인가?

또 이스라엘이 그렇게 모퉁이 돌에 걸려 넘어질 것을 미리 정 하셨다고 하시면 이스라엘은 하나님의 계획에 따라 움직이는 꼭두각시이냐 하는 것이다.

또 오순절 기간에 성령의 역사로 말미암아 구원받은 성도 역시 하나님의 계획에 의하여 구원 받고 하나님의 보이지 않는 계획에 따라 움직이는 꼭두각시이냐 라는 문제이다.

실상이 그렇다면 하나님은 인간을 창조하실 때 당신의 형상을 따라 자유 의지를 주어서 지으셨다고 하신 것이 거짓말이 되는 것이 아닌가?

하나님은 인간을 창조하실 때 분명 인간에게 자유 의지를 주시고 지으시지 않았나? [창 1:26]

4] 그럼 먼저 하나님과 이스라엘의 역사에 대하여 간단히 알아 보기로 하자.

하나님의 인류 영혼 구원의 역사는 '아담과 하와' 로부터 시작이 되는 것 같지만 실상 인류 영혼 구원의 역사는 창세전 즉 하나님께서 세상을 창조하시기 이전부터 이미 진행이 되어 온 것이다. [엡 1:4-6. 시 139:16]

하나님께서 당신의 인류 영혼 구원의 계획을 따라 때가 되시매 직접 아담과 하와를 창조하시고 또 세상에 알리시며 그 계획을 아담과 하와를 시작으로 인간에게 적용시키시고 시작하신 것이다.[갈 4:4. 행 7:30]

또 그 인류 영혼 구원의 계획을 하나님께서는 아담의 후손인 이스라엘의 역사 속에 넣어 놓으시고 이스라엘의 역사를 기록하게 하시며 그 당신의 인류 영혼 구원의 영적인 계획들을 인간에게 알려 주시고 행하시는 것이다.

[세상의 다른 종교의 경전과 다른 것이 바로 이런 것이디. 즉 한 사람이 기록을 한 것도 아니요 또 한 시대에 기록을 한 것도 아니다. 또 그 계획을 겉에 나타내어진 글대로 알려 주시는 것이 아니고 매 사건의 내용 속에 그 인류 영혼 구원의 계획들을 넣어 놓으신 것이 다른 종교의 성전과 다른 것이다. 때문에 영적으로 성령의 도우심이 없이는 하나님의 인류 영혼 구원의 계획을 도저히 이해 할 수가 없게 하신 것이 바로 성경이다]

아담과 하와 이전에도 많은 종족들이 살고 있었다.
[창 4:14-15. 6:1-4] [창세기 해설 참조]

때가 되시매 아담과 하와를 시작으로 예수님 안에서 인간의 영혼을 구원하시기 위하여 구원받은 영혼이 필요한 영적인 모든 것들 즉 구원 받은 영혼이 거할 영적인 땅 천국과 구원 받은 영혼이 먹고 살아야 할 영적 음식들을 먼저 모두 창조하신 후에 아담 이전 인간들의 사고가 발전되어 당신이 세상 인간들에게 나타나셔도 될 때를 기다리셨다가 때가 되매 아담과 하와를 창조하시고 예수님 안에서 인간 영혼 구원의 일을 시작하신 것이다.

[아담 이전 사람들의 영혼 구원과 아담 이후 사람들의 영혼 구원에 관한 해설은 '창조 역사 속의 비밀'과 '종말론과 천년 왕국'의 해설 참조]

5] 다음으로 성경을 읽으며 이해를 할 때에 기록 당 시대의 상황과 기록자의 위치와 상황을 잘 알아야 한다.

첫째. 모든 성경의 사건의 내용은 '미래 완성형' 즉 장래에 되어질 것들을 과거에서 쓴 것이다.

즉 하나님께서 미래에 인간들이 어떻게 할 것인가를 아시고 과거의 상태에서 쓰시게 하신 것이란 말이다.

모세가 기록한 모세 오경도 마찬가지로 모세가 수백 억년 전부터 수만 년이 지난 일을 하나님께서 기록하라고 하시는 대로 기록을 하였지만 역시 과거의 자리에서 미래의 되어질 사건들을 기록한 것이다.

예로 미래에 창조될 아담과 하와가 선악과를 따 먹을 것을 하나님께서 창세전에 미리 보시고 알고 계시어서 계획을 세우신 것과 마찬가지 이치이다.

그래서 예수님 안에서의 계획을 따라 아담과 하와를 창조하셔야만 인간 영혼 구원의 일을 시작하실 수가 있는 것과 같다.

다시 말해서 하나님께서 아담과 하와를 선악과를 따먹게 인도 하신 것이 아니라 그들의 의지대로 따먹을 것을 창세전에 이미 아셨기에 예수님 안에서 인류 영혼 구원의 계획을 세우실 수가 있으셨다는 말씀이다.

둘째. 세상의 모든 일은 하나님 안에서 일어난다. 하나님 밖에서 일어나는 일은 하나도 없다. 좋은 일이건 나쁜 일이건 모두 하나님 밖에서 일어나는 일은 없다. 즉 사단이 하는 일도 역시 하나님 안에서 일어나지 하나님 밖에서 일어나는 일이 아니란 말이다. 그러므로 이런 사건의 내용을 미리 알고 말씀의 이해를 하여야 할 것이다.

특히 우리가 참고로 잊지 말아야 할 것은 성경 기록자는 모두 하나님을 섬기는 사람들이라는 것이다. 특히 구약의 성경 기록자들은 이스라엘의 선지자들이라는 것을 알아야 한다.

그들은 하나님의 음성을 들을 때 환상을 볼 때 영적인 상태로 보거나 듣지만 일단 기록을 하게 되면 그들이 듣고 본 대로 기록을 하니 눈이나 환상으로 본 그 상태를 그대로 기록하게 되는 것이다.

그래서 성경을 해석을 할 때에는 사건을 따라서 분리를 잘 하여 하나님의 명령이 육적 현실을 말씀하시는 것인지 아니면 영 적인 것을 말씀하시는 것인지 잘 분별하여야 하나님의 온전하신 인간의 영혼 구원의 영적인 계획과 잘 연결을 하여서 이해를 하여야 된다는 것이다.

6| 따라서 예수님이 이스라엘의 버린 돌이 되신 것이 하나님께서 이스라엘이 예수님을 버리시게 하신 것이 아니라 이스라엘이 하나님을 버리고 우상을 숭배하며 결국에는 예수님이 오셔도 영접하지 않을 것을 하나님께서 미리 아시고 계획을 세워 놓으신 것이기 때문에 성경 기자는 그렇게 하나님께서 이스라엘이 넘어지게 일부러 정하여 놓으신 것 같이 기록을 하게 된다는 것이다.

7] 하나님의 인간 영혼 구원의 역사는 인간이 흑암의 세력 안에서 태어나기 때문에 하나님께서 꼭 흑암의 세력과 싸움을 하시는 것과 같이 표현이 된다. 그러나 이 세상 천지에 눈에 보이는 것이건 보이지 않는 것이건 모두 하나님의 피조물일 뿐이다. [사단도 하나님의 피조물이다]

세상에 어느 것도 하나님의 밖에 있는 것이나 하나님의 피조물이 아닌 것은 없다.

따라서 예수님 안에서의 인간의 영혼 구원의 역사도 모두 하나님 안에서 일어나는 것이지만 흑암의 세력에서 살고 있는 죽은 영혼을 새 생명을 주어 광명의 세상으로 이끌어 오시는 계획을 실행하시는 것이기에 마치 하나님께서 흑암의 세력과 싸우시는 것 같이 기록이 되는 것이다.

성령님께서 내주 역사하시는 오순절 기간에도 역시 성령님께서 성도에게 음성은 들려주시며 인도하시지 절대로 강제하시지 않으신다. 성도가 성령의 음성을 듣고 행하느냐 행하지 않느냐 하는 것은 성도의 믿음의 의지일 뿐이다.

하나님께서 성도의 행위를 강제하시지 않으셔야 구원 받은 인간의 영혼으로부터 온전한 영광을 받으실 수가 있고 또 인간에게 주신 자유 의지를 손상시키시지 않기 때문인 것이다.

8] 따라서 포도원 지기가 주인이 삯을 받으려고 종들을 계속해서 보냈는데 죽이고 하는 것은 곧 이스라엘을 애굽에서 구원하여 가나안에 살게 하여 아름다운 하나님의 나라를 세워 나가길 바라셨는데 우상 숭배를

하면서 선지자들을 계속 핍박하고 죽인 것을 말씀하시는 것이며 주인의 아들을 죽인 것은 장차 예수님을 이스라엘이 죽일 것을 말씀하심이며 하나님의 나라를 너희는 빼앗기고 열매 맺는 백성이 받으리라 하시는 것은 장차 오순절이 임하여 성령의 역사로 말미암아 구원을 받은 성도들이 천국을 소유한 상태에서 성령의 인도를 따라 하나님의 나라를 세워 나가는 사람들이므로 이들이 하나님의 나라를 받는다 라는 말씀인 것이다.

돌이 사람의 머리 위에 떨어지면 저를 가루로 만들어 흩으리라 하시는 말씀은 곧 돌은 반석이신 예수님을 의미하므로 반석이신 예수님의 새 생명을 주시는 말씀이 온 세상 모든 민족 위에 떨어져서 새 생명의 말씀이 전파 될 것을 계시하시는 말씀이다.[신 32:4.15. 시 89:26. 고전 10:4. 행 1:8]

24. 혼인식과 예복

(마 22:2-14)

천국은 마치 자기 아들을 위하여 혼인 잔치를 베픈 어떤 임금과 같으니 그 종들을 보내어 그 청한 사람들을 혼인 잔치에 오라 하였더니 오기를 싫어하거늘 다시 다른 종들을 보내며 가로되 청한 사람들에게 이르기를 내가 오찬을 준비하되 나의 소와 살진 짐승을 잡고 모든 것을 갖추었으니 혼인 잔치에 오소소 하라 하였더니 저희가 돌아 보지도 않고 하나는 자기 밭으로 하나는 자기 상업 차로 가고 그 남은 자들은 종들을 잡아다 능욕하고 죽이니 임금이 노하여 군대를 보내어 그 살인한 자들을 진멸하고 그 동네를 불사르고 이에 종들에게 이르되 혼인 잔치는 예비 되었으니 청한 사람들은 합당치 아니하니 사거리 길에 가서 사람을 만나는 대로 혼인 잔치에 오너라 한대 종들이 길에서 나가 악한 자나 선한 자나 만나는 대로 모두 데려오니 혼인 자리에 손이 가득한지라 임금이 손을 보러 들어올 때 거기서 예복을 입지 않은 한 사람을 보고 가로되 친구여 어찌하여 예복을 입지 않고 여기 들어 왔느냐 하니 저가 유구무언이거늘 임금이 사환들에게 말하되 그 수족을 결박하여 바깥 어두움에 내어 던지라 거기서 슬피 울며 이를 갊이 있으리라 하니라 청함을 받은 자는 많되 택함을 입은 자는 적으니라.

1] 혼인 잔치는 무엇을 뜻하며 왜 어떤 사람은 오고 어떤 사람은 오지 않는가?

2] 예복은 무엇이며 예복을 입지 않은 자가 어떻게 혼인 잔치에 들어갔나?

3] 택함을 입은 자라고 말씀하심은 혼인 잔치에 들어올 자가 이미 택하여져 있다는 말씀인가?

난제 해석

1] 우선 혼인잔치 비유가 예수님께서 성도의 어느 시점을 비유로 말씀하시는 것인지를 알아보자.

[요 3:29]에서 요한 사도는 성도를 신부로 묘사하고 있다.

[계 21:9]에도 역시 요한 사도가 성도를 어린양의 신부로 묘사 하고 있다. [고후 11:2]에서는 바울 사도가 성도를 예수님의 신부로 묘사하고 있다. 또 예수님께서도 혼인 잔치를 비유로 말씀하시며 성도를 신부로 묘사하고 있다. 왜 이런 표현이 일어났는가는 창조 역사에서 아담과 하와를 지으신 하나님의 창조의 뜻을 알아야 한다. 즉 아담은 오실 자 예수님의 표상이요[롬 5:14] 하와는 아담의 허리에서 나왔으니 하와는 곧 예수님으로

말미암아 새 사람을 입은 성도의 표상 즉 성도의 예표인 것이다.

그러므로 아담의 신부가 하와인 것 같이 예수님의 신부는 성도인 것이다.

2] 그럼 혼인잔치는 언제 일어나나?

혼인 잔치는 영적으로 인간의 영혼이 예수님의 영으로 말미암아 새 사람을 입는 순간 이미 영적으로 예수님의 신부가 되는 것이다. 이것이 곧 성도가 신부의 예복을 입는 순간이며 예수님의 신부로 인침을 받는 것이다.[고전 1:13, 계 19:7-8]

이 세마포 신부의 예복은 이미 [창 3:21]에서 예표로 나타내신 것이며 [레 16:4]에 실제로 아론 제사장에게 장차 성도가 입을 예복을 예표로 보여 주신 것이다.

[성도가 하나님께 나아갈 때는 아론과 같은 제사장의 권세를 갖는다.[벧전 2:9] 이는 예수로 말미암아 이미 눈에 보이지 않는 제사장의 세마포 옷을 입었기 때문이다]

3] 따라서 영적인 상태에서는 이미 혼인 잔치는 시작이 되었으며 성도가 육신을 벗는 날 온전한 성화의 몸으로 이 땅에서의 혼인식을 마치고 영원한 예수님의 신부로 낙원으로 가는 것이다.

4] 본문에서 예복을 입지 않은 자가 혼인 잔치에 들어왔다 하시는 말씀은 첫째 비유적으로 말씀하시는 것인데 이는 곧 하나님을 믿기는 믿지만 예수님을 영접하지 않는 유태인들을 말씀 하시는 것이다.

왜냐하면 위에 설명하였듯이 신부는 예수님의 신부를 말씀하시는 것이기 때문인 것이다.

또, 한가지의 영적 의미는 예수님을 아직 온전히 영접하지 않은 가짜 성도를 말씀하시는 의미도 있다. 즉 예수님의 이름으로 모인 공동체에 아직 구원의 세마포 옷을 입지 않고 들어와있는 사람들을 일컫는 말씀인 것이다.

이들은 어느 날 구원의 세마포 예복을 입을 수도 있는데 끝까지 육신이 죽는 날까지 구원을 받지 못하는 사람들도 있음을 말씀하시는 것이다.

다시 말하자면 일단 영적 세마포 혼인 예복을 입은 성도는 모두 육신을 벗는 날 낙원에 가지만 안 입은 자는 갈수 없다는 것을 비유로 말씀하시는 것이다.

5] 청함을 받은 자는 많은데 택함을 입은 자 즉 세마포 구원의 옷을 입은 자는 적다는 말씀은 예수님 안에서 구원을 입을 자가 많지 않다는 말씀이다.

그럼 여기서 또 다시 신학적인 논쟁이 나오는데 택함을 입었다 고 말씀하시면 어떤 사람은 택함을 받고 어떤 사람은 택함을 받지 않았다는 말씀인데 그러면 하나님이 불공평하신 분이 아니냐 하는 문제이다. 이 문제는 먼저 창세기 역사 이전으로 거슬러 올라가서 풀어야 한다.

즉 성경의 기록은 예수님 안에서의 하나님의 인류 영혼 구원 계획이요 예정이다. 인간이 죄의 속성에서 벗어날 수가 없는 문제는 이미 아담과 하와 이전의 인간에게도 있었다. 그들은 사람이라고는 하지만 거의 짐승과도 같은 상태이며 죄를 죄로 알지도 못할 뿐 아니라 아담과 하와 당시에는 이미 우상을 섬기고 있었다.[창조 역사 속의 비밀 참조]

그러므로 인간을 구원하시기 위하여서는 인간이 죄가 무엇인지를 가르쳐 주셔야 하며 또 죄의 원인이 무엇인지를 가르쳐 주셔야 하기 때문에 아담과 하와를 지으시고 그들의 행위를 통하여 죄가 무엇인가를 인간에게 깨달아 알게 하여 주시면서 인간의 능력으로는 죄에서 구원함을 받을 수 없는 것이 왜인가를 인간에게 알게 하시면서 예수님 안에서의 인간의 영혼 구원 계획을 실행하여 나가시는 것이다.

그래서 아담에게 산 영인 하나님의 생기를 넣으셔서 창조하시고 세상에 나가게 하시는 것이다.

[이미 아담이 하나님의 말씀을 듣지 않을 것을 하나님은 아시기 때문에 세상으로 나가는 것은 당연히 그의 가는 길이다]

이렇게 하여 하나님의 생기를 받은 자 즉 산 영이 전파되게 하시어서 뒤에 살리는 영으로 오실 예수님의 영과 접붙임을 받게 하시어서 아담 이전의 인간의 영혼이나 이후의 인간의 영혼을 모두 구원하시는 것이 곧 하나님의 목적이다.

[이렇게 인간 영혼 구원의 일을 하시는 것이 곧 하나님의 공의 이며 편협이 없으신 하나님의 사랑이다]

노아의 방주 사건에서 이미 설명하였듯이 각 종족 중에서 하나님의 생기를 이어 받은 자와 받지 못한 자가 구원을 받을 숫자가 이미 정하여져 있다.

이는 하나님께서 정하여 놓고 그 숫자만 구원하시는 것이 아니라 이미 그 정하여진 숫자만큼만 예수님을 영접할 것을 알고 계시다는 말씀이다.[창조 역사 속의 비밀 참조]

이를 구조적으로 다시 간단히 설명하자면 정자와 난자가 만나서 한 생명이 생기는 순간 동시에 한 영혼이 탄생하게 되는데 이때에 당사자의 유전자가 어떤 상태이냐 즉 생기를 받은 자의 유전자이냐 아니냐와 또 그 두 유전자의 결합이 어떠한 상태의 성질을 구성하느냐에 따라서 예수님의 영인 성령이 접촉을 할 수 있느냐 혹은 할 수 없느냐로 나뉘어지는데 이를 예비된 자 와 예비 되지 못한 자로 구별하여 부르시는 것이다.

또 예수님의 살리는 영인 성령과 접촉이 될 영이라 하더라도 접촉이 쉽게 되느냐 아니면 힘들게 되느냐에 따라서 각 예비된 영혼이 예수님을 영접할 때[시기]가 정하여져 있다는 것이다.[엡 1:4-5. 행 13:48.]

따라서 예수님 안에서의 하나님의 인류 영혼 구원은 하나님의 무조건적인 선택이 아니라 자연적인 것이다.

그러므로 택함을 입은 자라는 것은 하나님께서 택하셔서 강제로 구원을 주신다는 것이 아니라 하나님의 인류의 영혼 구원 역사에서 예수님 안에서 믿음으로 구원을 입을 자들이 얼마가 있다는 것을 아시기 때문에 그들을 일컬어 택함을 입었다 라고 표현을 하시는 것이다.

25. 율법과 선지자의 강령이란?

(마 22:37-40) (막 12:30-31)

예수께서 가라사대 네 마음을 다하고 목숨을 다하고 뜻을 다 하여 주 너의 하나님을 사랑하라 하셨으니 이것이 크고 첫째 되는 계명이요 둘째는 그와 같으니 네 이웃을 네 몸과 같이 사랑하라 하셨으니 이 두 계명이 온 율법과 선지자의 강령이니라.

? 제기되는 난제

1] 목숨을 다하고 뜻을 다하여 하나님을 사랑하라 하시는 것이 하여간 죽을 만큼 힘을 다하여 하나님을 사랑하라는 말씀인데 어떻게 사랑하는 것이 그렇게 하나님을 사랑하는 것일까?

2] 둘째도 이와 같다 하시며 네 이웃을 네 몸과 같이 사랑하라 하시는데 인간이 가능한가?

 난제 해석

1] 먼저 성도의 하나님 안에서의 현 위치를 점검하여 보자.

첫째. 성도는 하나님의 약속의 말씀을 따라 새로 지음을 받은 하나님의 아들 딸들이다.[요 1:12-13. 고후 5:17. 골 3:10]

둘째. 흑암의 권세에서 광명의 나라로 옮기 운 빛의 자녀들이다.[엡 5:8. 살전 5:5]

셋째. 의로운 자라고 인정을 받은 자들이다.[롬 3:24. 5:1. 8:30. 딛 3:7]

넷째. 선한 일을 위하여 예비된 자들이다.[엡 2:10. 딛 2:14]

다섯째. 예수님 대신 살아야 할 의무를 받은 자들이다.
[고후 5:15]

2] 제일 중요한 것이 우선 교회에 소속이 되어 있어야 한다. 지금 과학이 발달하고 통신 매체가 발달 되어서 집에서 그냥 대충 TV로 예배를 드리는 분은, 이미 하나님께서 창세전에 교회를 예비하시고 오순절을 시작으로 교회를 탄생시키시고 성령님께서 인도 운행하시는 것을 모르고 잘못 이해를 하고 있기 때문인 것이다.

[엡 3:9-12]에 보면 교회는 이미 창세전에 예수님 안에서 예비된 것이며 교회로 말미암지 않고는 하나님께 나아갈 수가 없다고 지적을 하고 계시며 오순절 즉 성령 강림절에도 성령이 모여서 기도할 때 모인 무리 위에

임하신 것이 중요하지만 예수님께서 제자들에게 예루살렘을 떠나지 말고 위에서 능력이 입히울 때까지 기도하며 기다리라 하신 말씀이 곧 예루살렘은 교회를 예표하시는 것이기에 그렇게 지시하신 것이 아주 중요한 내용의 말씀이다.[행 1:4-5. 1:14-15. 2:1-4]

따라서 주일에 몇 명이 모여서 교회에 나가지 않고 '예수님의 이름으로 모인 곳이 곧 교회다 라고 말하는 사람들은 일단 성경을 잘못 이해하고 있는 것이다.[처음에 교회를 시작하기 위하여 몇 명이 모이는 것과 일부러 그렇게 모이는 것과는 의미가 다르다]

그리고 교회는 반드시 직임을 주고 직임을 받은 자들은 그 직임이 요구하는 의무를 지켜야만 한다. 그래야만 하나님의 나라가 세워지며 성전 즉 포도나무가 왕성하게 자랄 수가 있게 되는 것이다.

[행 6:5-6. 고전 12:28. 딤전 3:8-11. 5:1-4 앱 4:11-12][예루살렘= 예루[기초, 근본] 살렘[평강]

3] 구약 때에는 일년에 세 차례 예루살렘에 가서 속죄제사[예배]를 드리면 됐다.[신 16:16]

그러나 오순절 기간에는 매 주일에 예배를 드려야 한다. 왜냐하면 구약에는 속죄의 의미로 제사를 드렸지만 신약 즉 오순절 기간에 드리는 예배는 속죄에 의미는 없고 성도가 새 생명의 삶을 주신 하나님을 찬양 드리며 경배하기 위함이 그 첫째이며 예배를 통하여서 새 생명을 받아 사는 이 땅에서의 삶을 좀 더 아름답게 살아서 하나님의 나라를 세워 나가려는 믿음의 근본을 튼튼하게 하기 위함이 그 두 번째이며 모인 믿음의 형제들과 함께 하나님의 나라를 함께 세워 나가는 기초가 되기 때문에 교회에 모여서 예배를 드려야 하는 것이다.

또 구약 때 제사 드리던 예식은 예수님께서 모두 폐하셨지만 제사에 담긴 모든 의미와 하나님의 뜻은 성도의 새 생명의 산 제사의 삶 속으로 모두 들어와 있기 때문인 것이다.

즉 구약의 모든 제사가 성도의 새 생명의 삶 속으로 들어와 있기 때문에 성도의 삶 자체가 예배가 되는 것이다. 그러므로 성도의 몸과 성도의 삶은 곧 의의 병기로 하나님께서 쓰시게 평생에 드려져야 하는 것이다.[롬 6:13, 12:1-2]

즉 예배의 의미가 달라진 것이다. 왜냐하면 오순절 이후는 주님을 영접한 사람은 말 그대로 '성도' 가 되는 것이다. 성도는 곧 거룩한 백성이라는 뜻이다. 이미 거룩한 백성이 된 자들은 다시 깨끗케 할 제사를 드릴 필요가 없다는 것이다. 그래서 주님께서 제자들의 발을 씻기시면서 가르쳐 주신 것이다.

즉 오순절 기간에 성도의 삶은 곧 거룩한 산 제사의 삶을 삶 속에서 살아 하나님의 영광을 나타내는 것이 곧 진정한 예배를 드리는 것이다.[요 13:10]

그럼 왜 꼭 매 주일 성전에 모여서 예배를 드리는가 하는 것은 곧 구약에 계시된 안식일에 관한 계시에 의한 것이다. 즉 예수님께서 당신에게 계시된 '초실절' 을 계시된 대로 안식일 다음날 부활하시어 부활절 첫 열매의 계시를 이루시고 또 구약에 계시된 '맥추절'을 안식일 다음날 성령으로 강림하시어서 이루시었기 때문에 안식일을 일요일로 정하여 지키는 것이다.

그리고 성경에서 계시하는 '안식일'의 의미는 '히브리어로 '샾바트' 라틴어로 '사바도'[현재 스페인어 토요일을 '사바도'로 사용하고 있음] 라고 부르는데 이는 곧 하나님께로부터 '힘을 얻다' 라는 뜻이므로 일요일에는 구약에 계시된 내용에 따라 예수님께서 부활하시고 성령으로 강림하시어서 완성 하시고 알려 주셨으니 일요일에 모여서 예배를 드리며 하나님께로부터 오는 영적 힘을 얻어서 온 생애를 하나님의 나라를 세워가는 산 제사의 삶을 살아 하나님께 영광을 돌려 드려야 하기 때문인 것이다.
[출 20:11. 신 5:12] [창 2:2-3. 레 19:30. 23:3] [레 23:10-21]

[성경에 일요일이니 월요일이니 혹은 금요일이니 토요일이니 라고 기록된 곳은 없고 안식일 혹은 첫째 날. 둘째 날. 셋째 날. 일곱째 날. 여덟째 날. 사십일 째 되는 날. 등으로 기록이 되어있다]

둘째. 주일은 곧 하나님의 자녀와 하나님과의 사이에 약속의 표징이 되기 때문인 것이다.[출 31:13. 겔 20; 12]

셋째. 주일은 성전을 공경하게끔 이미 구약에 예시하시었다.[레 19:30] 그래서 이스라엘에게 명령하시기를 예물이나 십일조나 헌물을 드리려거든 하나님의 이름을 두신 예루살렘 성전으로 가서 드리라고 지시하신 것이다.[신 14:23]

넷째. 주일에는 성전 밖에서는 영혼의 양식 즉 만나가 내리지를 않기 때

문이다.[출 16:25]

다섯째. 하나님의 나라는 포도원이지만 교회는 포도나무 한 그루인 것이다. 그래서 구약에서도 하나님께서 이스라엘을 보고 포도나무를 땅이 아주 기름진 곳에 옮겨 심으셨다. 라고 하시고[사 5:1-2] 예수님께서도 포도나무 줄기는 예수님이요 가지는 성도요 포도원 주인은 하나님이라고 말씀하신 것이며 가지가 줄기에 붙어있지 않으면 말라서 사람들이 모아다가 불 사른다고 하시며 예를 들으신 것이다.[요 15:6]

여섯째. 교회는 성도에게 예배를 드리게 하기 위하여 주님께서 피 값으로 사신 예수님의 몸인 것이다.
[행 20:28. 골 1:18.]

[교회는 예수 이름으로 모인 무리들을 의미하지만 모인 무리가 예수님 안에서 하나가 되어 예수님의 몸을 세워 나가려면 예배를 드리며 영적 힘을 얻고 교제하는 장소가 필요한 것이다]

성경은 구약에서 이미 오순절 이후에 일요일 즉 여덟째 날이 안식일이 될 것을 예시하여 놓으셨다.
[일요일이 첫날도 되고 여덟째 날도 된다. 그래서 여덟의 숫자를 시작의 숫자라고도 한다]

그래서 예수님도 구약의 당신을 첫 열매로 계시하신 것에 따라 금요일에 십자가에 달리시고 일요일에 부활하시어서 성경을 이루신 것이고[초실절. 첫 곡식 단을 드리는 날이 예수님의 예표 인데 안식일 다음날 드림. 레 23:10-21. 고전 15:20]

또 구약의 말씀을 따라서 성령님께서도 오십일 후의 오순절날인 일요일에 내려오시게 된 것이다.

[레 23:15-21 = 새 소제는 성령의 역사로 인하여 주일에 드려지는 예배와 성도가 새 생명의 삶 속에서 성령의 인도로 드려지는 산 제사를 말씀하심]

[창 17:12. 21:4]에서 하나님께서 아브라함을 부르셔서 장래에 거룩하게 될 날이 여덟째 날 즉 일요일이 될 것을 할례를 통 하여서 이미 가르쳐 주신다. 그냥 공연히 난지 팔일 만에 할례를 받으라고 하신 것이 아니다. 그래서 예수님께서도 할례 받을 팔일이 차매 할례를 받으시지 않고 '예수' 라고 부르게 하신 것이다.[눅 2:21] 즉 여덟째 날은 모든 것의 새로운 시작이 된다는 의미이다.

그래서 일요일을 주일이라고 부르는 것이다. 이날은 영혼이 쉼을 얻어야 하며 하나님께 하나님의 집에서 예배를 드리며 성도의 교제를 나누어야 하는 것이다.

이날에 성령님께서 교통하시어 하나님과 성도간에 영적 교통이 충만하게 하시고 또 성도 간에도 아름다운 교제가 이루어지게 하시어서 하나님의 몸 된 교회를 튼튼하게 하시는 것이다.

5] 성도는 '에클레시아' 즉 하나님께서 특별히 불러낸 사람들이다. 그냥 부르신 것이 아니라 직책을 주고 부르셨다. 그 첫째가 하나님의 아들이라는 직책이다. 에덴동산에서 아담과 하와가 잃어버린 모든 권세를 회복한 즉 하늘과 땅의 모든 권세를 회복한 하나님의 아들 딸들이란 말씀이다.

[마 28:18 = 성도는 예수님과 한 몸임으로 똑같은 권세를 받은 것임]

그러므로 이 권세를 주시면서 예수님께서 제자들에게 명하신 선교의 사명을 일차적으로 감당을 하여야만 하는 것이다. 이렇게 말씀을 좇아 행할 때 예수님을 돕던 천사들이 성도들도 좇아다니며 돕게 되는 것이다.[히 1:14]

6] 성도는 다른 말로 빛의 자녀들이다. 빛의 자녀들의 삶은 세상에 빛을 비취는 삶을 살아야 하는 것이다. 그래서 예수님께서도 제자들에게 빛과 소금이 되라고 하신 것이다.[마 5:13-14]

빛의 삶은 어떻게 살아야 하는가?

[엡 5:8-9]의 말씀에 보면 착함과 진실함과 의로움이 빛의 열매라 하신다. 이는 곧 착한 마음과 거짓 없는 진실함으로 의로운 행함이 있는 삶을 살 때에 곧 열매가 맺힌다는 말씀이다. 이 열매가 있을 때 어두움은 물러가고 빛의 나라인 하나님의 나라가 건설이 되는 것이다. 이런 열매를 맺히는 삶을 새 생명을 받은 삶 속에서 행하고 사는 것이 곧 산 제사의 삶인 것이다.

7] 성도는 예수님께서 피로 주시고 사신 하나님의 성전이다.

[벧전 1:18-19, 계 5:9, 고전 3:16]

성전은 항상 거룩하여야 하며 더러운 것이 묻지 않도록 조심 하여야 한다. 그래서 [고전 3:17]에 말씀하시기를 성전을 더럽히면 하나님께서 그를 멸하시겠다고 경고하시며 바울 사도께서도 [고전 6:15]에 성도의 몸이 예수님의 지체인데 창기의 지체로 만들지 말라 말씀하시고 또 하나님께서 [레 20:7]에 말씀 하시기를 스스로 거룩하게 하라고 하시며 이스라엘에게 경고 하신다. 거룩하다는 것은 곧 접근하기가 두려울 만큼 위엄과 깨끗함이 있다는 것이다.

그러므로 성도가 사는 세상 속에서의 새 생명의 삶이 경외할 만 하여야 하는 것이다. 그래야 걸어 다니는 하나님의 성전으로서의 직책을 다하는 것이 되어 몸 된 성전에서는 생명수 샘물이 흘러 내려 세상에 죽은 물고기들을 살릴 수가 있게 되는 것이다.[겔 47:1-12]

8] 성도는 예수님이 이 땅에 계시지 않기 때문에 예수님 대신의 삶을 살아야 한다.[고후 5:15]

그럼 예수님 대신의 삶은 어떻게 살아야 하나?

첫째. 십자가를 지는 삶을 살아야 하는 것이다. 그래서 예수님께서 제자들을 가르치실 때 자기 십자가를 지고 나를 좇는 자라야 합당하다. 라고 말씀하신 것이다.[마 10:38]

그럼 십자가를 지는 삶은 어떻게 사는 것인가?
이는 곧 사랑이 함께하는 희생의 삶이다. 그럼 사랑이 있는 희생의 삶은 어떻게 사는 것이냐? 이는 하나님께서 자기에게 주신 이 땅의 직책을 잘 감당하는 것이다.

첫째는 부모와 어른을 잘 공경하는 것이요. 그 다음은 부부간에 존경과 믿음이 있는 사랑이요. 다음은 자녀들을 많은 사람들로부터 칭찬을 받게 하여서 하나님께 영광을 돌려 드릴 수 있게 키우는 헌신의 삶이요. 그 다음은 형제간에 우애 있는 사랑이 있는 희생의 삶이라.[형제간의 우애 있는 삶은 집안과 사회에 아주 큰 영향을 끼치는 근본이 된다. 그래서 사도 바울께서도 자기 친족을 돌아보지 않는 자는 불신자보다 못하다 라고[딤전 5:8]에 말씀하시고 공자도 아내는 의복에 비유하셨지만 형제는 수족에 비유하신 것이다]

그리고 할 수만 있으면 내가 만나는 모든 사람들을 내 형제처럼 사랑하여야 하는 것이다. 그래서 예수님께서도 첫 산상수훈 때에 화평케 하는 자는 하나님의 아들이라 일컬음을 받으리라 라고 [마 5:9]에서 말씀하시고 또 [히 12:14]에서도 모든 사람과 화평함과 거룩함을 좇지 않으면 하나님을 볼 수 없다고 말씀하시고 계신 것이다.

즉 하나님께서 예수님을 이 땅에 보내신 목적은 영적 구원에 목적이 있지만 육적 구원에 아주 큰 목적이 또 있으신 것이다. 그래서 [눅 2:14]에 지극히 높은 곳에서는 하나님께 영광이요 땅에서는 기뻐하심을 입은 자들의 평화라. 라고 말씀하신 것이다. 이는 곧 예수님을 영접한 성도들의 삶이 살고 있는 땅에서 평화를 이루어야 하나님께 영광이 되며 성도의 삶 속에는 평강이 임하게 되기 때문인 것이다.

9] 결론적으로 말씀을 맺자면 성도가 이 땅에서 새 생명의 삶을 살면서 모

든 사람과의 관계에 있어서 하나님께서 주신 직책을 따라 그 임무를 충실히 실행하여 성도와 만나는 사람과의 사이에 천국이 만들어져야만 하는 것이 그 첫째이며 가장 중요한 것이라 하겠다. 이 같은 삶을 살지 않으면 곧 하나님의 나라는 세워질 수가 없게 되며 하나님께 영광을 돌려 드릴 수도 없게 되는 것이다.

이것을 예수님께서 겨자씨 비유를 들어서 말씀하신 것인데 겨자씨는 곧 천국의 씨앗이다. 이 겨자씨 비유는 곧 성도가 가지고 있는 천국의 씨앗이 사람과의 관계에서 새 생명의 삶을 살 때에 심기는 것인데 이 심기운 씨앗을 싹 틔우고 잘 자라게 하는 것은 곧 성도가 만나는 사람들과의 관계에서 좋은 관계를 희생적인 사랑으로 잘 갖느냐에 따라서 이 영적인 나무가 아름답게 또 왕성하게 자라기도 하고 보잘것없이 자라기도 하는 것이다. 이 영적 나무가 아름답게 잘 자라면 성도가 성도의 새 생명의 삶 속에서 천국을 누리며 행복하게 살게 되는 것이며 그렇지 않으면 하나님께서 주시는 천국을 누릴 수가 없게 되는 것이다.[마 13:31-32]

천국의 시작은 곧 가정 교회부터 시작이 되어야 한다.
가정은 하나님께서 제일 먼저 만드신 교회이다.
가정에서 각자에게 주신 하나님의 직책을 소홀하게 하는 자는 바로 하나님의 명령을 일차적으로 거역하는 것이기에 교회[주일날 예배드리는 곳]에 나가서 아무리 봉사를 한다고 하여도 하나님께서 기뻐하시지 않으신다.

다음이 사회에서 내가 받은 직책이다. 이 직책을 소홀하게 하는 자는 곧 하나님의 나라를 세우기는커녕 허무는 자이다.

즉 직장에서 받은 직책과 상 하 직원과의 관계 또 친구관계, 선후배 관계 등에서 천국을 만드는 것이 곧 하나님을 최고로 사랑하는 것이며 진짜로 교회에 봉사하는 일이 되는 것이다.

어떤 분이 하나님의 일과 자기의 일 혹은 가정의 일을 잘 구별하여서 하라고 가르친다. 그러면서 교회의 일은 하나님의 일 이라고 하며 집안 일이나 직장 일은 개인의 일이라고 가르친다. 그러면서 예배를 드리는 교회의 일이 더 중요한 것처럼 가르친다. 이것은 가르치시는 분이 하나님의 뜻을 잘 모르고 가르치시는 것이다. 물론 예배를 드리는 건물과 교회 내에서의 활동도 아주 중요하다.

그러나 먼저 설명하였듯이 오순절 기간의 성도의 삶은 곧 전 생애가 예배의 삶인 것이다. 그러므로 내가 사는 사회가 눈에 보이지 않는 영적 교회인 것이다.

그러므로 성도의 새 생명의 삶 속에서 행하여지는 일들이 하나님의 영광을 위하여 희생이 있는 사랑으로 하나님의 나라가 확장되기를 간절히 바라는 소망을 가지고 행하는 것이 곧 교회에 봉사하는 것이나 다름이 없는 것이다.

이는 눈에 보이는 교회의 봉사보다 더 중요하고 값지다는 것을 알아야 할 것이다. 이 눈에 보이지 않는 영적 교회가 내 삶 속에서 확장이 되면 눈에 보이는 교회는 자연히 왕성하여지며 더욱 더 많은 일을 할 수 있게 되는 것이며 내 속사람인 성전 된 영혼과 몸도 튼튼하여져 가는 것이다.

다시 말해서 교회의 일은 중요하다. 그러나 교회를 중요하게 하는 방법은 교회의 봉사가 첫째가 아니라 성도의 삶 속에서 교회를 욕되게 하지 않는 것이 더 중요하다 하겠다.

내 개인의 삶 속에서 하나님의 나라가 세워지면 교회가 욕을 먹지 않고 예수님이 욕을 듣지 않으시고 그러면 교회는 자연히 왕성하여진다는 것을 알아야 할 것이다.

눈에 보이는 교회의 일은 모두 중요하다. 그러나 중요한 순서는 눈에 보이지 않는 교회의 일이 더 중요하다는 것을 알아야 할 것이다.

10] 성도의 새 생명의 삶 속에서 화평케 하는 삶을 살므로 말미암아 의의 열매가 많이 맺힐 때 그곳에 천국이 생기며 또 만나는 많은 사람들이 쉼과 평안을 누리며 이 천국 열매를 서로 나누어 먹으며 즐길 때에 성령님께서는 당신의 일 즉 영혼 구원의 전도의 일을 하실 수 있게 되시는 것이다. 이것이 곧 선지자의 강령이요. 하나님을 몸과 마음과 정성을 다하여 사랑하는 것이며 이웃을 이와 같이 사랑하는 것이다.[약 3:18]

26. 매를 가는 두 여인의 비유

(마 24:40-51)

그때에 두 사람이 밭에 있으매 하나는 데려감을 당하고 하나는 버려둠을 당할 것이요 두 여자가 매를 갈고 있으매 하나는 데려감을 당하고 하나는 버려둠을 당할 것이니라 그러므로 깨어 있으라 어느 날에 너희 주가 임할는지 너희가 알지 못함이니라 너희도 아는 바니 만일 집 주인이 도적이 어느 경점에 올 줄을 알았더면 깨어있어 그 집을 뚫지 못하게 하였으리라 이러므로 너희도 예비하고 있으라 생각지 않은 때에 인자가 오리라 충성되고 지혜 있는 종이 되어 주인에게 그 집 사람들을 맡아 때를 따라 양식을 나눠 줄자가 누구뇨 주인이 올 때에 그 종이 이렇게 하는 것을 보면 그 종이 복이 있으리로다 내가 진실로 너희에게 이르노니 주인이 그 모든 소유를 저에게 맡기리라 만일 그 악한 종이 마음에 생각하기를 주인이 더디 오리라 하여 동무들을 때리며 술 친구들로 더불어 먹고 마시게 되면 생각지 않은 날 알지 못하는 시간에 그 종의 주인이 이르러 엄히 때리고 외식하는 자의 받는 율에 처하리니 거기서 슬피 울며 이를 갊이 있으리라.

1] 두 여자가 매를 갈고 있는데 왜 하나는 데려가고 하나는 데려가지 않으시나?

2] 깨어 있으면 도적이 오는 것을 알 수 있다는 말씀은 무슨 뜻인가?

3] 외식하는 자의 율이 어떤 것이기에 슬피 울며 이를 갊이 있나?

 난제 해석

1] 먼저 알아야 할 것은 예수님께서 하시는 비유의 말씀은 당시의 이스라엘과 이스라엘 이외의 종족을 대상으로 말씀하시는 것임을 알아야 하며 비유 속에 들어있는 또 한가지의 뜻은 장차 오순절 기간에 예수님을 영접할 사람과 영접하지 않을 사람들을 대상으로 말씀하신다는 것을 알아야 한다. 또한 이 모든 비유의 말씀은 곧 선지자들의 계시를 따라 하시는 말씀임을 또한 알아야 한다.[시 78:2.][겔 20:49. 24:3]

2] 비유의 말씀에 여자로 묘사 되거나 신부로 묘사 되는 것은 예수님을 영접할 사람을 나타내시는 것이다. 왜냐하면 '하와' 가 아담의 허리에서 나온 것 같이 성도도 예수님의 허리에서 나오기 때문이다.[창조 역사 속의 비밀 참조]

3] 다음으로 [마 24:40-51]의 매 가는 것에 대하여 알아보자.

매를 가는 것은 곧 하나님의 나라에서 일을 하는 것을 의미한다.[창 2:5. 4:12. 예수님의 포도원 일꾼 비유] 그렇다면 그 매가는 일을 하는 사람은 곧 하나님을 믿는 사람이 확실하다. 그런데 [24:40]에는 두 사람이 매를 갈고 있다고 말씀하신다.

이는 곧 이 세상에 두 부류의 사람들이 하나님을 믿으며 하나님의 나라에서 일을 하고 있다는 것이다.

즉 한 부류는 예수님을 영접하여서 예수님과 함께 일을 하고 있고 다른 한 부류의 사람들은 예수님을 영접하지 않은 사람들이 일을 하고 있다는 것이다. [마 24:41]의 매를 갈고 있는 두 여인은 유대인을 말씀하시는 것인데 하나는 유대인 중에서 예수님을 영접할 사람을 나타내시는 것이며 하나는 영접하지 않을 사람을 나타내는 것이다. 또 다른 의미는 오순절 기간에 주님을 영접할 사람과 영접하지 않을 사람들이 살고 있다는 것을 말씀하시는 것이다.

4] 그럼 제기되는 문제는 똑같이 하나님의 나라에서 일을 하고 있는데 왜 하나는 데려감을 당하고 하나는 버려둠을 당하나 두 사람 모두 하나님을 믿기 때문에 하나님의 나라에서 일을 하는 것이 아닌가 하는 문제이다.

우선 두 가지 상황으로 크게 나누어보자.

첫째. 현재도 유대인은 하나님을 믿고 있다. 그들은 지금도 하나님을 위하여 열심히 일을 하고 있다. 그런데 그들에게는 예수님이 계시지 않는다.

하나님의 인간 영혼 구원의 예정은 예수님 밖에서는 없다.[창 3:15. 요. 3:16. 행. 4:12. 히. 1:2] 그러므로 구원을 얻은 자는 꼭 예수님이 함께 계셔야만 하는 것이다. 따라서 일을 하기는 하는데 하나는 아직 율법 속에서 의를 이루기 위하여 일을 하고 있고 하나는 이미 예수님의 도움으로 율법을 다 이룬 상태에서 의롭다 함을 하나님께로부터 인정을 받고 일을 하고 있는 것이다.[롬 3:24-28]

그러니 하나는 구원을 이미 얻은 상태에서 일을 하니 데려감을 당하고 하나는 버려둠을 당하는 것은 당연한 것이다.

둘째. 현 오순절 시대에는 복음이 전파되어 예수님을 영접하고 있다.[눅 16:16] 그러므로 예수님을 영접하여 믿는 성도와 믿지 않는 사람으로 크게 분리하여 생각할 수 있다. 즉 모든 사람들은 하나님께서 주신 세상 즉 땅에서 일을 하며 살고 있다. 어떤 사람은 이런 종교를 어떤 사람은 저런 종교를 가지고 또 어떤 사람은 아무 종교도 안 가지고 또 어떤 사람은 철학적으로 또 어떤 사람은 자기의 지식과 생각에 따라 살고 있다.

그러나 모든 사람이 소망을 가지고 일을 하며 하나님께서 주신 땅에 살고 있는 것이다.

그러나 하나님께서는 소망을 가지고 일을 열심히 하며 살고 있는 사람을 보실 때 분리하여 보신다. 즉 어떤 사람이 예수님과 함께 일을 하고 있나를 보시는 것이다.

곧 창세전에 계획하신 대로 예수님과 함께 하는 사람은 데려 가시고 함께 하시지 않으면 데려 가시지 않는 것이다.

그런데 중요한 것은 예수님이 함께 하신다는 것은 곧 구원의 믿음 즉 예수님이 나의 죄를 다 사하시고 십자가에 돌아가셨다 하는 믿음인데 이 믿음에는 분량이 없다는 것이다. 즉 구원의 믿음은 하나님께로부터 오는 것이기 때문에 인간이 갖고 싶다고 갖게 되는 것이 아니기 때문에 그 분량에 관계없이 하나님께서는 모두 데리고 가신다는 것이다.

[고전 2:5. 고후 4:6-7. 암 9:9]

즉 이 땅에서 일을 많이 하고 많이 안 하고에는 관계없이 쥐 꼬리만한 믿음만 있어도 데리고 가신다. 이는 하나님의 약속이고 책임이기 때문이다.[살전 5:10]

5] 마 24:42-44의 말씀에 보면 예기치 않은 때에 주님께서 오신다고 깨어 있으라 하셨는데 이는 안 믿는 자들을 향하여 말씀하시는 것이다. 즉 믿는 자는 예수님께서 언제 어느 때에 오시든지 항상 깨어있기 때문에 오시는 것을 알 수 있다.[살전 5:4-5]

또 주님께서는 당신의 하실 일을 항상 당신의 자녀들에게 알려 주실 수밖에 없는 것이 성도는 당신이 끝까지 책임을 지셔야 하기 때문이다. 왜냐하면 성도는 곧 당신의 몸이요 당신의 영이 거주하는 성전이기 때문이다.[고전 3:16. 6:19] 그래서 예수님께서 약속하시기를 내가 보혜사 성령을 보내어 너희와 항상 함께 있게 하시겠다고 하신 것이다. 즉 보증하시는 것이다. [요 14:16-17]

6] 마 45-47의 말씀은 예수님을 영접한 자가 행하여야 할 것을 말씀하시는 것이다. 즉 예수님 안에서 구원을 받아 새 생명을 받은 자는 항상 주님의 나라 확장을 위하여 일을 하여야 한다는 말씀이다.

때를 얻든지 못 얻든지 새 생명의 삶 속에서 항상 산 제사의 삶을 살며 복음을 전파하여야 한다는 말씀이다.[딤후 4:2]

7] 외식하는 자의 율이란 곧 거짓말하는 자들 당시의 거짓 선지자들이 받을 형벌을 말씀하신다. 당시의 거짓 선지사지들은 곧 제사장들과 바리새인들과 사두개파 들이다. 이들은 예수님을 믿지 않을 뿐만 아니라 당시에 퇴패할 때로 퇴패하여 겉으로는 거룩하지만 속에는 탐욕이 가득하여 하나님은 찾지만 외식하는 것일 뿐이다. 그래서 예수님께서 이들을 향하여 이 회칠한 무덤 같은 자들아 라고 말씀하신 것이다.[마 23:27]

또 슬피 울며 이를 간다는 말씀은 예수님이 함께 하시지 않으니 구원이 없는 상태이므로 항상 흑암의 세상에서 예수님을 원망할 것을 말씀하시는 것이다.

또 한가지는 오순절 기간에 주님을 영접한 사람들이 성령의 음성을 듣지 않고 육신의 정욕을 쫓아서 살게 되면 예수님께서 함께 하실 수가 없어서 새 생명의 삶의 영적 상태가 아주 악 하여 진다는 말씀이다.

즉 새 생명을 받아 가지고 사는 구원 받은 영혼의 영적 고통 받는 상태를 나타내시는 것이다.

그래서 본문 48-51절에 성령의 음성을 듣고 행하지 않는 게으른 자들의 상태를 말씀하신 것이다.

(참고)

어떤 분이 위의 본문을 주제로 말씀을 전하는데 매를 갈고 있는 두 여자를 주님을 영접한 성도들로 교회에서 신앙생활을 하는 두 종류의 성도로 묘사하며 나와서 믿는다고 하여도 교회의 일에 열심을 내지 않으면 믿음을 의심 해봐야 한다고 선교를 한다. 이는 아주 잘못 이해를 하고 있는 것이다.

어떠한 말씀도 하나님께서 성도에게 두려움을 갖게 하시려는 말씀은 없다. 성경의 문맥상 또 성경 기자의 기록상 표현이 무섭게 표현된 내용들은 있지만 그 내용 속에 계시된 하나님의 뜻은 전혀 그렇지가 않다.

따라서 말씀의 이해를 할 때에 하나님께서 무서운 하나님 혹은 아주 독재자적인 하나님으로 이해를 하는 것은 아주 위험한 이해이다.[롬 12:3. 엡 4:6-7]

27. 열 처녀와 등불의 비유

(마 25:1-13)

그때에 천국은 마치 등을 들고 신랑을 맞으러 나간 열 처녀와 같다 하리니 그 중에 다섯은 미련하고 다섯은 슬기 있는지라 미련한 자들은 등을 가지되 기름을 가지지 아니하고 슬기 있는 자들은 그릇에 기름을 담아 등과 함께 가져갔더니 신랑이 더디 오므로 다 졸며 잘 때 밤중에 소리가 나되 보라 신랑이로다 맞으러 나오라 하매 이에 그 처녀들이 다 일어나 등을 준비 할쌔 미련한 자들이 슬기 있는 자들에게 이르되 우리 등불이 꺼져가니 너희 기름을 좀 나눠달라 하거늘 슬기 있는 자들이 대답하여 가로되 우리와 너희의 쓰기에 다 부족할까 하노니 차라리 파는 자들에게 가서 너희 쓸 것을 사라 하니 저희가 사러 간 동안에 신랑이 오므로 예비 하였던 자들은 함께 혼인 잔치에 들어가고 문은 닫힌 지라 그 후에 남은 처녀들이 와서 가로되 주여 주여 우리에게 열어 주소서 대답하여 가로되 진실로 너희에게 이르나니 내가 너희를 알지 못 하노라 하였느니라 그런즉 깨어 있으라 너희는 그 날과 그 시를 알지 못 하느니라.

1] 등은 무엇을 의미하나?

2] 기름은 무엇을 의미하며 신부들이 왜 기름을 좀 나누어 주지 않았나?

3] 문이 이미 닫혔다고 하시며 깨어 있으라 그 날과 그 시는 알지 못 하느
   니라 하신 뜻은?

   난제 해석

1] 등은 하나님을 믿는 믿음을 의미하며 기름은 성령을 의미 한다. 따라서
   등에 기름이 있고 불이 켜져 있다는 것은 곧 예수님을 믿음으로 하나님
   께로부터 온 성령님이 함께 하시는 믿음이 있다는 말씀이다.

   그러므로 기름이 있는 등불을 가진 처녀들은 장차 오순절 기간에 성령
의 역사로 말미암아 구원을 받아 새 생명을 받을 성도들을 의미하는 것이
며 등은 있는데 기름이 없는 다섯 처녀는 곧 유대인들을 말씀하시는 것이
다. 왜냐하면 유대인들은 하나님을 믿으니 믿음은 있는데 예수님을 영접
하지 않으니 성령님이 함께 하실 수가 없으니 곧 기름이 없는 것이다. 기
름이 없으니 당연히 불을 밝힐 수가 없는 것이다.

이 비유의 말씀은 매를 가는 두 여자의 비유대로 하나님은 믿어서 하나님의 나라에서 매를 갈고 있기는 있는데 하나는 예수님이 있고 하나는 예수님이 없는 것과 같은 이치의 말씀인 것이다. 두 말씀 모두 유대인들을 두고 비유로 말씀을 하시는 것이다.

2] 다시 말해서 기름이란 예수님께로부터 오는 믿음 안에 성령님이 함께 하시는 것을 의미한다.

즉 유대인들은 하나님은 믿지만 예수님을 영접하지 않음으로 성령님이 함께 하시지 않는 믿음을 가지고 있다는 말씀인 것이다. 즉 기름이 없는 등을 가지고 있는 다섯 처녀는 곧 하나님을 믿기는 믿는데 예수님을 배척하는 유대인들을 일컬어 비유로 말씀을 하시는 것이다

구약에서 제사장을 위임할 때에 제사장이 될 사람에게 제사장의 예복인 세마포 예복을 입히고 거룩한 관유를 붓는다. 이 예식은 곧 장차 제사장의 직분을 받을 성도들 위에 성령이 임하시는 예표인 것이다. 기름[관유]은 곧 성령을 말씀하시는 것이므로 등불은 곧 성령의 역사를 의미한다.

즉 성도가 성령의 음성을 듣고 행할 때에 세상에 불을 밝힐 수가 있으므로 이는 성령의 불을 의미한다.

[출 29:6-7. 레 8:12. 레 16:32. 마 5.15-16]

3] 이 말씀도 크게 둘로 나누어서 당시 이스라엘의 예수님을 영접한 사람들과 아닌 사람들을 말씀하심이며 또 하나는 장차 오순절 기간에 예수

님을 영접하여 영원한 천국에 들어갈 사람들과 예수님을 영접하지 않아서 영원한 천국에 들어가지 못할 사람들을 나타내시는 것이다. 왜냐하면 현 시대에는 누구나 하나님을 알라고 하지 않아도 하나님을 모두 알고 있다. 하나님을 모르는 사람은 없다.[렘 31:34]

4] 기름을 나누어 줄 수가 없는 것이 곧 예수님을 영접할 때 들어오는 믿음은 내가 갖고 싶다고 해서 가져지는 것이 아니고 하나님께로부터 와서 각 사람에게 나누어 주시는 것이기에 다른 사람에게 기름을 즉 말씀을 통하여 성령을 받을 수 있도록 인도는 할 수 있으나 받은 구원의 믿음이나 성령을 나누어 줄 수는 없다는 말씀이다.

다시 말해서 말씀을 통하여 예수님을 전할 때에 말씀을 통한 성령의 역사로 말미암아 구원의 믿음을 받도록 도울 수는 있지만 성령을 줄 수는 없다는 말씀이다.

5] 주님이 오실 그 때와 그 시는 알지 못하니 깨어 있으라 하시는 말씀은 주님을 영접한 사람들은 항상 깨어 있어서 성령의 인도하심을 받아야 한다는 말씀이다. 그래야 성령의 교통하심으로 말미암아 새 생명의 삶이 아주 강건하여지고 또 영혼이 힘을 얻어 하나님께서 주시는 참 평안에 거할 수가 있어 등불은 기름이 떨어지지 않아 꺼지지 않고 계속 빛을 발하게 되는 것이다.

6] 미련한 자들이 슬기 있는 자들에게 이르되 우리 등불이 꺼져가니 너희 기름을 좀 나눠달라 하거늘.

이 말씀을 혹시 미련한 처녀들이 조금의 기름이라도 가지고 있었나? 하고 이해를 하는 것은 잘못 이해를 하고 있는 것이다.

즉 당시의 유대인들이 하나님을 믿으니 자기들이 새 생명을 주시는 성령 즉 기름이 있는 줄로 착각하고 있는 믿음을 가지고 있었다는 것이다. 따라서 이 미련한 다섯 처녀 즉 당시에 예수님을 영접하지 않은 유대인들은 애초부터 기름을 가지고 있지도 않았다는 것을 비유로 말씀하시는 것이며 [미련한 자들은 등을 가지되 기름을 가지지 아니하고] 또 장차 도래할 오순절 기간에도 성령의 역사로 말미암아 예수님을 영접한 성도는 기름을 가지고 있어야 하는데 어쩌다 보면 어느 성도는 기름 즉 성령이 없는 성도도 있다는 것이니 곧 예수님을 진짜 영접하지 않은 사람들도 있다는 비유의 말씀이다.[고후 13:5]

또 이 비유의 말씀은 오순절 기간 즉 하나님의 인류 영혼 구원의 계획을 따라 성령이 역사하시는 시간이 이미 정하여져 있다 는 것을 말씀하시는 것이다. 즉 오순절[맥추절]이 끝나 구원의 문이 닫히고'초막절의 문이 열릴 때는 이미 성령의 역사가 끝나기 때문에 다른 구원의 방법은 없다는 계시의 말씀이다.

28. 십일조 헌금

(마 23:23) (눅 11:42)

화있을진저 외식하는 서기관과 바리새인 들이여 너희가 박하와 회향과 근채의 십일조를 드리되 율법의 더 중한 바 의[義]와 인[仁]과 신[信]은 버렸도다. 그러나 이것도 행하고 저것도 버리지 말아야 할찌니라.

 제기되는 난제

1] 십일조와 관련해서 왜 의[義]와 인[仁]과 [信]을 말씀하시는가?

 난제 해석

1] 신앙생활을 하는 성도들의 가장 민감하면서도 중요한 부분의 해설을 하게 됨으로 우선 필자의 경험부터 신앙 간증으로 이해를 돕기 위하여 간단히 적겠다.

필자는 만 40살 때 하나님께서 어떤 선교사님의 입술을 사용 하시어서 호주에서 나를 부르셨다. 그리고 한 달 반을 태국과 필리핀을 거쳐 하나님의 특별한 섭리를 체험하며 외국생활 십오 년을 접고 한국에 들어와서 첫 예배를 여의도 순복음 교회에서 드리게 된다.

첫 헌금 시간이다. 나는 성경을 읽어 본적도 없고 헌금을 하여 본적도 없다. 다만 사회 생활을 하면서 교회에 가면 헌금을 한다는 것과 십일조 헌금이라는 것이 있다는 것은 알고 있었다.

예배시간 내내 감사와 기쁨으로 인하여 눈물로 예배를 드리고 헌금 시간에 헌금을 할 때 나는 다시 또 다른 감사함에 복 바쳐 헌금을 하면서 울고 또 울었다. 왜? 그때의 내 마음을 조금도 꾸밈없이 고백을 하면 하나님께서 내가 헌금을 하도록 허락 하신 것이 너무나 감사하여서이다.

하나님께서 허락하지 않으시면 내가 어떻게 헌금을 하나님께 드릴 수가 있나 하는 마음과 깨달음이 오며 다시 한 번 감사가 넘치는데 그렇게 감사할 수가 없었다. 정말 하나님께 헌금을 할 수 있다는 것이 그렇게 감사하고 또 감사했다.

아~~ 그리고 내가 지난 세월 날려 버린 그 많은 돈을 하나님께 드렸으면 얼마나 좋았을까 하며 만감에 젖기도 하였다.

그렇게 정말 기쁜 마음으로 십일조 헌금, 선교 헌금 등 각종 감사 헌금의 생활을 내 기억으로는 약 4-5년 정도 잘한 것 같다. 그러나 그 기쁨이 넘치는 헌금 생활은 그 기쁨의 느낌이 점차로 줄어들면서 십일조 헌금을 대충 계산해서 넉넉한 쪽으로 드리든 것이 정확히 계산해서 딱 맞게 드리는 즉 더 드리지 않고 딱 맞게 드리려고 하나님과 마주앉아 계산하는 것과 같은 상태가 되며 헌금 생활에서 자유가 없어지기 시작한다.

그러면서 신앙생활도 마찬 가지로 처음에 기뻐 뛰며 교회에 헌신하던 것들이 기쁨이 줄어들며 형식적이거나 억지로 하는 느낌의 행함으로 바뀌는 것을 내 자신이 스스로 느끼는 단계까지 간다.

이러한 신앙 상태를 깨닫는 순간 새벽부터 기도로 회복시켜 달라고 애쓰고 기도했지만 기도할 때는 회복이 되어 다시 충만 하여지는 것 같은데 밖에 나와 세상을 보고 현실을 대하면 또 똑같은 조금도 변한 것이 느껴지지 않는 상태의 내 자신을 본다.

그렇게 자신과의 싸움에서 매일 패하는 것 같은 감정 속에서 헌금 생활을 4-5년의 세월을 더 하면서 점차 깨달아지며 기쁨의 마음이라기 보다는 편안한 감사의 마음으로 조금씩 돌아온다. 이것은 내가 성경 즉 하나님의 말씀의 뜻을 정확히 깨달아 가면서 성령님의 도우심으로 얻게 된 것이다.

위에 간단히 필자의 헌금에 대한 간증을 적은 것은 비슷하거나 같은 경험이 있는 성도도 있을 것이며 지금 그 힘든 상태에서 힘들게 헌금 생활을 하는 성도님도 있을 것이다. 그러나 그런 경험이 없이 항상 즐거움 속에서 헌금 생활을 하는 성도님들도 있을 것이다. 그러나 거의 모든 성도가 나와 같은 상황의 경험을 똑같이 할 수 밖에 없지 않을까 하고 생각하여 본다. 왜냐하면 성도라고 하여도 아직 육적 욕심이 있는 육신을 가지고 살기 때문에 욕심을 떠나서는 살수 없는 것이고. 또 느낌과 감정으로 부딪히는 이 세상의 삶을 떠나서는 살수가 없기 때문이다. 또 인간은 아무리 좋은 음식 맛나는 음식을 먹어도 여러 번 계속하여 먹으면 질리는 것과 같은 거부 반응이 몸에서 일어나는 것이 자연적인 현상이기에 신앙생활도 특별한 하나님의 섭리를 체험하지 못하면서 같은 생활을 반복하면 좀 싫증이나 거부 반응 같은 것이 일어나는 것이 정상이라 하겠다.

그러므로 지금부터 내가 깨달은 신앙생활 안에서의 헌금 생활을 어떻게 하여야 하는 것을 말씀에 비춰서 하나씩 하나씩 적으려 한다.

2] 우선 첫 번째로 알아야 할 것은 성경은 하나님의 인간의 영혼 구원의 계획을 기록한 것인데 이를 크게 분류하여서 구약과 신약으로 분리한다.

이를 다시 더 정확히 구분하면 삼등분으로 구분을 할 수 있다. 즉 구약과 예수님의 공생애와 성령님의 활동 시대라고 하면 될 것이다.

예수님의 공생애는 이미 설명하였듯이 예수님께서 구약에 계시 된 대로 당신이 이 땅에서 하나님의 인간 영혼 구원의 계획을 따라 오신 메시아가 확실하다는 것을 기적 등의 사건을 통하여서 세상에 알리시고 또 구약에 계시된 것들을 완성하신 후에 당신 안에서 구원받아 신앙생활을 할 성도들이 당신 안에서 어떻게 사는 것이 참 평안과 기쁨을 누리는 삶인가를 가르쳐 주시기 위하여 오신 것이다.

그래서 제자들에게 가르치신 후 승천하신후 성령님을 보내시어서 성도와 함께 하시게 하신 것이 곧 성도의 삶을 평안으로 이끌어 가시기 위한 것이다.

그래서 승천하시기 전에 말씀하시기를 보혜사 성령을 보내어 가르치시고 또 가르치신 것들을 생각나게 하시고 인도하실 것을 약속하시며 다음으로 말씀하시기를 평안을 너희에게 주노라 내가 주는 평안은 세상이 주는 평안과 다르다. 라고 말씀하시고 너희는 마음에 근심도 말고 걱정도 말라[요 14: 26-27] 라고 말씀하신 것이다.

다음으로 오순절 기간은 성령님께서 성도와 함께 하시며 동거 동락하는 기간이다. 그러므로 오순절 즉 성령님이 함께 하시는 오순절 기간의 성도의 삶은 모든 목적의식이 바뀌게 된다는 것을 알아야 한다.

구약 시대에는 틀 속에 박힌 구속 예배의 삶이라면 오순절 기간은 예수님 안에서 자유와 평안의 예배의 삶이 되어야 한다 는 것이다.

3] 그럼 사유와 평안의 예배의 삶은 어떻게 누려야 하는 것인가?

첫째. 이해를 쉽게 하기 위하여 예를 하나 들겠다.

구약에서의 안식일은 하나님께서 모세에게 명하시기를 안식일을 더럽히는 자 즉 범하는 자는 죽여라. [출 31:14]에 말씀하시고 [레 16:31]에서는 너희는 스스로 괴롭게 할지니라. 라고 말씀하신다.

그러나 오순절 기간에는 그렇게 말씀 하시지 않으신다.

오순절에 그렇게 말씀하시면 곧 성도를 성전삼고 함께 하시는 당신의 '영' 인 성령까지도 죽여라. 라고 말씀 하시는 것과 똑 같은 말씀이며 당신의 '영'인 성령을 괴롭게 하시는 것이나 똑같다. 그러므로 오순절 기간에는 그렇게 하시지 않고 성령님께서 성도와 함께 거하시며 인도하시고 가르쳐 주시며 새 생명의 열매를 맺도록 하시는 가운데 평안을 주시고 기쁨으로 당신의 나라를 세워 나가시는 기간이다.

그래서 오순절 기간에는 성령님께서 성도에게 말씀하시기를 '아들' 아이는 나쁜 짓이니 하지 말거라. 라고 말씀하시며 인도 하신다. 그러나 사단은 한번만 하고 회개하면 되니 해 버려라. 먹어 버려라. 하며 성도를 유혹한다. 그때 성령님의 음성을 듣고 사단의 유혹을 물리치면 참 평안이 오며 하나님의 나라를 세워 가는 것이고 성령님의 말씀을 듣지 않고 육신의 소욕을 좇아 사단의 말을 들으면 신앙생활 근본 자체가 흔들리며 마음에 불안과 걱정이 오게 되는 것이다. 이런 일이 반복 되게 되면 주님과의 영적인 교통이 끊기어서 성령의 음성을 듣는 양심의 쪽이 화인을 맞아 죽은 자와 같이 되는 것이다.

성도의 사회 생활은 곧 예배의 삶이다. 생활 속에서 성령의 인도와 사단의 유혹은 쉴 새 없이 계속된다. 그러나 성도가 무언가를 선택을 하여야 할 때 성령님은 항상 강제하지 않으신다.

이미 설명하였듯이 구원에는 영혼 구원과 육적 구원이 있는데 영혼 구원은 예수님의 인간 죄의 대속 사역을 믿음으로 말미암아 하나님의 은혜로 끝났지만 육적 구원은 성도의 새 생명의 삶 평생을 통하여서 악한 영과의 싸움에서 이겨서 몸의 성화를 이루어 나가는 것이므로 평생 계속된다.

이 성도가 '성화' 되어 가는 삶 속에서의 행위를 성령님은 성화되어가는 쪽으로 가도록 가르쳐 주시고 '내가 원하니 이렇게 하면 좋겠다' 라고 인도하시지 강제하지 않으신다는 말씀이다.

즉, 아담과 하와 보고는 선악과를 따먹지 말라 먹는 날에는 네가 죽으리라. 하시지만 오순절 기간의 성령님께서는 '따먹으면 죽는다. 그래도 따먹을래? 라고 물으신다.

[선악과의 유혹은 지금도 성도의 새 생명의 삶 속에서 계속 되고 있다] 그래서 사도 바울이 [빌 2:12]에서 두렵고 떨림으로 너희 구원을 온전히 이루라. 라고 말씀하고 있는 것이다. 이는 곧 성령을 좇아 행하라는 것이다.

또 신앙생활은 '율법과 선지자의 강령이란?'에서 설명을 하였듯이 오순절 기간은 전 생애가 영적 산 제사의 예배 시간이다. 따라서 안식일에 드리는 예배의 근본 목적도 바뀌어야 하는 것이다. 즉 안식일에 드리는 예배는 전 생애의 산 예배를 돕기 위한 기초 예배이다.[기초는 모든 것의 근본이다. 그러므로 가장 중요하다] 오순절 기간의 삶이 구약과 다른 것은 구약은 틀에 박힌 구속의 괴로운 안식일이라면 오순절 기간은 예수님 안에서 새 생명을 받은 성도가 하나님을 향한 믿음과 소망과 사랑이 있는 삶 속에서의 영혼의 영적인 산 제사의 삶을 위한 기쁨의 안식일 예배인 것이다.

그러므로 그 안식일의 예배가 중요한 것을 성령님께서는 가르쳐 주시고 행하도록 유도하시지 강제하지지 않으신다. 따라서 주일 성수를 잘하지 않는다고 성도를 나무라는 것은 성령님을 동시에 나무라는 것이나 다름이 없다. 성령님께서 하시는 말씀을 성도가 잘 알아듣고 행하도록 성경에 계시된 대로 주님의 뜻을 정확히 이해가 잘 가도록 가르쳐야만 할 것이다. 그러면 그 다음은 성령님께서 성도의 마음과 믿음에 일하신다.

4] 그럼 참 평안과 기쁨의 헌금 생활은 어떻게 하는 것인가? 이는 주님께서 말씀 하신 의[義] 인[仁] 신[信] 에 대하여 먼저 알아보아야 한다.

첫째. 의[義]는 바른 것. 정직한 것. 부끄러움이 없는 것을 말씀하신다.

그러므로 하나님께 드리는 물질은 흠이 없는 깨끗한 물질을 드려야 하는 것이다. 곧 세상 속에서 산 제사의 삶을 살면서 얻어진 물질을 하나님께 드려야 하는 것이다. 그래서 구약에서 하나님께 제물을 드릴 때도 흠이 있는 양이나 송아지는 드리지 못하게 하신 것이다.[출 12:5]

둘째. 인[仁]은 어진 것과 자비와 선한 것을 말씀하신다. 이 말씀은 덕[德]이 있는 행위를 말씀하시는 것인데 옛 공자님의 말씀에 이 '덕' 이 있는 행위에서는 향기가 난다고 말씀하셨다.

즉 어진 마음과 자비의 선한 마음이 있는 행위에서 얻어진 향기 나는 물질을 드려야 드리는 성도의 마음에서도 향기가 나는 것이다. 왜냐하면 산 제사의 삶 속에서 '인'을 통하여 얻어진 열매이기에 향기가 있기 때문인 것이다. 이것이 곧 예수님의 향기인 것이다. 그래서 성도는 예수님의 향기를 풍기고 다니는 것이 곧 산 제사의 삶을 사는 것이다.

셋째. 신[信]은 믿음이다. 한문에서 신[信]의 뜻은 공의와 선한 것과 사랑이 있는 믿음을 수반한다고 한다. 그래서 선인들이 말씀하시기를 사람은 '신의'[信義]가 있어야 한다고 말씀하신다. 즉 '신의' 의 사랑이 있는 믿음을 말씀하시는 것이다. 이 신의가 있는 믿음은 모든 것을 가능케 하는 힘이 있다.

따라서 예수님께서 말씀하시는 것은 물질을 드림에 있어 하나님과의 사이에 신의를 가지고 드려야 한다는 것이다.

창조주와 피조물간의 믿음. 하나님 아버지와 자식간의 믿음 구원을 주시고 인도하시는 구세주 예수님과의 믿음. 성령님의 내주 역사 인도 하시는 믿음. 등의 믿음이 있는 마음으로 물질을 드려야 한다는 것이다.

5] 성도의 십일조의 개념에 대하여 정리를 하여보자.

오순절 기간에는 예배의 목적의식이 바뀌었다고 여러 차례 해설을 하였다.

따라서 오순절 기간에는 십일조의 개념도 바뀌어야 하는 것이다. 구약에 있어서 십일조의 개념은 예배가 구속적인 것 같이 십일조의 개념도 구속적인 것이었다. 즉 쉽게 말하면 하나님께서 레위 지파에게 성전을 관리하게 하시고 예배를 맡아 주관하게 하시며 분깃을 주지 않으시고 레위 지파에게 십일조를 드려서 레위의 양식이 되게 하신 것이다.[민 18:21]

그러므로 당시의 십일조는 드려도 되고 안 드려도 되는 타협 적인 것이 아니다.

현 시대로 말하자면 정부에서 국가적 사업도 하고 공무원 월급을 주기 위하여 국민으로부터 세금을 받는 것과 같은 이치이다. 즉 내지 않으면 정부의 것[하나님의 것]을 도적질하는 그런 것이었다.[말 3:8]

그러나 지금 오순절 기간에는 십일조를 드리는 성격이 아주 다른 것이다. 위에서 예수님께서 지적하셨듯이 십일조를 義 와 仁 과 信 을 겸하여서 드려야 하는 것이다. 이런 것이 결여된 십일조는 하나님께서 기뻐하시지 않으신다는 것이다.

즉 드리는 제물에서 그리고 제물을 드리는 성도의 행위에서 향기가 나야 한다는 것이다.[고후 9:7]

즉 성령님은 우리에게 항상 함께 하시며 물으신다.

아들아 ~ 나는 이렇게 하는 것이 좋은데 너는 어떠니?

하시며 우리를 향기 나는 삶으로 인도하신다. 십일조 헌금을 드릴 때도 물으신다. '십일조 헌금은 나의 것이니 나한테 주는 것이 어떠니? 라고 말씀하시지 '십일조' 헌금은 내 것이니 내놔라' 라고 말씀하시지 않으신다는 것이다. 그런데 성령님의 인도를 따라서 십일조 헌금을 예수님의 가르치심을 따라 義 와 仁 과 信 을 즉 의로운 행위와 선하고 어진 마음과 믿음을 가지고 기쁜 마음으로 하나님께 드리면 하나님께서 약속하신 영혼이 잘되고 범사가 잘되며 강건한 복을 주시되 하늘 문을 여시고 복을 쌓을 곳이 없도록 부어 주시는 것이다.[말 3:10] 이것은 살아 계시는 하나님의 약속이다.

6] 성도가 새 생명의 삶을 살면서 십일조 헌금을 드릴 때 성도의 마음 속에서는 갈등이 일어난다. 드리자니 현실이 어렵고 혹은 믿음이 약하므로 돈이 아깝고 안 드리자니 마음이 편하지 않고 그런 마음의 갈등이다.

이때 성령의 인도를 따라 십일조 헌금을 드리면 즉시 마음에 평안이 찾아오며 하나님과 교통이 잘 되고 또 하나님을 의지하며 사랑하는 마음이 가득하게 생기는 것을 느끼며 체험하게 된다. 그러나 현실과 타협하며 마음의 욕심을 좇아 드리지 않으면 그때부터 하나님과의 사이가 조금씩 멀어지며 성도의 마음 속에는 마음과 마음이 서로 송사하며 분쟁이 일어나게 된다. 드릴걸 말걸 하면서 말이다.

이런 분쟁을 느끼면서도 십일조 헌금을 오래 드리지를 않게 되면 나중에는 마음에서 서로 송사하는 분쟁마저도 느끼지를 못하는 상태까지 된다.

즉 성도의 새 생명의 삶 속에서 하나님과의 교통이 온전한 기쁨으로 발전되지를 못한다는 것이다. 따라서 하나님과의 관계는 점점 더 소원하여 지게 된다.

이런 육신의 소욕을 좇아 현실과 타협하며 십일조 헌금을 드리지 않는 쪽을 택하여 하나님과의 관계가 소원하여 지는 기간이 길어지면 결국은 성도가 교회를 멀리하게 되는 것이다. 왜냐하면 성도에게 새 생명을 주시고 성도와 함께 거하시는 성령님께서 성도의 마음과 믿음에서 활동을 하시지 못하기 때문인 것이다.

그러면 성도의 새 생명의 삶을 예수님의 향기 나는 삶으로 인도 하시어서 아름답고 향기 나는 열매를 많이 맺히게 하여서 성도와 함께 잡수시고 향기 나는 열매의 산물을 제물로 하나님께 드리게 하여 성도의 신앙생활이 활기가 있게 하시고 복을 받게 하시어야 하는데 성도가 자꾸 성령의 음성을 듣지 않고 사단의 달콤한 속삭임을 듣고 행하니 성령님께서도 일을 하실 수가 없으신 것이다. 그러면 결국 성령님께서는 성도의 새 생명의 삶 속에서 잠을 주무시게 되는 것이다.

그래서 사도 바울이 성령을 소멸치 말라 라고 말씀을 하시고 또 육신의 소욕을 좇아 행하지 말고 성령의 소욕을 좇아 행하라고 바울 사도가 가르치시는 것이다.[살전 5:19. 갈 5:17]

십일조 헌금의 생활은 곧 새 생명의 삶을 하나님께로부터 받아 가지고 살고 있는 성도의 기본적인 하나님과의 교통의 길이고 문이며 하늘 문을 여는 축복의 행위이다.

29. 달란트의 비유

(마 25:14-30)

또 어떤 사람이 타국에 갈제 그 종들을 불러 자기 소유를 맡김과 같으니 각각 그 재능대로 하나에게는 금 다섯 달란트를, 하나에게는 두 달란트를, 하나에게는 한 달란트를 주고 떠났더니 다섯 달란트 받은 자는 바로 가서 그것으로 장사하여 또 다섯 달란트를 남기고 두 달란트를 받은 자도 그같이 하여 또 두 달란트를 남겼으되 한 달란트 받은 자는 가서 땅을 파고 그 주인의 돈을 감추어 두었더니 오랜 후에 그 종들의 주인이 돌아와 저희와 회계할 새 다섯 달란트 받았던 자는 다섯 달란트를 더 가지고 와서 가로되 주여 내게 다섯 달란트를 주셨는데 보소서 내가 또 다섯 달란트를 남겼나이다 그 주인이 이르되 잘 하였도다 착하고 충성된 종아 네가 작은 일에 충성하였으매 내가 많은 것으로 네게 맡기리니 네 주인의 즐거움에 참예할지어다 하고 두 달란트 받았던 자도 와서 가로되 주여 내게 두 달란트를 주셨는데 보소서 내가 또 두 달란트를 남겼나이다 그 주인이 이르되 잘 하였도다 착하고 충성된 종아 네가 작은 일에 충성하였으매 내가 많은 것으로 네게 맡기리니 네 주인의 즐거움에 참예할지어다 하고 한 달란트 받았던 자도 와서 가로되 주여 당신은 굳은 사람이라 심지 않은데서 거두고 헤치지 않은 데서 모으는 줄을 내가 알았으므로 두려워하여 나가서 당신의 달란트를 땅에 감추어 두었었나이다 보소서 당신의 것을 받으셨나이다 그 주인이 대답하여 가로되 악하고 게으른 종아 나는 심지 않은 데서 거두고 헤치지 않은 데서 모으는 줄로 네가 알았느냐 그러면 네가 마땅히 내 돈을 취리하는 자들에게나 두었다가 나로 돌아와서 내 본전과 변리를 받게 할 것이니라 하고 그에게서 그 한 달란트를 빼앗아 열 달란트를 가진 자에게 주어라 무릇 있는 자는 받아 풍족하게 되고 없는자는 그 있는 것까지 빼앗기리라

제기되는 난제

1] 달란트는 무엇을 의미하며 이윤을 남기는 것은 무엇을 의미 하나?

2] 장사를 하지 않은 종을 왜 그렇게 무자비하게 죽이라고 하시나?

난제 해석

1] 첫째, 이 난제는 매가는 두 여자의 비유와 등불과 열 처녀의 비유와 같이 아주 이해하기가 난해한 비유들이다. 왜냐하면 어떻게 해석을 하다 보면 이윤을 못 남기어서 구원을 못 받는 것 같은 해석이 될 수도 있기 때문이다. 그러나 주님은 그런 뜻으로 비유의 말씀을 하시는 것이 아니라는 것을 먼저 상기하여야 한다.

2] 모든 예수님의 비유는 선지자들의 예언을 좇아 일차는 이스라엘에게 다음은 미래의 오순절 기간에 당신 안에 예비된 성도들과 아닌 자들을 상대로 내용에 영적인 뜻이 있음을 알아야 한다.

3] 달란트란 하나님을 믿는 믿음 안에서 하나님께서 각 개인에게 주신 물질이나 재능 등을 의미한다.

그러나 본문에서 한 달란트 받은 자 즉 다섯 달란트 받은 자와 두 달란트 받은 자 등이 나오는 것은 세상에 사는 사람들이 모두 태어나면서 받아 가지고 태어난 달란트가 다르다는 말씀이다. 이런데 이 달란트 비유를 예수님께서 사용하신 것은 하나님을 믿기는 믿되 예수님을 영접한 자들과 예수님을 영접하지 않은 자들에게 알려 주시기 위하여서 비유로 말씀하신 것이다.

즉 한 달란트 받은 자들은 하나님을 믿기는 믿되 예수님을 영접하지 않은 자들을 말씀하시는 것이며 그 외에 여러 달란트를 받은 자들은 하나님을 믿고 예수님을 영접한 사람들을 말씀하시는 것이다.

그 이유를 바로 알 수 있는 것이 본문에서 한 달란트 받은 자는 땅속에 묻어두고 이윤을 남기지 않았기 때문이며 14절에 그런데 그 백성이 저를 미워하여 사자를 뒤로 보내어 가로되 우리는 이 사람이 우리의 왕 됨을 원치 아니하나이다. 하였더라는 이 말씀으로 보아서 그 백성은 곧 이스라엘을 의미하는 것임을 금방 알 수가 있는 것이다.

또 당시에 이스라엘이 하나님을 알고 믿기는 믿어도 예수님을 영접을 하지 않았기 때문에 하나님을 찾고 예루살렘에서 예배를 드리기는 드려도 하나님의 영광과는 아무 관계가 없는 믿음을 갖고 있었다는 것이다.

왜냐하면 하나님께서는 당신의 모든 영광은 예수님을 통하여서 만 받기로 창세전부터 계획하셨기 때문이다.

4] 또 이 비유의 말씀은 장차 오순절 기간에 예수님 안에서 구원을 받아 하나님의 나라 안에서 살아갈 당신의 자녀들에 대하여 말씀을 하시는 것이다. 즉 예수님을 믿음으로 하나님의 영광을 위하여 하나님께서 맡기신 달란트 즉 재산이나 재주들을 하나님의 영광을 위하여 예수님 안에서 잘 사용을 하는 자는 사용한 만큼 하나님께서 예비한 기쁨의 축복을 받아 누린다는 말씀이다.

그런데 다섯 달란트 받아서 다섯 달란트 이윤을 남긴 사람이나 두 달란트 받고 두 달란트 남긴 사람이나 똑같이 주인의 기쁨에 참여할지니라 하시며 많은 것으로 더 맡기신다고 하셨다.

이 말씀은 곧 달란트를 주신 분이 하나님이시기에 받은 자가 받은 대로 최선을 다하여 예수님 안에서 하나님의 영광을 나타내기를 바라는 마음으로 사용을 하면 달란트를 많이 받았으니 이윤을 많이 남겨서 많이 드리는 자나 달란트를 적게 받고 받은 만큼 적게 드리는 자나 받은 대로 최선을 다하여서 드렸기 때문에 칭찬 받는 것은 똑같다는 말씀이다.

왜냐하면 사람은 태어난 환경과 가지고 태어나는 성질이나 재주가 다르며 또 유전자의 속성과 태어난 때와 지역에 따라서 우주적 환경의 영향을 받는 기운까지도 모든 것이 다 다르기 때문에 두 달란트 받은 자가 두 달란트를 남기어서 드린 것이나 다섯 달란트 받은 자가 다섯 달란트 남기어서 드린 것이나 하나님께서 보시기에는 똑같다는 말씀이다.

그러므로 본문의 달란트 비유는 첫째로 당시의 이스라엘 중에서도 예수님을 영접한 자와 하지 않은 자들을 비유로 말씀하시는 것과 또 장차 오순절 기간에 주님을 영접한 성도들이 하나님께서 주신 달란트를 예수님 안에서 하나님의 영광을 위하여 제대로 사용을 하면 하나님께서 예비하신 기쁨의 천국을 누린다는 말씀이며 덜 사용을 하면 덜 사용한 만큼 하나님께서 예비 하신 기쁨의 천국을 그만큼 덜 누릴 수밖에 없다는 영적 하나님께서 주신 이 땅에서의 천국의 삶을 말씀하시는 것이다.

6] 29절에 무릇 있는 자는 받아 풍족하게 되고 없는 자는 그 있는 것까지 빼앗기리라 라고 하신 말씀은 곧 당시에 예수님을 믿지 않는 이스라엘 사람들을 말씀하시는 것이다.

므나의 비유

(눅 19:12-27)

가라사대 어떤 귀인이 왕위를 받아 가지고 오려고 먼 나라로 갈 때에 그 종 열을 불러 은 열 므나를 주며 이르되 내가 돌아오기까지 장사하라 하니라 그런데 그 백성이 저를 미워하여 사자를 뒤로 보내어 가로되 우리는 이 사람이 우리의 왕 됨을 원치 아니하나이다 하였더라 귀인이 왕위를 받아 가지고 돌아와서 은 준 종들의 각각 어떻게 장사한 것을 알고자 하여 저희를 부르니 그 첫째가 나아와 가로되 주여 주의 한 므나로 열 므나를 남겼나이다 주인이 이르되 잘 하였다 착한 종이여 네가 지극히 작은 것에 충성하였으니 열 고을 권세를 차지하라 하고 그 둘째가 와서 가로되 주여 주의 한 므나로 다섯 므나를 만들었나이다 주인이 그에게도 이르되 너도 다섯 고을을 차지하라 하고 또 한 사람이 와서 가로되 주여 보소서 주의 한 므나가 여기 있나이다 내가 수건으로 싸 두었었나이다 이는 당신이 엄한 사람인 것을 내가 무서워함이라 당신은 두지 않은 것을 취하고 심지 않은 것을 거두나이다 주인이 이르되 악한 종아 내가 네 말로 너를 판단하노니 너는 내가 두지 않은 것을 취하고 심지 않은 것을 거두는 엄한 사람인 줄을 알았느냐 그러면 어찌하여 내 은을 은행에 두지 아니하였느냐 그리하였으면 내가 와서 그 변리까지 찾았으리라 하고 곁에 서있는 자들에게 이르되 그 한 므나를 빼앗아 열 므나 있는 자에게 주라 하니 저희가 가로되 주여 저에게 이미 열 므나가 있나이다 주인이 가로되 내가 너희에게 말하노니 무릇 있는 자는 받겠고 없는 자는 그 있는 것도 빼앗기리라 그리고 나의 왕 됨을 원치 아니하던 저 원수들을 이리로 끌어다가 내 앞에서 죽이라 하였느니라

1. 달란트의 비유와 무엇이 어떻게 다른가?

난제 해석

1] 므나의 비유도 첫째는 당시 이스라엘의 예수님을 영접한 자와 예수님을 영접하지 않은 자를 대상으로 하여 비유로 말씀 하시는 것은 27절의 '그리고 나의 왕 됨을 원치 아니하던 저 원수들을 이리로 끌어다가 내 앞에서 죽이라 하였느니라' 라고 말씀을 하셨으므로 금방 알 수 있다.

2] 또 다른 계시의 말씀은 오순절 기간에 예수님을 영접한 성도들의 믿음을 가지고 행하는 삶에 대하여 비유로 말씀하시는 것이다.

믿음은 누구에게나 받을 자에게 똑같이 주신다. 다만 믿음이 그 사람에게 임하였을 때 하나님께서 강제하지 않으시고 그 사람이 몸에 가지고 태어난 것에다 겸하여서 주시는 것이니까 임하신 후에 양과 모양이 사람마다 달라질 뿐이다.

그래서 예수님께서 열 사람에게 똑같이 한 므나씩을 주셨다고 말씀하신 것이다.

그러나 똑같은 믿음을 가지고 이윤을 많이 남긴 자와 적게 남긴 자의 상급은 남긴 만큼 차이가 있다는 것을 고을의 권세를 받는 것으로 자세하게 알려 주시는데 이 비유는 곧 하나님께서 예수님 안에서 주신 믿음에는 자라는 생명이 함께 있다는 것을 알려 주시기 위하여서인 것이다.

즉 성도가 하나님께로부터 예수님 안에서 받은 영적 천국의 새 생명의 삶을 이 땅에서 살면서 예수님과 동행하며 하나님께서 주신 달란트들을 주신 믿음으로 잘 사용하고 살면 잘 사용한 만큼 사용한 그 땅에서 권세를 누린다는 것이며 믿음은 사용한 만큼 또 자라서 더 많은 고을 권세를 받을 수 있게 된디는 말씀이다.

즉 받아 태어난 달란트를 가지고 하나님께서 주신 영적 하나님의 땅에서 잘 사용을 하고 살면 하나님께서 성도가 예수님의 이름으로 하나님의 영광을 위하여 사용한 그 곳에 하나님께서 강림 하시어서 성도로부터 영광을 받으신 만큼 성도가 권세를 누릴 수 있게끔 하여 주시고 또 더 큰 권세를 누릴 수 있도록 믿음을 더하여 주셔서 더 많은 고을 권세를 받게 하여 주신다 는 비유의 말씀이다.

3] 27절 '그리고 나의 왕 됨을 원치 아니하던 저 원수들을 이리로 끌어다가 내 앞에서 죽이라 하였느니라' 라고 말씀하시는 것은 곧 당시에 이스라엘에 예수님을 배척하는 사람들을 말씀하시는 것이다.

30. 하늘과 땅의 권세와 세례

(마 28:18-19)

예수께서 나아와 일러 가라사대 하늘과 땅의 모든 권세를 내게 주셨으니 그러므로 너희는 가서 모든 족속으로 제자를 삼아 아버지와 아들과 성령의 이름으로 세례를 주고 내가 분부한 모든 것을 가르쳐 지키게 하라 볼찌어다 내가 세상 끝 날까지 너희와 항상 함께 있으리라 하시니라.

? 제기되는 난제

1] 하늘과 땅의 권세란 무엇을 말씀하시는 것인가?

2] 세례를 주라 하시면 누구나 세례를 줄 수 있나?

3] 세상 끝 날까지 어떻게 성도와 함께 계시나?

 ## 난제 해석

예수님께서 말씀하신 하늘의 권세에 대하여 알아보기로 하자.

1] 하늘의 권세란 영적인 권세를 말씀하심이다. 즉 하나님의 예수님 안에
   있는 인간 영혼 구원의 계획 안에서 성령의 역사 하심으로 말미암아 하
   나님의 아들로 택함을 받아 하나님의 아들이 되어 예수님과 같은 권세
   를 받은 것이 곧 하늘의 권세이다.[요 1:12]

하나님의 아들이 되어 예수님과 같은 권세를 받음으로 말미암아 예수님
과 같이 천사들을 부릴 권세를 얻게 된 것이며 [히 1:14] [마 4:11] 또 예수
님과 같이 하나님의 잃어버린 양을 찾아 죽은 영혼들에게 새 생명을 줄 권
세를 받은 것이다.

[막 1:38, 요 20:23]

흑암의 권세를 제어할 권세를 받은 것이다.

[막 16:17-18] [눅 10:19-20]

[참고해설] = 막 16:17-18 에 '저희가 내 이름으로 귀신을 쫓아내며 뱀
을 집으며 무슨 독을 마실지라도 해를 받지 아니하며' 라고 말씀하신 것은
귀신을 쫓아내는 권세 즉 흑암의 세력을 제어할 수 있는 권세를 받았음을
의미하며 이는 세상의 어떠한 종교의 교리나 유혹이라도 능히 제어할 수
있는 권세를 받았음을 의미하는 것이다. 즉 흑암의 권세 위에 있는 더 큰
권세를 말한다.

다음으로 뱀을 집으며 무슨 독을 마실지라도 해를 받지 아니 하리라. 라

는 말씀은 세상의 어떤 가르침이나 종교의 어떤 교리를 듣더라도 성도를 해할 수 없음을 의미하는 것이다.

즉 주님께서 주신 구원은 세상에 그 어떠한 세력이라도 해하거나 다시 빼앗아 갈 수가 없다는 것이다.[요 10:28-30]

[뱀을 집으며 무슨 독을 마실지라도. 라는 말씀은 진짜 뱀이나 독약을 말씀하는 것이 아니고 다른 종교의 교리나 귀신을 부리는 미신 등을 말씀하시는 것이다]

성경에 마신다는 것과 먹는다고 표현된 것은 곧 어떠한 행위를 의미한다. 즉 사람은 어떤 행위를 하느냐에 따라서 그 행위의 열매를 먹고 살기 때문이다.[롬 14: 1-3][잠 1:31. 31:31]

[눅 10:19]의 말씀도 뱀과 전갈을 밟을 권세는 역시 흑암의 세력이나 광명을 가장한 어떠한 흑암의 세력이라도 또 세상의 어떠한 유혹이라도 발로 밟아 뭉개듯 제어할 수 있다는 말씀이다. 즉 눈에 보이지는 않지만 존재하는 악한 모든 세력을 제어할 권세를 받았음을 말씀하시는 것이다.

이것이 곧 하늘의 권세를 말씀하시는 것이다. 그러나 흑암의 권세 역시 뱀이나 전갈과 같이 무섭다는 것을 아울러 알려 주시는 말씀이다.

예수님이 이 땅에 오시어서 많은 기적을 행하실 때 귀신을 쫓아내고 또 귀신에 잡혀있는 소경 귀머거리 벙어리 앉은뱅이 문둥이 등을 고치신 것은 당신의 자녀들이 다음에 당신 안에서 받을 영적 권세를 예표로 보여 주시는 것이며 동시에 이스라엘의 잘못된 죄의 사고 관념을 깨우쳐 주시기 위한 것이다.

즉 장차 당신의 자녀들이 당신의 말씀을 가지고 영적으로 흑 암의 세력에 잡혀있는 자들을 구원하실 것을 예표로 보여 주시기 위하여 문둥이 귀머거리 귀신들린 자 중풍병자들을 특히 많이 고치시고 '네 죄 사함을 받았느니라' 라고 말씀하시든지 아니면 네 믿음이 너를 구원하였느니라. 라고 말씀을 하신 것이다.[마 9:22. 마 9:2. 막 2:10. 5:20]

예수님께서 이렇게 병든 자와 여러 가지 선천적으로 장님 귀머거리 된 자들을 고치시고 이렇게 말씀하시는 것은 곧 문둥이나 귀머거리 앉은뱅이 벙어리 등이 불쌍하여서 고쳐 주시는 것도 있지만 예수님의 원뜻은 유대인의 잘못된 죄의 관념[유대인은 문둥병자나 벙어리 귀머거리 앉은뱅이 같은 병자들을 하나님께 저주 받은 죄인이기 때문에 그런 병이 걸리거나 태어나는 것이라고 믿었다]을 깨우쳐 주시고 당신이 곧 죄를 사하여 주실 메시아라는 것을 알려 주시기 위하여 병자들을 고쳐 주시며 꼭 그렇게 말씀을 하셨던 것이다.

그래서 요한이 제자들을 보내어 예수님께 여짜오되 '오실 이가 당신이니이까' 하고 여쭈니까 [눅 7:19] 예수님께서 대답하시기를 소경이 보고 앉은뱅이가 걸으며 문둥이가 깨끗함을 받으며 귀머거리가 들으며 죽은 자가 살아나며 가난한 자에게 복음이 전파 된다 하라. 누구든지 나로 인하여 실족하지 않는 자는 복이 있도. 라고 전하라고 말씀하신다.

이 말씀은 곧 예수님께서 죄를 사하여 주시고 새 생명을 주실 분이시라는 것을 알려 주시는 것이다.

마지막으로 의로운 자라 칭함을 받음으로 하나님의 자녀가 되어서 이미 천국을 소유하였으며 또 심판을 받지 않고 하늘의 천국을 갈 수 있게 된 권세이다. [빌 3:9. 요 3:18. 5:24]

2] 땅의 권세란 무엇인가?

땅의 권세는 곧 아담과 하와가 에덴동산에서 잃어버린 권세를 말씀하시는 것이다.[창 1:28] 하지만 이 권세 또한 영적인 권세라 할 수 있다.

첫째, 생육하고 번성하여 땅에 충만하라는 말씀은 곧 세상에서 살면서 하나님의 생기를 받은 자들을 보고 말씀하시는 것이다. 즉 결혼하여 하나님의 생기를 받은 자를 많이 낳아서 널리 퍼지게 하라는 말씀이 그 하나이며 영적으로는 하나님의 말씀을 세상에 편만하게 하여 영적인 자녀들을 세상에 많이 낳으라는 말씀이다.[막 16:15. 행 1:8.]

둘째. 땅을 정복하라는 말씀은 세상의 악한 것들을 하나님의 말씀으로 싸워서 제어하라는 말씀이다.

즉 흑암의 세력이 이 땅에서 행하는 것들을 하나님께서 주시는 하늘의 권세를 사용하고 또 영적인 무기들을 사용하여서 이기고 승리하여 하나님의 나라를 확장하라는 말씀인 것이다.

[엡 6:10-18]

셋째. 바다의 고기와 공중의 새와 땅에 기는 움직이는 모든 생물들을 다스리라는 말씀은 세상에 살고 있는 모든 민족들 즉 어떤 종족이든 모두에게 하나님의 말씀을 전하여 가르치고 말씀대로 지켜 행하게 하라는 말씀이다.

[창조 역사 속의 비밀. 참조]

하나님의 자녀는 이미 하나님께로부터 받을 권세를 다 받았다. 이는 곧 하나님의 말씀으로 세상을 정복하는 권세이다.

즉 하나님의 말씀을 온 세상에 전파하는 권세를 받은 것이다.

예수님을 영접하지 않은 사람들은 하나님의 말씀을 전파하고 싶어도 할 수가 없는 것이니 하나님의 말씀을 전파할 수 있는 권세를 받은 하나님의 자녀들은 하나님께로부터 특별한 권세를 받은 것이다. 즉 아무나 받고 싶어도 받을 수가 없는 권세를 하나님께로부터 받은 것이다. 또한 예수님의 이름으로 남을 축복할 수 있는 축복의 권세를 또한 받았다.[마 10:12]

그래서 예수님께서 말씀하시기를 하늘과 땅의 모든 권세를 내게 주셨으니 그러므로 너희는 가서 모든 족속으로 제자를 삼아 가르치고 세례를 주라고 말씀하신다. 이 말씀은 곧 예수님과 한 몸이 된 성도들은 예수님과 같은 권세를 받은 것이니 가서 모든 족속으로 제자를 삼아 아들과 아버지와 성령의 이름으로 세례를 주라고 말씀을 하시는 것이다.

이는 곧 예수님의 하신 일을 믿고 구원을 받아 새 생명을 받은 성도는 예수님에 대하여 알고 배우고 한 것을 아직 예수님을 모르는 사람들에게 찾아가서 받은 권세를 사용하여 새 생명을 얻게 하고 또 제자를 삼아 배운 것을 가르치라는 말씀이다.

[행 1:8] [요 14:16,20]

영적 성령 세례는 말씀을 듣는 자가 믿음이 임할 때 성령님께서 함께 임하시는 것이다. 즉 성령 세례를 받은 자가 다음 물 세례를 받게 되는데 이 물 세례는 교회에서 주일 예배를 인도하는 목사님의 역할이 구약의 제사장의 역을 담당하시는 것이므로 담임 목사님께서 베풀어야 하는 것이

다.[엡 4:11-12]

교회의 각 직책은 협력하여 예수님의 몸을 세우는 것이지만 각자 맡은
직책이 다르므로 교회의 질서를 깨트리는 행위를 하여서는 안 된다. 하나
님은 어지러움의 하나님이 아니시고 질서의 하나님이시다.[고전 14:33]

3] 세상 끝 날까지 항상 함께 하신다고 하시는 말씀은 예수님께서 성령
   으로 함께 하시어서 이 땅에서나 천국에서나 언제든지 항상 함께 하시
   겠다는 약속의 말씀인 것이다. 그렇게 성도를 성전삼고 함께 동거 동
   락하시면서 당신이 택한 자녀가 천국에 이를 때까지 함께 하시며 하나
   님의 나라를 세워 나가시겠다 는 말씀인 것이다.[고전 3:16, 6:19, 빌
   2:13]

따라서 하늘과 땅의 모든 권세를 내게 주셨으니 그러므로 너희는 가서
모든 족속으로 제자를 삼아 아버지와 아들과 성령의 이름으로 세례를 주
고 내가 가르친 모든 것을 가르쳐 지키게 하라. 라고 말씀 하신 것은 곧
예수님을 영접함으로 받은 하늘의 권세와 회복한 땅의 권세를 가지고 나
가서 하나님의 인간 영혼 구원의 계획인 예수님의 행하신 복음을 세상의
모든 민족에게 전파할 때 말씀을 듣고 한 사람이 성령을 받게 되면 이는
곧 성령을 받은 사람이 삼위 일체 하나님인 예수님으로 인하여 영적 세례
를 받고 하나님의 나라를 부여 받은 것이니 이 사건이 곧 전도를 하는 사
람이 성부와 성자와 성령의 이름으로 세례를 주라 라고 하신 말씀이 이루
어지는 것이다.

(주의)

[창 1:28]의 생육하고 번성하여 땅에 충만 하라. 정복하고 다스리라. 라고 말씀하시는 것은 성도의 눈에 보이는 세상의 것들을 다스리라는 말씀이 아니라 영적 하나님의 나라를 잘 전파하고 다스리라는 말씀이다. 그런데 아담과 하와가 하나님의 말씀을 듣지 않고 사단의 속삭임을 들음으로 이 하나님의 나라를 건설할 모든 권세를 소멸하게 된 것이다. 이러한 사건도 하나님께서는 창세전 이미 아시었기 때문에 타락한 인간의 영혼을 구원하시기 위하여 예수님을 중심에 세우시고 인류 영혼 구원의 역사를 시작하신 것이다.

이 인류 영혼 구원의 계획을 창세전에 이미 세우시고 시대를 따라 선지자들을 부르셔서 그 계획을 알려 주시고 기록하게 하신 것이 곧 성경이다. [창세기 해설 참조]

31. 지팡이와 옷의 의미

(막 6:8-9)

명하시되 여행을 위하여 지팡이 외에는 양식이나 주머니나 전대의 돈
이나 아무것도 가지지 말며 신만 신고 두벌 옷도 입지 말라 하시고

(마 10:9-10)

너희 전대에 금이나 은이나 동이나 가지지 말고 여행을 위하여 주머니
나 두벌 옷이나 신이나 지팡이를 가지지 말라 이는 일군이 저 먹을 것 받
는 것이 마땅함이니라

(눅 9:3)

이르시되 여행을 위하여 아무것도 가지지 말라 지팡이나 양식이나 돈
이나 두벌 옷을 가지지 말며

❓ 제기되는 난제

1] 팔레스타인 지역은 아주 더운 지역인데 두벌 옷도 가지지 말고 신도 신
   지 말라 하시면 어떻게 다니란 말씀인가?

2] 지팡이, 신, 옷은 무슨 뜻이 있는가?

1] 첫째. 마가. 마태. 누가. 이 세 사람이 똑 같은 내용을 기록한 것 같지만 내용이 요구하는 것은 아주 많이 다르다. 전도 여행을 할 때에 물질 등을 걱정하지 말고 오직 주님만 의지하고 다니라는 말씀의 내용은 똑 같다.

그러나 말씀의 내용 중에 사용된 물질 중에 마가는 지팡이를 가지고 다니고 다른 것은 가지지 말라고 기록을 하였기 때문에 전체의 요구하는 내용이 아주 달라지는 것이다.

우선 지팡이에 대하여 먼저 알아보자.

예수님께서 당시 말씀하실 때에는 베드로나 안드레 야고보나 요한이 모두 나이가 많아야 30-40대이다.

왜냐하면 요한이 밧모섬에서 '요한 계시록'을 기록할 때가 AD. 90년경이었다.

그러면 요한이 90-100세를 살았다고 하더라도 역시 예수님과 동행할 때에는 약 30대로 보아야 할 것이다. 따라서 베드로와 안드레가 형제요. 요한과 야고보가 형제이니 나이가 별로 차이가 없다고 봐야 한다.[마 10:2] 그런데 왜 예수님께서는 전도를 지시하시면서 제자들이 지팡이를 짚고 다닐 나이도 아닌데 왜 꼭 지팡이를 가지고 다니라고 말씀하셨나를 살펴 보자.

[참고로 당시에 광야나 사막의 불 뱀 같은 것이 무서워서 지팡이를 많이 가지고 다니기는 했다. 그러나 예수님께서 전도의 말씀을 하시면서 들짐승으로부터 몸을 보호하게 하기 위하여 지팡이를 꼭 가지고 다니라고 하신 말씀이 아닌 것을 금방 알 수 있다]

지팡이는 하나님의 말씀을 의미한다는 것을 이미 설명하였다.[시 89:32] [예. 출 4:20 = 하나님의 지팡이로 모세가 애굽에서 기적을 일으키고 그들이 섬기는 애굽의 신들을 물리친 것은 곧 하나님의 말씀으로 모든 흑암의 세력을 물리칠 수 있다 라는 것을 계시적으로 알려 주시는 예표이다]

따라서 막 6:8에서 '지팡이 외에는 아무것도 가지지 마라' 말씀 하시는 것은 말씀인 예수님만 의지하고 전도 여행을 하라는 말씀인 것이다. 그러면 먹을 것과 입을 것을 주님께서 책임을 져 주시겠다는 말씀이다.

다음으로 '신만 신고 두벌 옷을 가지지 말라' 하신다.
이 말씀은 곧 신은 복음을 의미한다.[엡 6:15]
[출 12:11] = 허리에 띠를 띠고. 발에 신을 신고. 지팡이를 잡고 급히 먹으라 이것이 여호와의 유월절이니라.[이 말씀은 곧 허리에 진리의 띠. 발에 복음의 신발. 말씀의 지팡이를 잡고 양 고기 구운 것을 빨리 먹으라 하시는 것은 예수님을 영접한 자들은 지체하지 말고 복음을 전파하라는 말씀이다] [출애굽기 해설 참조]
그러므로 '신만 신고'라고 '만'으로 강조하신 것은 하나님의 말씀 외에 다른 말씀은 절대 갖지 말고 오직 예수님의 복음만 가지고 말씀만 의지하고 다니라는 것이다.

두벌 옷을 가지지 말라. 하시는 말씀은 곧 종교적인 교리나 믿음을 하나만 가지고 있으라는 말씀이다.

즉 옷은 어떠한 권세를 의미하는데 하나님의 말씀으로 옷을 입었으면 다른 옷을 입지 말라는 말씀인 것이다.[예. 출 28:4] = 제사장의 옷. 이 옷은 곧 장차 하나님의 자녀가 되어 제사장의 직분을 받고 성령으로 인침 받고 혼인 식장에 들어갈 결혼 예복을 예표로 말씀하시는 것이다.[엡 1:13] [마 22:11]

그러므로 두벌 옷을 갖고 다니지 말라는 말씀은 다른 어떠한 종교의 교리 같은 것으로 옷을 입지 말고 오직 예수님의 말씀으로만 옷을 입고 다니라는 말씀인 것이다.[롬 13:14]

하나님께서 엘리야를 통하여 엘리사를 부르실 때 엘리야가 엘리사에게 자신의 옷을 엘리사의 몸에 얹는다. 이는 곳 내가 하나님께로부터 받은 권세를 하나님께서 모두 너에게 주신다는 의미이다.[왕상 19:19]

3] [막 6:8-9]의 말씀은 영적인 면의 계시적인 것이며 특히 오순절 기간에 전도자가 명심하여야 할 것을 계시하신 것이다. [마 10:9-10]에 주머니나 두벌 옷이나 신이나 지팡이를 가지지 말고 또 [눅 9:3]에 지팡이나 양식이나 돈이나 두벌 옷을 가지지 말고 라고 기록하신 것은 전도자가 육적인 것을 걱정 하지 말고 예수님만 의지하고 다니라는 말씀인 것이다.

[딤전 5:18, 딤후 2:6]

32. 옷자락에 손을 대게 하신 이유와 병 고침 과 믿음

(막 6:56) (마 14:36)

아무데나 예수께서 들어가시는 마을이나 도시나 촌에서 병자를 시장에 두고 예수의 옷가에라도 손을 대게 하시기를 간구하니 손을 대는 자는 다 성함을 얻으니라.

(막 5:25. 28-29.34) (마 9:20-22)

열두 해 혈루증으로 앓는 한 여자가 있어. 이는 내가 그의 옷에만 손을 대어도 구원을 얻으리라 함일러라. 이에 그의 혈루 근원이 곧 마르매 병 이 나은 줄을 몸에 깨달으니라. 예수께서 가라사대 딸아 네 믿음이 너를 구원 하였으니 평안히 가라. 네 병에서 놓여 건강할지어다.

 난제 해석

1] 전 장의 해설에서 소경. 귀머거리. 벙어리. 앉은뱅이. 귀신 들린 자 등 을 왜 고치셨나 하는 그 이유를 설명을 하였다.

병을 고치시면서 꼭 네 믿음이 너를 구원하였다.[마 9:22. 눅 7:50] 네 믿음대로 될지니라.[마 8:12]

네 소원대로 될지니라.[마 15:28]

내가 원하노니 깨끗함을 받으라.[마 8:3] 라고 말씀하신다.

예수님께서 이렇게 말씀하시는 것은 예수님으로 말미암아 병 고침을 받은 자들은 병뿐만이 아니라 죄까지 사함을 받았다는 말씀인 것이다.

또 이렇게 말씀하시는 것은 장차 인간이 당신으로 인하여 죄 사함을 받고 믿음으로 말미암아 영혼이 구원을 얻을 것을 알려 주시는 메시지이며 당신이 이 땅에 하나님의 인간 영혼 구원의 계획을 따라 내려오신 메시아이라는 것을 알려 주시는 것이다.

2] 먼저 설명 한대로 예수님은 하나님의 인간의 영혼 구원 계획을 따라 인간들의 죄를 대속하시기 위한 대속의 양으로 오셨지만 궁극적인 목적의 하나는 이 땅에 복음 전도를 하러 오신 것이다.[막 1:38]

하나님의 뜻인 전도를 하며 또 당신이 하나님의 계획 안에 인간에게 영혼 구원을 줄 메시아라는 것을 나타내시어야 하기 때문에 꼭 그렇게 행하시고 말씀을 하시는 것이다.

3] 또 예수님의 사역 중에서 구약에 계시된 당신의 의무나 사명 등을 공생애 동안에 완수를 하셔야 된다는 것을 해설하였다.

그러므로 병을 고치는 사건 중에서도 특히 두 가지 종류의 사건은 아주 큰 의미를 갖는다.

첫째, [마 15:22-28]의 사건인데 이 사건은 한 사람의 믿음으로 다른 사람이 구원을 얻는 상황을 나타내시는 것이다.

즉 내 믿음으로 인하여 온 집안이 또 내 이웃이 구원을 얻을 것을 계시하시는 것이다.[행 16:31]

둘째, [막 2:5]의 중풍병자의 사건과 [마 8:12]의 백부장의 사건도 역시 내 믿음으로 다른 사람이 구원을 얻을 것을 예표로 보여 주시는 것인데 특히 사랑이 있는 믿음으로 남을 구원을 할 것을 예표로 보여 주시는 것이다.[본문. 막 6:56]

4] 예수님의 옷 가에 만이라도 손을 대면 고침을 받을 것이라는 믿음의 행위는 무엇을 의미하는가?

이 사건 역시 예수님께서 구약에 계시된 당신에 대한 계시를 이루시기 위하여서 꼭 그렇게 하셔야만 하는 것이다.

첫째. [출 29:37]에 '단'에 접촉하는 것이 다 거룩하리라. 라고 하신 말씀은 곧 성막과 단은 전체적인 예수님의 사역의 근본 이요. 바탕이며 몸체이시다.

모든 예수님의 사역의 계시가 성막과 단과 연결되어 계시되어 있다. 그러므로 이 '성막과 단' 은 예수님을 의미하므로 '단' 에 접촉하는 것이 거룩하여 지리라' 하시는 것은 곧 장차 예수님과 믿음을 가지고 접촉된 자들은 다 거룩하여질 것을 계시하시는 것이다. 그러므로 예수님께서 이 땅에 오셔서 이 계시의 사건을 이루시어야만 하는 것이다. 그래서 당신의 옷 가에 손을 대게 하사 병을 낫게 하시고 또 죄 사함의 구원의 말씀을 하시는 것이다.

둘째. [출 30:29. 레 6:27]의 말씀은 구원의 전체적인 계시로 예수님의 말씀 안에서 또는 예수님의 대속의 사역 안에서 예수님과 접촉되는 모든 사람이 구원을 얻을 것이라는 구약의 계시이다.

그러므로 예수님께서 구약의 계시들을 이 땅에 계시는 동안에 이루셔야만 하기 때문에 병인들을 데리고 와서 예수님의 말씀을 들을 수 있는 근처에 놔두게 하시고 데리고 온 자들이 예수님의 옷자락을 대신 만져도 병자가 나음을 입는 역사가 일어나게 하신 것이다.[막 6:56]

[옷자락에 손을 대는 것이나 믿음으로 예수님 앞에 앉아서 말씀을 듣는 접촉이나 오순절 기간에 말씀을 들을 때 성령의 역사로 예수님과 접촉되는 것이나 예수님과 접촉이 되는 것은 모두 같은 의미이다. 왜냐하면 말씀이 곧 예수님이시기 때문이다]

33. 예수님은 왜 침이나 물 또는 흙과 말씀으로 병을 고치시며 귀신을 쫓아 내시나?

(막 7:31-35)

예수께서 다시 두로 지경에서 나와 시돈을 지나고 데가볼리 지경을 통과하여 갈릴리 호수에 이르시매 사람들이 귀먹고 어눌한 자를 데리고 예수께 나아와 안수하여 주시기를 간구하거늘 예수께서 그 사람을 따로 데리고 무리를 떠나사 손가락을 그의 양 귀에 넣고 침 뱉어 그의 혀에 손을 대시며 하늘을 우러러 탄식하시며 그에게 이르시되 에바다 하시니 이는 열리라는 뜻이라 그의 귀가 열리고 혀의 맺힌 것이 곧 풀려 말이 분명하더라.

(막 8:22-25)

벳세다에 이르매 사람들이 소경 하나를 데리고 예수께 나아와 손 대시기를 구하거늘 예수께서 소경의 손을 붙드시고 마을 밖으로 데리고 나가사 눈에 침을 뱉으시며 그에게 안수 하시고 무엇이 보이느냐 물으시니 우러러 보며 가로되 사람들이 보이나이다 나무 같은 것들의 걸어가는 것을 보나이다. 하거늘 이에 그 눈에 다시 안수 하시매 저가 주목하여 보더니 나아서 만물을 밝히 보는지라.

(요 9:2-7)

제자들이 물어 가로되 랍비여 이 사람이 소경으로 난 것이 뉘 죄로 인함 이오니까 자기오니까 그 부모 오니까 예수께서 대답 하시되 이 사람이 나 그 부모가 죄를 범한 것이 아니라 그에게서 하나님의 하시는 일을 나 타내고자 하심이니라 때가 아직 낮이매 나를 보내신 이의 일을 우리가 하여야 하리라 밤이 오리니 그때는 아무도 일할 수 없느니라 내가 세상 에 있는 동안에는 세상의 빛이로라 이 말씀을 하시고 땅에 침을 뱉어 진 흙을 이겨 그의 눈에 바르시고 이르시되 실로암 못에 가서 씻으라 하시 니(실로암은 보내심을 받았다 라는 뜻) 이에 가서 씻고 밝은 눈으로 왔 더라.

(마 9:32-33)

저희가 나갈 때에 귀신들려 벙어리 된 자를 예수께 데려오니 귀신이 쫓 겨나고 벙어리가 말 하거늘 무리가 기이히 여겨 가로되 이스라엘 가운 데서 이런 일을 본 때가 없다 하더라.

(마 12:22)

그때에 귀신들려 눈 멀고 벙어리 된 자를 데리고 왔거늘 예수께서 고쳐 주시매 그 벙어리가 말하며 보게 된지라

(막 9:25)

예수께서 무리의 달려 모이는 것을 보시고 그 더러운 귀신을 꾸짖어 가 라사대 벙어리 되고 귀먹은 귀신아 내가 네게 명 하나니 그 아이에게서 나오고 다시 들어가지 말라 하시매

(눅 11:14)

예수께서 한 벙어리 귀신을 쫓아내시니 귀신이 나가매 벙어리가 말하 는지라 무리들이 기이히 여겼으나.

1. 예수님은 병을 고치시면서 왜 침과 물과 흙을 사용하시어 병을 고치시며 또 어떤 때는 말씀으로만 고치시나?

 난제 해석

1] 우선 이 난제를 해설을 하려면 먼저 예수님의 권세를 알고 또 하나님의 인간 영혼 구원의 계획 안에서 구약에 계시된 예수님의 사명들을 알아야 한다.

2] [창 1:2]의 '창조 역사 속의 비밀'을 읽으신 분은 이 [창 1:2]의 말씀이 [요 1:1-4. 14.]과 연결된 것을 이미 알고 있을 것이다. 즉 예수님은 창세전 이미 하나님의 인류 영혼 구원의 계획과 함께 하나님과 함께 하셨다.

즉 첫째 날 새 생명의 '빛'을 창조하시기 이전 하나님과 삼위일체로 함께 계셨던 것이다.

3] 즉 [창 1:2]의 말씀에 '물'이 곧 생명의 말씀이다. 이 생명의 말씀으로 인하여 나오게 된 것이 첫 번째 창조인 새 생명의 '빛'이다. 곧 말씀에서 빛이 나온 것이니 말씀이 곧 새 생명의 '빛'인 것이다. 그러므로 예수님은 곧 말씀이요 말씀을 통하여 새 생명을 주실 생명의 '빛'이신 것이다.

4] 다음으로 예수님께서는 하나님의 인간의 영혼 구원 계획 안에서의 첫 인간을 창조하시는데 하나님과 함께 하신다.[창 1:26] 이때 인간을 창조하실 때 흙을 빚어서 사람을 지으신다.[창 2:7]

흙을 빚어서 사람을 지으셨다는 것은 물과 흙으로 빚으셨다는 것이니 곧 물과 흙으로 사람을 창조하신 것이다.[요 1:9]

5] 이 창조의 사건을 영적으로 다시 설명하면 [창 1:2]에서 설명하였듯이 '땅'은 곧 예수님으로 말미암아 장차 도래할 영적인 '하나님의 나라'를 말씀하시는 것이오. '물' 은 곧 하나님께서 예수님으로 말미암아 인간에게 새 생명을 줄 생명의 말씀 즉 생명수 샘물을 말씀하시는 것이오. 물 위에 운행하시는 하나님의 영은 곧 성령님으로서 장차 말씀을 통하여서 인간들에게 새 생명을 주시고 영원히 함께하실 예수님의 영인 것이다.[갈 4:6] 따라서 예수님은 곧 알파와 오메가요 길이요 진리요 생명인 것이다.[요 14:6]

6] 예수님은 이 땅에 하나님의 인간 영혼 구원의 계획을 실행하러 오실 때 하나님의 모든 능력과 권세를 다 가지고 오신 것이다.[요 14:9] [마

11:27] [요 10:29-30]

본문의 해설을 하기 위하여 예수님에 대하여 간단히 설명하였다. 이제 본문에 대하여 자세히 살펴보자.

7] 위에 본문들을 잘 살펴보면 병자나 귀신들린 자들을 고치시는데 하나는 말씀으로 명령만 하시어서 고치시고 하나는 침을 뱉어서 고치시든지 아니면 물과 흙을 사용하시어서 고치시는 것을 보게 된다.

고치시는 내용을 잘 살펴보면 선천적이지 않은 소경이나 벙어리 귀머거리는 말씀으로 고치시는데 귀신들린 자를 고치실 때는 말씀으로 명하여 쫓아내시고 고쳐 주신다. 그리고 선천적인 소경이나 벙어리 귀머거리는 침과 흙을 사용하여서 고치시는 것을 알 수 있다.

선천적이지 않은 소경이나 귀머거리 벙어리는 즉 살아오는 동안에 흑암의 세력에 붙잡혀서 걸린 병이니까 말씀으로 흑암의 세력만 쫓아내면 고쳐지는 것이며 이것은 곧 빛이 흑암에 비취면 흑암의 세력이 물러가서 흑암의 권세에 잡혀있는 자를 광명의 나라로 옮기시는 빛으로 오신 주님의 말씀의 권세를 나타내시는 것이다.

선천적으로 소경 귀머거리 벙어리 된 자들은 왜 침을 발라서 고치시든지 아니면 흙을 침으로 개어 발라서 고치셨나 하는 것은 곧 창조에 속한 문제이기 때문이다.

즉 태어날 때부터 선천적인 것이기 때문에 예수님은 창조의 원리를 이용하여서 고치시는 것이다.

자세히 설명하자면 침은 예수님의 입에서 나오는데 이는 말씀인 물에 해당하며 또 침은 예수님의 입에서 나왔으니 곧 예수님 자신인 것이다. 즉 첫 사람의 창조 때에도 예수님이 동참 하시고 물을 사용하시어 인간을 지으신 것이므로 침은 곧 말씀을 의미하며 따라서 주님의 입에서 나오는 침은 곧 흙으로 첫 사람을 빚은 말씀의 물을 의미한다.

예수님의 침은 새 생명의 물을 의미한다. 예수님의 옆구리를 찌르니 물과 피가 나왔다[요 19:34]는 것은 곧 물과 피로 거듭나야[말씀과 성령의 역사] 함을 말씀하심이니 예수님께서 당신의 몸을 의미하는 물을 사용하시려니 침을 사용하신 것이고 또 이스라엘이 잘못 이해하고 사용하고 있는 침에 대하여 알려 주시기 위하여 침으로 병을 고치시는 것이다.
[이스라엘은 죄를 지은 사람이나 부끄러운 짓을 한 사람에게 죄인이라는 뜻으로 침을 뱉으며 경멸하였다] [민 12:14. 신 25:19]

다시 간단히 알기 쉽게 말하자면 선천적인 것은 태어나면서부터 즉 어머니 뱃속에서부터 잘못 되어 태어나는 것이니 창조가 잘못된 것에 속한다고 볼 수가 있는 것이다.
그래서 예수님께서 부모의 죄로 인하여도 아니요. 본인의 죄로 인하여도 아니고 하나님의 영광을 나타내기 위함이라고 말씀 하시며 창조의 원리를 이용하시어서 고쳐주시는 것이다.
[어눌한 말을 하는 자와 귀먹은 자를 고치실 때 예수님께서 손가락을 귀에 넣기만 하고 다시 손가락에 침을 발라 어눌한 자의 혀에 댄 것은 곧 벙어리는 자연 귀가 먹게 되어 있다. 그러므로 벙어리만 풀리면 귀는 자연히 풀리는 것이다. 그래서 혀에만 침을 발라 고치시는 것이다]

그럼 하나님께서 고쳐 주시고 영광을 받으시기 위하여서 일부러 그렇게 태어나게 하셨단 말인가?

그러나 예수님의 말씀은 그런 말씀이 아니다.

첫째. 인간의 선천적인 병은 하나님의 강제적인 섭리가 아니라 유전적인 것이 많다. 이는 유전자 속에 어떤 특정 부분의 약한 성분을 가지고 조상 때부터 이어져 내려오는 것인데 이것이 어떤 사람에게는 나타나고 같은 혈통인데도 어떤 사람에게는 안 나타나고 하는데 이것은 부부간의 섞이는 유전자와도 관계가 있고 또 그 사람이 태어난 시점의 우주에서 그 사람에게 미치는 기운과도 관계가 있다.

따라서 유전적인 병들은 곧 자연적인 현상이지 하나님의 특별한 섭리로 인하여서 생기는 것이 아니다는 것이다.

우주의 운행으로 인하여 형성되는 우주의 기운은 작게는 시시 각각으로 혹은 수천 년 혹은 수만 년을 주기로 크게 바뀌는데 이 때에 형성되는 우주의 기운은 인간의 심성과 체질 유전자 등에 커다란 영향을 미친다. 아주 크게 보면 인간의 영혼에도 아주 커다란 영향을 미친다.

8] 결론적으로 간단히 말하자면 선천적인 소경. 벙어리. 귀머거리는 창조의 원리를 사용하여서 고치시는 것이며 하나님의 영광을 나타내시고 또한 인간의 창조주가 하나님 되심을 나타내시는 것이다.

선천적이지 않고 후천적인. 소경. 벙어리. 귀머거리는 흑암의 권세에 매여 있는 것이기에 빛으로 오신 예수님의 말씀으로 고치셔서 또한 하나님의 영광을 나타내시며 당신이 말씀으로 이 땅에 오신 새 생명의 빛이신 구세주이심을 나타내시는 것이다.

9] 마지막으로 예수님께서 당신의 침을 사용하여서 고치시는 것은 곧 정한 것이 부정한 것을 물리칠 수 있다는 것을 알려 주시는 것이다. 즉 예수님은 부정한 것이 조금도 없으신 '정' 하신 분이고 반대로 소경. 벙어리. 귀머거리와 그 외에 예수님을 영접하지 않은 사람들이 부정하다고 말을 할 수 있는 것은 이들이 아직 영혼이 구원을 얻지 못한 상태이므로 부정한 사람이라 하겠다.

그래서 '정' 한 예수님의 침이 즉 '정한 말씀' 이 부정한 사람의 부정을 물리칠 수 있다는 것이다. 그래서 침으로 병을 고치시어서 당신께서 흠이 없고 '精 하신' 분이라는 것을 나타내시는 것이다.[레 15:8. 요일 1:5]

※ 왜 꼭 실로암 물로 닦아야 하나?

실로암 물에 가서 닦으라고 하시는 것은 곧 실로암은 '보내심을 받았다' 라는 뜻인데 이는 곧 하나님의 인류 영혼 구원의 약속을 따라 이 땅에 보내심을 받은 예수님을 의미한다.

따라서 실로암의 물은 곧 하나님의 말씀을 의미하므로 곧 예수님을 의미하는 것이다.

그러므로 예수님께서 '실로암 물에 가서 닦아라' 라고 말씀하시는 것은 곧 말씀의 물로 닦아 내라고 하시는 것이니 이는 영적으로 하나님의 말씀으로 영적 소경된 자들의 눈을 뜨게 하신다 는 계시의 말씀인 것이다.[마 11:5]

가장 중요한 한가지 메시지는 당시의 이스라엘이 가지고 있는 잘못된 믿음 중에 문둥병 들린 자. 소경. 귀머거리. 벙어리. 앉은뱅이. 등 각종 고치지 못하는 특이한 병 걸린 자들을 '죄인' 이라고 생각을 하였다.

즉 조상이나 본인이 하나님께 죄를 많이 졌기 때문에 그런 병에 걸리거나 병신으로 태어난다고 믿었던 것이다.

그래서 예수님께서는 그들의 잘못된 믿음을 알려 주시기 위하여 기적을 행하시며 고치시어 그런 것들이 죄로부터 온 것이 아니라는 것을 알려 주시기 위하여 물이나 말씀으로 고치시고 '네 죄 사함을 받았느니라' 라고 말씀하시는 것이다.

또 죄에 대하여는 예수님 자신을 하나님께서 인류의 죄를 대신 지시게 하시기 위하여 보내신 메시아임을 믿지 않는 것이 죄 라는 것을 알려 주시고 물 즉 당신이 인류의 죄를 씻어 정결케 하기 위하여 하나님께로부터 보내심을 받은 인간에게 새 생명을 주시는 '말씀의 물. 생명의 물' 이라는 것을 계시하시고 알려 주시는 것이다.

따라서 인간의 죄는 당신의 말씀으로만 씻어 고칠 수 있다 라는 것을 알려 주시는 계시인 것이다.

지금도 예수님께서는 말씀의 물과 성령으로 우리와 함께 하시며 영적 소경된 자, 귀머거리 된 자들을 성도와 함께 동행하시며 고치시고 계시는 것이다.[사 43:7-8]

34. 예수님의 재림

(마 10:23)

이 동네에서 너희를 핍박하거든 저 동네로 피하라 내가 진실로 너희에게 이르노니 이스라엘의 모든 동네를 다 다니지 못하여서 인자가 오리라

(마 16:27-28)

인자가 아버지의 영광으로 그 천사들과 함께 오리니 그때에 각 사람의 행한 대로 갚으리라 진실로 너희에게 이르노니 여기 서있는 사람 중에 죽기 전에 인자가 그 왕권을 가지고 오는 것을 볼 자들도 있느니라.

(마 24:34)

내가 진실로 너희에게 말 하나니 이 세대가 지나가기 전에 이 일이 다 이루리라.

(막 13:30)

내가 진실로 너희에게 말 하나니 이 세대가 지나가기 전에 이 일이 다 이루리라.

(눅 21:32)

내가 진실로 너희에게 말 하나니 이 세대가 지나가기 전에 모든 일이 다 이루리라.

(마 26:64)

예수께서 가라사대 네가 말하였느니라 그러나 내가 너희에게 이르나니 이후에 인자가 권능의 우편에 앉은 것과 하늘 구름을 타고 오는 것을 너희가 보리라 하시니[계 1:7]

(막 14:62)

예수께서 이르시되 인자가 권능자의 우편에 앉은 것과 하늘 구름을 타고 오는 것을 너희가 보리라 하시니.

❓ 제기되는 난제

1] 여기 서있는 사람 중에 인자가 왕권을 가지고 오는 것을 볼 자들도 있으리라 하시면 그때 예수님과 함께 있던 사람들은 다 죽었는데 그럼 예수님은 벌써 재림하셨어야 하시지 않은가?

2] 이 세대라고 말씀하심은 예수님의 당시의 세대를 말씀하심인데 그럼 그 당시에 이미 재림하셨어야 하시지 않은가?

3] 예수님이 하늘 구름을 타고 오는 것을 여기 서있는 사람 중에 볼 자들도 있으리라 하시면 당시의 사람들이 보도록 이미 재림을 하셨어야 하시지 않은가?

난제 해석

1] 예수님은 재림하셨다.

예수님은 위에 기록된 대로 이미 왕권을 가지고 이 땅에 오신 것이다. 즉 예수님께서는 당신의 영으로 이미 이 땅에 왕권을 가지고 오셔서 당신께서 하신 일을 믿는 자들에게 제사장 권과 왕권을 주시고 성령으로 동행하시며 함께 하신다.

[갈 4:6. 벧전 2:9. 막 16:17-18. 눅 10:19. 빌 2:13]]

이 왕권을 가진 사람들은 예수님과 영적으로 한 몸이므로 예수님과 함께 똑같은 영적 권세를 가진 것이다.[마 28:18-20. 눅 10:19. 롬 12:5. 요 17:11. 엡 4:15-16]

복음 즉 하나님의 구원의 말씀을 듣고 성령의 감동케 하시는 역사로 말미암아 구원을 얻은 성도는 성령님께서 성도를 성전 삼아 함께 거하시므로 영적으로 이미 예수님과 한 몸이며 천국을 소유하고 천국 혼인 잔치에 들어간 자들이다.

[고전 6:19. 마 22:2-13. 요 3:29]

즉 예수님이 부활 승천하시고 오십일 만에 왕권을 가지고 성령으로 임하시어서[행 2:1-4] 오순절[맥추절]을 여시고 성도에게 왕권을 주시고 성령으로 성도와 함께 하시며 당신의 나라를 세워 나가시고 계시는 것이니 하나님께서 인간의 영혼을 구원하시기 위하여 예수님께 맡기신 사명은 당시의 세대가 지나가기 전에 모두 다 이루신 것이다.

2] 그럼 [행 1:11] 하늘로 올리우신 이 예수는 올라가심을 본 그대로 다시 오리라 하신 말씀의 뜻은?

[계 1:7] 말씀에 구름을 타고 오시리라. 각인의 눈이 그를 보겠고 그를 찌른 자도 볼 터이요 땅에 있는 모든 족속이 그를 인하여 애곡하리니 그리하리라. 라고 말씀하신다.

구름을 타고 오시리라 라고 하시는 말씀은 곧 구름에 대하여 알아야 한다. 구름은 곧 하나님의 살아 움직이는 말씀 또 말씀을 통하여 운행하시는 성령의 역사를 의미하는 것이다.
[사 19:1. 민 14:14. 신 31:15]

[구름에 대한 해설은 창세기에 '무지개 약속'과 출애굽기에 '구름 기둥과 불기둥'에서 이미 해설을 하였다. 간단히 다시 설명을 하자면 하나님께서 인류 영혼 구원의 약속을 무지개 속에 넣어 놓으셨다 라는 것은 곧 무지개는 물이 있는 곳에 생긴다. 또 물은 하나님의 새 생명의 말씀을 의미한다.

그러므로 무지개를 구름 속에 넣어 놓으셨다는 말씀은 곧 예수님 안에서의 하나님의 인류 영혼 구원의 계획을 무지개 속에 넣어 구름 속에 감추어 두셨다는 말씀이다. 그러므로 이 말씀의 뜻은 곧 무지개가 가지고 있는 색의 모든 의미가 곧 예수님 안에서 하나님께서 계획하신 인류 영혼 구원의 계획이며 인류 영혼 구원 계획들을 무지개 속에 넣어 놓으셨다는 말씀인 것이다. 따라서 무지개가 가지고 있는 모든 색의 의미는 곧 하나님의 인류 영혼 구원의 계획이며 예수님께서 말씀으로 성령의 역사를 통하여 이루실 사명들임을 알 수 있는 것이다]

또 이 세대가 지나가기 전에 모든 일이 다 이루리라.[눅 21:32] 하신 말씀을 보면 분명 당시에 있던 사람들과 또 예수님을 찌른 자들이 죽기 전에 성령이 임하여서 오순절을 열으신것을 모두 보았으니 말씀대로 예수님은 당신의 영[갈 4:6] 즉 성령으로 다시 오신 것이며[행 12:1-4] 찌른 자도 볼 것이요 또 당 시대에 모두 이루리라는 말씀도 말씀대로 모두 이루어 진 것이다.

모든 족속이 애곡 하리니 하시는 말씀은 오순절 기간의 성령의 역사를 말씀하시는 것이다. 즉 오순절 기간에 성령의 역사로 말미암아 새 생명을 받은 자들은 정말 기쁨으로 울게 된다는 말씀이다.

또 영적으로는 죽은 영혼 즉 흑암의 세력 아래에 있던 영혼은 진짜 죽는 것이니 그 상태가 애곡을 하는 것이란 말씀이다.

또 이 말씀은 초막절과 연결되어 마지막 심판 때에 구원을 얻지 못한 영혼들이 애곡하는 상태를 말씀하시기도 하는 것이다.

3] 그럼 예수님께서 성령으로 재림을 하셨으니 종말때 즉 오순절이 끝나고 마지막 절기인 초막절인 천년 왕국을 여실 때는 오시지 않는단 말씀인가? 오시면 어떻게 오시는가?

[이 말씀의 해설은 종말론과 연결되어 해설이 되어야 하므로 여기서는 해설을 하지 않고 '종말론과 천년 왕국' 해설을 참조 하시길 바란다]

※ 지금 많은 사람들이 깨닫고 이야기 하는 예수님의 재림에 대한 이해는 아주 많이 잘못 깨닫고 있는 것이다.

사람들이[행 1:9-11]과 [살전 4:16-17] 말씀을 잘 이용하여 예수님의 재림의 모형을 이야기 하는데 많이 잘못 이해를 하고 있는 것이다. 즉 구름도 눈에 보이는 구름으로 이해를 하고 있으니 도무지 말이 안 되고 또 새 예루살렘도 휴거도 잘못 이해를 하고 있으니 말이 안 되는 결과가 나타나는 것이다.

옛날에 '다미 선교회'인가 하는 데서 만화에 나오는 '손오공'과 같이 구름을 타고 오셔서 휴거가 일어난다고 하며 많은 사람들이 한동안 요동을 하였던 기억이 난다. 말씀을 영적으로 너무 잘못 이해를 하고 있으니 심각한 문제가 생기는 것이다.

예수님께서 어떻게 오실 것인가 하는 계시는 이미 창세기에 계시가 되어 있다.

[창세기의 해설과 종말론과 천년 왕국의 해설 참조]

35. 천국에 들어갈 사람이 어디 있겠나.

(막 9:42-47)

또 누구든지 나를 믿는 이 소자 중 하나를 실족하게 하면 차라리 연자 맷돌을 그 목에 달리우고 바다에 던지 움이 나으리라. 만일 네 손이 너를 범죄케 하거든 찍어 버리라 불구자로 영생에 들어가는 것이 두 손을 가지고 지옥 꺼지지 않는 불에 들어가는 것보다 나으니라. [없음] 만일 네 발이 너를 범죄케 하거든 찍어 보리라 절뚝발이로 영생에 들어가는 것이 두 발을 가지고 지옥에 던지우는 것보다 나으니라. [없음] 만일 네 눈이 너를 범죄케 하거든 빼어 버리라. 한 눈으로 하나님의 나라에 들어가는 것이 두 눈을 가지고 지옥에 던지우는 것보다 나으니라 소금은 좋은 것이로되 만일 소금이 그 맛을 잃으면 무엇으로 이를 짜게 하리요 너희 속에 소금을 두고 서로 화목하라 하시니라.

? 제기되는 난제

1] 아이들을 실족하게 하는 것이 어떻게 하는 것인가?

2] 손이나 발이 범죄하는 것은 참으면 거의 가능할 것 같은데 눈으로 범죄하는 것은 눈만 뜨면 봄으로 인하여 느낌으로 이미 범죄를 하게 되는데 그러면 과연 누가 하늘나라에 갈 수 있나?

1] 우선 이 말씀을 언제 누구에게 하시게 되었나를 살펴보자[막 9:34-
35]에 제자들이 서로 누가 크냐고 쟁론을 하니까 예수님께서 첫째가
되고자 하면 뭇 사람의 끝이 되며 섬기는 자가 되라고 가르치신다

[이 말씀은 구원받아 새 생명을 얻어 예수님과 함께 사는 자는 항상 낮은 자리로
내려 앉아 섬기는 자가 되어야 한다는 말씀이다]

2] [막 9:36-37]에 어린아이 하나를 세우시고 어린 아이를 하나 영접하
면 예수님을 영접함이라고 말씀하시며 예수님을 영접하면 보내신 이를
영접함이라고 말씀하신다.

[어린 아이라는 말씀은 실제 어린아이뿐만 아니라 예수님을 모르는 즉 예수님께
서 구세주이신 것을 모르는 모든 사람들을 일컬어 어린 아이로 표현하신 것이다.
즉 어린 아이뿐 아니라 예수님을 잘 모르는 모든 사람이 예수님께 오는 것을 금하
거나 방해하지 말고 예수님을 영접하도록 도와야 한다는 말씀이다.

곧 구원 받은 자의 잘못된 행위로 말미암아 예수님께 오는 자의 발걸음
이 방해를 받아서는 안 된다는 말씀인 것이다]

쉽게 알 수 있는 것이 곧 본문에 범죄에 대하여 가르치시며 끝으로 소금에 대하여 제자들을 보고 소금의 역할을 잘 감당 하여야 한다고 가르치시는 것을 보면 아이들에게만 말씀하시는 것이 아니라는 것을 알 수가 있다.

이로 보아 본문의 내용은 곧 죄를 짓는 사람들을 모두 지옥으로 보내시겠다고 하시는 말씀이 아니라 구원받은 자의 행위는 항상 인간 사회의 삶 속에서 소금의 역할을 잘 감당하여야 된다는 말씀을 아주 마음에 깊이 새기도록 강하게 가르치시기 위하여 하신 말씀임을 알 수 있다.

즉 소금은 곧 녹음으로 맛을 내는데 이는 성도의 삶이 곧 사랑이 있는 희생의 삶으로 녹아져서 산 제사의 삶이 되어 세상 사람들 즉 예수님을 모르는 사람들에게 생명의 빛이 되어 그들이 예수님께로 오는데 도움이 되는 삶을 살아야 한다는 것을 가르치시기 위하여 비유적으로 아주 강하게 표현하시는 것이다.

[롬 12:1-2]

3] 본문에 죄에 대하여 다시 한 번 잘 살펴보자. 과연 예수님의 말씀 내용이 죄를 범하는 자는 지옥으로 가라는 말씀인가?

창세기의 해설에서 창 2:16절의 말씀을 해설을 할 때 죽는 죄와 죽지 않는 죄에 대하여 해설을 하였다.

즉 인간이 이 세상에 살면서 행위로 인하여 짓는 죄는 영혼이 죽지 않는다고 해설을 하였다. 이 말씀은 곧 행위로 짓는 죄는 지옥을 가지 않는다는 것이다.

따라서 본 문장의 전후 문맥을 잘 살펴 연결하여보면 두 손 발이나 눈이 범죄케 하면 잘라 버리고 또는 빼 버리고 라도 천국에 들어갈 수 있도록 범죄하지 않기를 힘쓰라는 말씀이라는 것을 금방 알 수 있다.

다시 말해서 주님을 영접한 성도는 천국을 소유하고 있다.

그러나 성도가 범죄할 때에는 하나님께서 주신 영적 천국에 살고 있다고 하여도 천국을 누리지도 못하고 또 하나님께서 주시는 참 평안 즉 참 안식에 들어가지도 못하는 것이다.

성도가 예수님의 하신 일을 믿음으로 말미암아 하나님께서 주신 영적 천국에 들어와서 살고 있지만 성령의 인도를 받지 않고 흑암의 세력의 유혹을 좇아 범죄하게 되면 새 생명의 삶 속에서 영혼이 천국을 누리기는커녕 바로 지옥으로 들어가는 것과 같은 영혼의 상태가 된다는 말씀인 것이다.

이는 쉽게 말해서 구원 받은 자는 예수님과 동행하는 새 생명의 삶 속에서 죄 짓는 것을 지옥으로 가는 것만큼이나 무서워하라는 말씀인 것이다.

즉 구원 받아 새 생명을 받아 예수님 안에서 사는 자는 손이나 발이 혹은 눈이 범죄케 하면 손이나 발을 잘라 버리고 또 눈을 빼 버릴 만큼 죄를 짓는 것을 두려워하라는 말씀인 것이다.

인간이 타고난 원죄적 죄의 습성은 한 손을 잘라 버려도 또 한 손을 잘라야 할 만큼 눈을 하나 뽑아도 또 한 눈을 마져 뽑아야할 만큼 생명이 있는 한 우리의 마음에서 또 삶 속에서 절대로 사라지지 않는다.

이 때문에 예수님께서 오시게 된 것이다. 그러므로 구원 받은 자는 하나님의 영광을 위하여 죄 짓기를 지옥을 가는 것 만큼 두려워하라는 말씀인 것이다. 그래야만 예수님께 오는 자들을 오지 못하게 막는 죄를 범하지 않을 수가 있다는 말씀이다.

왜냐하면 죄를 자꾸 짓는 행위를 하게 되면 나중에는 하나님의 음성을 듣는 영적 양심이 화인 맞아 나중에는 죄를 지으면서도 죄 의식을 느끼지 못할 뿐만 아니라 하나님을 전혀 두려워하지 않는 상태까지 가게 된다. 그러면 결국 성도의 삶의 상태가 악 함으로 천국문을 막고 있는 결과가 되어 사람들이 예수님께 오려는 것을 방해하게 되는 것이다. 이러한 내용을 어린 아이를 비유로 말씀하시는 것이다.

또한 아무리 구원받은 자라 할지라도 아직 육신에 있는 한은 죄의 유혹에서 헤어나기가 손이나 발을 잘라 버리고 또 눈을 뽑아 버려야 할 만큼 힘들고 어렵다는 말씀이다.

그만큼 죄의 유혹은 강하다는 것이며 특히 구원받은 자에게의 사단의 유혹은 더욱 강하다는 것이다.

그래서 [벧전 5:8]에 근신하고 깨여라. 너희 대적 마귀가 우는 사자와 같이 삼킬 자를 찾나니 라고 경고하시는 것이다.

다시 정리하자면 오순절 기간에 복음을 듣고 성령의 인침을 받아 구원을 얻은 자는 성령님께서 내주 역사하신다.[고전 3:16. 6:19] 이는 다시 말해서 구원받은 자가 삶 속에서 행위로 인하여 죄를 짓는다고 하나님께서 구원받은 성도를 지옥으로 보내신다면 곧 하나님께서 성령님도 함께 지옥으로 보내신다는 것과 똑같은 이치이다.

왜냐하면 [요 14:16]에 예수님께서 보혜사를 보내시어서 영원토록 구원받은 자와 함께 계시겠다고 약속을 하셨는데 어떻게 성령님께서 성도가 행위의 죄를 좀 지었다고 버리고 나가신단 말인가?

그럼 성령님께서 성도가 죄 지으면 나갔다 안 지으면 다시 들어오고 하신단 말씀인가 그럴 수는 없는 것이다.

또 구원의 믿음이 성도가 가지고 싶다고 하여서 가진 것도 아니오. 하나님께서 선물로 주신 것이기 때문이다.[엡 2:8-9]

하나님께서 선물을 주셨다 뺏으셨다 하시지도 못하실 뿐만 아니라 절대자 되시는 하나님께서 당신의 영광을 위하여서라도 택하여 구원하신 당신의 자녀를 끝까지 버리시지를 않으시는 것이다.[사 42:8]

그렇다고 구원 얻은 자는 죄를 지어도 된다는 말씀인가? 그렇지 않다.[롬 6:15] 왜냐하면 구원받은 자는 성령님과 함께 한다. 이는 성령님께서 내주 역사하시면서 구원받은 성도가 어떻게 사는 것이 또 어떻게 결정하고 행동하는 것이 하나님께서 기뻐하시는가를 가르쳐 주시며 인도하신다.

이때에 성도가 성령님의 음성을 듣고 행하면 곧 삶 속에서 천국을 누리며 살게 되는 것이고 사단의 음성을 듣고 유혹에 넘어가서 사단이 원하는 것을 행하면 곧 성도가 삶 속에서 지옥을 만들고 영혼이 황폐되어 지옥과 같은 상황에 처하게 되는 것이다.[롬 8:5-9]

[표현을 알기 쉽게 하면 성도가 하나님께서 주신 하나님의 영적 천국 땅에 살고 있는데 성도의 행위에 따라서 순간적으로 천국으로 들어갔다 지옥으로 들어갔다 왔다 갔다 들어갔다 나왔다 한다는 말씀이다]

[성도가 성령의 음성을 듣는 영적 양심에 화인을 맞아 자꾸 죄를 범하여 하나님께서 정하여 놓으신 어느 한계를 넘어서게 되면 성령을 소멸할 수도 있다. 마 7:21-22]

그러므로 성도는 새 생명의 삶 속에서 어떤 선택의 결정이 사단의 유혹으로 말미암아 아주 힘들고 어렵더라도 손을 잘라 버리고서라도 사단의 유혹을 과감히 물리치고 성령의 음성을 듣고 행하여 죄를 짓는 것을 오히려 지옥에 가는 것 만큼이나 두려워하여야 한다는 말씀인 것이다.

그래서 성도를 의의 일꾼으로 부르셨다[롬 6:13] 라고 말씀하시고 누가 사도가 천국은 바로 너희 가운데 있다고 말씀하신 것이다.[눅 17:20-21]

결론적으로 본문의 말씀은 곧 구원받은 성도의 새 생명의 삶이 얼마나 소중하고 값진 것인가를 마음에 새겨 육신의 구원을 이루는 일에 온 힘을 쏟으라는 말씀인 것이다.[갈 5:17] [엡 4:15] 그래서 예수님께서도 천국은 침노하는 자 즉 사단과의 영적 전쟁에서 생명을 걸고 싸워 이기는 자가 천국을 쟁취할 수 있다. 즉 누릴 수 있다고 말씀하시는 것이다.[마 11:12]

성도는 창세전 이미 하나님께서 영광과 찬송을 받으시려고 예비된 자들이다.[엡 1:4-6 딛 2:14] 그러므로 성도는 새 생명의 삶 속에서 하나님께 영광을 돌려 드리는 삶을 살아야 하나님께서 이 땅의 삶 속에 예비하신 참 평안의 천국의 삶을 살 수가 있게 되는 것이다.

36. 기도한 대로 다 받을 수 있나?

(막 11:23-24)

내가 진실로 너희에게 이르나니 누구든지 이 산더러 들리어 바다에 던
지우라 하며 그 말하는 것이 이룰 줄 믿고 마음에 의심치 아니하면 그대
로 되리라. 그러므로 내가 너희에게 말하노니 무엇이든지 기도하고 구
하는 것은 받은 줄로 믿으라 그리하면 그대로 되리라.

? 제기되는 난제

1] 실제로 기도하고 믿으면 다 받을 수 있나?

2] 왜 전지전능하신 하나님의 자녀들인데 구하는 대로 다 받지 못하나?

 난제 해석

1] 먼저 이 말씀을 하신 전후의 문맥을 살펴보기로 하자.

[막 11:12-14]에는 열매 없는 무화과나무를 저주하시는 말씀이 나오며 다음으로 [막 11:15]에는 성전에서 매매하는 자들의 상을 엎으시고 내쫓으시며 크게 화를 내신다. 그 다음에 [막 11:21-22]에 보면 베드로가 말라 죽은 무화과나무를 보고 예수님께 아뢰니 예수님께서 대답을 하시는 것이 본문의 내용이다. 즉 기도하고 구하는 것은 믿기만 하면 다 받을 수 있다고 하신 내용이다.

2] 본문의 말씀을 하시기 전의 말씀들과 또 본문의 말씀 바로 뒤에 하신 말씀을 보면 [막 11:25] 서서 기도할 때에 아무에게나 혐의가 있거든 용서하라 그리하여야 하늘에 계신 너희 아버지도 너희 허물을 사하여 주시리라 라고 하신다.

이로 보아 예수님의 본문 말씀의 가르치심은 곧 성도가 구원의 삶 속에서 하나님의 나라를 세우려고 하는 소망의 기도 즉 하나님의 영광을 나타내기를 바라는 소망의 기도는 다 이룰 수 있다 라는 것을 가르쳐 주시기 위한 것임을 알 수 있다.

왜냐하면 아무에게나 혐의가 있거든 용서하라. 라고 하신 말씀은 곧 하나님의 나라를 세우는 기본이기 때문이다.[저주받은 무화과나무 해설 참조]

3] 예수님의 기도에 대한 가르치심인 [마 6:9-13]의 말씀과 비교하여 보며 주님께서 본문에 말씀하시는 의미에 대하여 알아보기로 하자.

첫째. 무화과나무가 잎도 무성하고 나무도 튼튼하고 열매도 많으면 이는 곧 하나님의 나라가 성도의 삶 속에서 왕성한 것을 나타내시는 것인데 이는 곧 주님께서 가르쳐 주신 기도의 모형에 '하늘에 계신 아버지시여 이름이 거룩히 여김을 받으시오며 나라히 임하옵시오며 뜻이 하늘에서 이루어진 것 같이 땅에서도 이루어 지리이다'의 주기도문의 첫 부분의 완성과 같은 것이다.

즉 하나님의 뜻인 인간 영혼 구원의 계획과 성도의 영적인 풍성한 삶이 이 땅에서 잘 이루어져서 하나님의 나라가 왕성하여야 하나님께서 영광을 받으실 수 있다는 것을 말씀하시는 것이다. 그래서 주님께서 가르쳐 주신 기도의 첫 번째 내용은 곧 성도의 삶을 통하여 하나님께서 영광을 받으심으로 하나님의 이름이 거룩히 여김을 받으시게 된다는 말씀인 것이다.

둘째. 그 다음 기도의 내용은 첫 번째 기도 내용의 목적을 이루기 위한 필요한 것들을 보내 주시기를 구하는 것이다.

즉 우리에게 일용할 양식을 주옵시고... 이는 곧 우리의 영적인 음식과 육적인 모든 음식을 적당하게 공급하여 주시기를 구하는 것이다.

영혼이 강건하여야 육적인 것도 강건할 수 있고 또 육적인 것이 강건하여야 영적인 것도 강건할 수가 있는 것이다. 육적으로 피곤하고 고달프면 영적으로도 강건할 수가 없다.

그래서 하나님의 나라가 성도의 삶 속에서 왕성하려면 영혼의 양식과 몸의 건강을 지켜주실 수 있는 육의 양식이 가장 근본적으로 필요하기 때문에 다음으로 구하게 하신 것이다.

일용할 양식이란 또 적당한 양식을 주시기를 원하는 것이다. 너무 많게도 아니고 적게도 아니게 말이다. 즉 영과 육이 적당히 먹을 만큼만 먹어야 영육간이 온전한 강건을 유지할 수 있다는 말씀이다. 그래야 온전한 가운데 강건하여져서 하나님의 나라가 성도의 삶 속에서 왕성하여질 수가 있는 것이다. 또한 그래야만 성도가 당신 안에서 온전한 행복을 누릴 수가 있게 되는 것이며 하나님께서도 온전히 성도로부터 거룩한 영광을 받으시게 되는 것이다.

이것이 곧 하늘에 계신 우리 아버지시여 이름이 거룩히 여김을 받으시옵고의 주기도문의 구한 내로 성도의 삶 속에서 이루어지는 것이다.

셋째. 우리가 우리의 죄를 사하여 준 것 같이 우리의 죄를 사하여 주옵시고. 라고 주님의 기도에서 다음으로 가르쳐 주신 것은 이것이 이 땅에서 하나님의 나라를 세워 나가는 가장 기본이 되기 때문인 것이다.

성도가 이 땅에서 사는 동안에 어떠한 것도 다 용서하는 마음으로 살아야만 하나님의 나라가 건설되는데 지장을 받지를 않는다는 말씀이다.

그래서 예수님께서 베드로 보고 일흔 번의 일곱 번이라도 용서 하라고 하신 것이요[마 18:22]

또 예물을 하나님께 드리려다 형제와 불화한 일이 생각이 나거든 예물을 제단 앞에 두고 형제와 화해하고 와서 드려라 하신 것이다.[마 5:24]

또 본문의 [막 11:25]에 너희가 혐의가 있거든 용서하라. 라고 같은 말씀을 하신 것이 또한 주기도문의 가르치심과 같은 뜻 이므로 본문 내용의 뜻이 하나님의 나라와 하나님의 영광을 위하여 구하는 것들이 어떤 것인가를 알려 주시는 것이며 또 그 구하는 것이 하나님의 나라를 세우고 하나님의 영광을 나타내기를 원하여 구하는 것이라면 무엇을 구하든지 하나님께서 다 이루어 주실 것이라는 것을 알려주시는 것이다.

넷째. 시험에 들게 마옵시고 악에서 구원하옵소서. 라고 다음에 구하게 하신 것은 말씀의 뜻을 먼저 잘 알아야 한다.

이 말씀은 하나님께서 성도를 시험에 들게 혹은 들지 않게 하신다는 것이 아니라 성도가 악한 것 즉 육적인 욕심을 가짐으로서 그 욕심으로 인하여 시험이 들지 않게 도와주시기를 구 하라는 것이다.

이는 성도가 구원을 얻어서 하나님의 자녀가 되었다고 하더라도 육신으로 이 땅에 있는 한 육신의 소욕을 떠나서는 살 수가 없기에 자칫 잘못하면 육적인 욕심으로 인하여 시험에 들므로 하나님의 나라를 건설하기는커녕 하나님의 나라를 망하게 할 수도 있고 또 그렇게 되면 성도의 새 생명의 삶이 영적인 고통 가운데 처하게 됨으로 하나님께서도 온전한 영광을 받으실 수가 없게 되기 때문인 것이다.[약 1:5]

다섯째. 나라와 권세와 영광이 아버지께 영원히 있사옵나이다. 이 말씀을 마지막으로 구하게 하신 것은 성도는 곧 하나님 나라의 백성이니 하나님의 나라이다. 하나님의 성전이며 하나님의 자녀이며 하나님의 영광을 위한 모든 것이다.

왜냐하면 성도는 곧 예수님과 영적으로 한 몸이며 하나님의 가장 사랑하는 자녀이기 때문이다.

예수님 안에서 하나님의 영광이 성도의 선한 행위로 인하여 행위와 함께 나타날 때 하나님의 영광이 온전하여지는 것이며 또 하나님께서 온전한 영광을 받으시게 되는 것이다.

또 하나님의 권세가 당신의 자녀의 선한 행위를 통하여 온전히 나타날 때에 하나님께서 그 자녀가 선한 행위를 통하여 얻은 권세로 말미암아 온전한 영광을 받으실 수가 있게 되는 것이다.

즉 하나님께서 온전한 영광을 받으실 수 있는 것은 당신의 자녀인 성도가 새 생명의 삶 속에서 예수님의 이름으로 행하는 선한 행위로 말미암아 당신의 권세와 영광이 나타내어질 때 하나님께서도 온전한 영광과 이름이 거룩히 여김을 받으실 수가 있게 된다는 말씀인 것이다.

그러므로 나라와 권세와 영광이 아버지께 영원히 있사옵나이다. 라는 성도의 고백은 곧 성도의 새 생명의 삶을 통하여 하나님의 나라가 세워질 때 그 세워지는 하나님의 나라와 함께 아버지의 권세와 영광이 나타내어질 수가 있다는 말씀인 것이다.

4] 결론적으로 본문의 말씀은 본문의 앞뒤의 문맥을 연결하여보고 또 예수님의 기도의 가르치심에 비추어 볼 때 산이 바다로 던지워지는 크고 놀라운 사건 즉 성도의 새 생명의 삶 속에서 하나님의 나라를 세워 나가려는 소망과 또 하나님의 영광과 권세가 나타내어지기를 원하는 소망이 항상 있다면 성도의 새 생명의 삶 속에 아무리 어려운 문제라도 산이 바다로 던지워 지듯 쉽게 해결이 될 수 있다는 말씀인 것이며 또 성도가 구하는 것이 아무리 어려운 것이라도 하나님께서 당신의 나라와 영광을 위하여 이루어 주실 것이라는 말씀인 것이다.

따라서 성도는 하나님께 구하는 기도의 원인이 어디로부터 왔으며 목적은 어디를 향하고 있는가 이것이 가장 먼저 점검되어져야 하고 또 그것이 점검된 후에는 이 구하는 것의 목적이 이루어졌을 때 하나님의 나라와 권세와 영광이 나의 삶 속에서 정말 나타내어질 수가 있는가를 살펴보아야 한다는 말씀인 것이다.

그러므로 구하는 대로 다 받으리라 라고 말씀하시는 것은 곧 육신의 소욕을 좇아 구하는 기도가 아니라 성령의 소욕을 좇아 구하는 기도 즉 하나님의 나라와 권세와 영광이 나타내지기를 사모하며 구하는 소망의 기도는 구하는 대로 다 받는다는 것이 본문 말씀의 의미이다.

37. 성만찬의 진정한 의미

(막 14:22-25) (마 26:26-29)

저희가 먹을 때에 예수께서 떡을 가지사 축복하시고 떼어 제자들에게
주시며 가라사대 받으라 이것이 내 몸이니라 하시고 또 잔을 가지사 사
례하시고 저희에게 주시니 다 이를 마시매 2가라사대 이것은 많은 사람
을 위하여 흘리는 바 나의 피 곧 언약의 피니라. 진실로 너희에게 이르나
니 내가 포도나무에서 난 것을 하나님 나라에서 새것으로 마시는 날까
지 다시 마시지 아니 하리라 하시니라

(마 26:29)

그러나 너희에게 이르나니 내가 포도나무에서 난 것을 이제부터 내 아
버지의 나라에서 새것으로 너희와 함께 마시는 날까지 마시지 아니 하
리라 하시니라.

1] 왜 예수님은 떡을 당신의 몸이라고 하시나?

2] 왜 예수님은 포도주를 언약의 피로 정하셨나?

3] 하나님 나라에서 새것으로 제자들과 잡수시겠다고 하신 말씀의 뜻은?

난제 해석

1] 우선 예수님께서 십자가에 달리시기 전에 왜 성만찬을 행 하셨나? 이
   성만찬은 구약의 어디에 계시가 되어 있나? 를 먼저 알아 봐야만 한다.
   왜냐하면 여러 번 설명을 하였듯이 예수님께서는 구약에 하나님께서
   당신 안에서 계시하신 것들을 이 땅에 계시는 동안에 다 이루시어 당신
   이 하나님께서 인간 영혼 구원의 계획 속에 구세주로 예비되신 하나님
   의 아들 즉 메시아 이심을 증명하셔야 하기 때문이며 또 그렇게 하시어
   서 하나님의 인류 영혼 구원의 언약의 말씀을 완성하시어야 하시기 때
   문인 것이다.

2] 왜 예수님께서 떡을 가지고 예수님 당신의 몸이라고 말씀 하시고 받아
   먹으라고 하셨나?

이 문제를 알려면 구약의 어디에 떡이 장차 말씀으로 이 땅에 오실 예수님을 계시하셨나를 알아야 한다.

1. [창 14:18]에 보면 멜기세덱이 대적을 치고 돌아오는 아브라함을 떡과 포도주를 가지고 나와서 맞이한다. 이 뜻은 아브라함은 곧 믿음의 조상으로 하나님께로부터 이미 부름을 받은 상태이며 [창 12:1-3] 또한 벧엘[하나님의 집이라는 뜻=성전]에 첫 번째 단을 쌓고 하나님께 제사를 드린 자이다. 이는 곧 장차 믿음을 좇아 하나님의 자녀가 될 성도들의 예표인 것이다.

   그러므로 살렘 왕[평강의 왕이라는 뜻 = 예수님의 예표]인 멜기세덱이 나와서 축복하고 떡과 포도주를 아브라함과 함께 나눈다. 이는 곧 장차 평강의 왕으로 이 땅에 오실 예수님께서 아브라함의 믿음을 좇아 자녀가 된 당신의 자녀들과 떡과 포도주를 나눔으로서 [창 14:18]의 말씀을 이루시어야만 하시기 때문에 성 만찬을 준비하시어서 당신이 멜기세덱의 반차를 좇는 대 제사장이심을 나타내시고 완성시키셔야 하시기 때문인 것이다.[시 110:4]

2. [레 23:17. 20]에 보면 하나님께 드려진 예물을 제사장에게 다시 돌려주는 '요제'가 있다.

   이 첫 요제 때 첫 이삭의 떡을 하나님께 드린다. 이 첫 이삭은 곧 첫 열매인 예수님의 예표인 것이며 [고전 15:20] 떡을 제사장에게 돌리는 것은 곧 장차 왕 같은 제사장들이 될 당신의 자녀들이 떡으로 예표된 예수님의 몸을 먹고 살아가야 한다는 계시이다.

3. [레 8:26-28]에 보면 역시 기름 섞은 무교병을 위임식 때 요제로 흔들어 드린다. 이는 무교병은 누룩이 없는 떡으로 흠 없는 예수님을 상징하며 기름을 섞어 만든 무교병을 아론과 그의 아들들의 손에 들려 요제로 흔들어 드리는 것은 곧 왕 같은 제사장이 될 성도들이 말씀을 온 세상으로 퍼져 나가게 할 것을 계시하시는 것이다. 무교병에 기름을 섞어 만든 것은 장차 말씀 위에 성령의 역사가 있을 것을 계시하시는 것이다.

[기름은 성령의 역사와 임재를 의미하며 무교병은 주님의 몸 즉 말씀을 의미한다. 제사와 절기 해설 참조]

4. [출 12:5-12]에 보면 하나님께서 모세에게 유월절을 제정 하시는 방법과 명령이 나온다.

이 때에 어린양의 피는 문설주에 바르고 무교병[누룩 없는 떡]을 먹으라고 나온다. 이것도 역시 예수님께서 번제의 어린 양으로 십자가에서 돌아가시기 바로 전에 성 만찬을 하실 때 사용하실 떡을 예표하시는 것이며 성 만찬의 두 번째 계시로 [11]절에 방법과 의미가 계시된다.

그 의미는 유월절 떡[예수님의 몸 = 말씀]을 먹을 때 허리에 띠를 띠고 라는 말씀은 진리의 말씀의 띠를 말씀하심이며 발에 신을 신고 라는 말씀은 복음의 신발을 말씀하심이며 손에 지팡이를 잡고는 하나님의 말씀을 항상 꼭 잡으라는 말씀이며 급히 먹으라는 말씀은 복음의 하나님의 말씀을 가지고 지체하지 말고 달려가며 진리의 말씀을 삶 속에서 사용하여 말씀을 증거 하고 전파하라는 계시이다.

3] 다음으로 예수님께서 왜 언약의 피를 포도주로 하시게 되었나를 알아보자.

1. [출 29:40]에 보면 어린 양을 번제로[42] 칠일 동안[37] 계속 어린양 두 마리를 한 마리는 아침 또 한 마리는 저녁으로 드린다.[38-39] 이 때에 전제로 포도주를 드리게 되는데...

이때 칠일 동안 계속이라고 말씀하심은 곧 하루도 빠지지 않음을 말씀하심이며 아침 저녁으로 라고 하시는 것은 밤이든 낮이든 구별 없는 연속성을 나타내시는 것이다.

번제로 드리는 어린양은 예수님을 말씀하심이며 이때 전제로 포도주를 드리는 것은 장차 예수님께서 기쁨으로 십자가에 돌아가실 것을 계시하시는 것이며 또 장차 예수님께서 십자가에서 보혈을 흘리시기 전에 성만찬으로 포도주를 사용하시어서 승천하신 후에 포도주가 당신의 보혈을 대신 할 것을 예시하신 것이다. 또한 포도주를 모든 제사에 전제로 드리는 것은 장차 도래할 오순절 기간에 새 생명을 얻은 성도는 모든 산 제사의 삶을 기쁨으로 드려져야 한다는 것을 계시하시는 것이다. 그래서 포도주는 항상 전제로 드리는 것이다.

2. [레 23:5.10–13]에 보면 유월절의 제사 양식이 나온다[유월절은 무교절이라고도 하는데 이스라엘이 애굽에서 나온 날을 기념하는 절기이다] 이 말씀은 하나님께서 모세에게 명하신 것인데 곧 구원받은 이스라엘이 가나안에 들어가면 유월절 제사를 이렇게 드리라고 명하시는 것이다. 즉 일 년 되고 흠 없는 수양을 번제로 여호와께 드리고 첫 이삭 한 단을 제사장에게 드리며 또 첫 곡물의 첫 이삭으로 만든 떡을 드리라고 하시며 전제로 포도주를 드리라고 하신다.

이때 드려지는 번제의 수양[12절]은 곧 예수님의 예표이고 첫 이삭의 첫 단 역시 부활하신 예수님을 예표한다. 중요한 것은 꼭 전제로 포도주가 드려진다는 것인데 포도주를 꼭 전제로 드리는 것은 곧 예수님께서 유월절 어린양인 번제물로 십자가에 달려 돌아가시기 전 성 만찬 때에 언약의 피로 포도주를 쓰실 것을 예시하시는 것이다.

이 내용을 자세하게 다시 설명하자면 이렇다. 즉 번제이든 어떤 제사이든 하나님께 드려지는 제사 때에 동물이 드려진다. 이때에 드려지는 동물은 모두 예수님을 예시하시는 것이다.[양 2마리가 드려질 때는 예수님과 성도를 계시할 때도 있다. 출 29:1–2] [제사와 절기의 해설 참조]

또 전제로 항상 포도주가 사용이 되는데 이 내용의 뜻은 예수님께서 제사가 의미하는 모든 내용들을 완성하시기 위하여 십자가에서 돌아가시는데 기쁨으로 돌아가신다는 계시이다.

따라서 예수님을 영접하고 새 생명을 얻은 성도는 온 생애가 산 제사의 삶이 되는 것이니 모든 제사의 삶을 드릴 때 전제로 포도주를 드리는 것과 같이 기쁨으로 항상 산 제사의 삶을 살아야 한다는 계시이다.

따라서 예수님께서 십자가에 돌아가시는 것은 모든 제사를 다 한꺼번에 드리는 것이므로 십자가에 돌아가시기 전에 포도주를 가지고 새 언약의 피로 맺는 약정이라 하시며 기쁨으로 십자가에 돌아가실 것을 나타내시는 전제를 드리시는 것이다.

4. 위에서 설명한 대로 예수님께서는 당신이 유월절 어린양으로 이 땅에 오셨기 때문에 구약에서 하나님께서 당신에게 계시하여 놓으신 것들을 다 이루셔야만 하시기에 구약에 계시된 대로 행하시어서 모든 성경을 온전하게 하시는 것이다.

5. 예수님께서 말씀하시기를 내가 하나님 나라에서 너희와 새것으로 마시는 날까지 다시는 포도나무에서 난 것을 마시지 않겠다고 하신 말씀은 곧 성도의 새 생명의 삶 속에서의 성만찬을 말씀하시는 것이다.

즉, 예수님께서는 성령으로 성도와 함께 하신다. 하나님 나라는 예수님과 성도 안에서만 존재한다.

떡과 포도주는 곧 예수님의 살과 피다. 말씀은 곧 언약의 피이며 믿는 자에게 새 생명을 주시는 하나님의 능력이다.

성도는 이 말씀을 통하여 새 생명을 예수님께로부터 받아 살아가며 또 이 말씀을 먹고 새 생명의 삶을 영위한다.

그러므로 성도는 새 생명을 예수님께로부터 받아 사는 동안 항상 예수님의 피와 살을 먹고 사는 것이다. 그래서 예수님께서 예수님의 피와 살을 먹지 않으면 생명이 없다고 말씀하신 것이다.[요 6:50–58]

성만찬은 예수님의 명령에 의한 예식이다. 그러나 이 성만찬 예식보다 더 중요한 성만찬은 성도의 새 생명의 삶 속에서 항상 행하여지고 있는 예수님 이름으로 행하는 행위의 영적 성만찬의 삶이다.

곧 성도의 모든 새 생명의 삶 속에서의 행위가 산 제사의 삶이 되어서 하나님께서 잡수시기에 합당한 좋은 열매를 맺히면 이 새 생명의 열매를 맺히는 순간이 곧 예수님과 성도가 함께 성만찬을 베풀고 그 성만찬에 예수님과 함께 기쁨의 포도주를 마시면서 참여하고 있는 것이 되는 것이다. 그래서 예수님께서 하나님의 나라에서 새 포도주를 성도와 함께 드시겠다고 말씀 하신 것이다.

반대로 성도가 새 생명의 삶 속에서 악한 열매를 맺혀서 하나님께서 잡수시기에 합당치 못한 열매를 맺히면 곧 예수님의 피와 살을 범하는 것이다.

즉 새 생명을 받아 예수님 안에서 살고 있는 성도가 성령의 소욕을 좇아 행하지 않고 육신의 소욕을 좇아 행할 때에는 예수님의 피와 살을 범하는 것이기에 예수님께서 성도의 새 생명의 삶 속에서 펼쳐지는 영적 성만찬에 포도주로 참여하실 수가 없게 되시는 것이

다.[고전 11:23-29]

예수님은 교회에서 행하는 성만찬 예식 때에 성령으로 성도의 믿음과 함께 참여 하시지만 성도가 부여 받은 영적 하나님 나라에서 새 포도주에 성도와 함께 참여하시겠다고 하시는 말씀은 곧 성도의 새 생명의 삶 속에서 말씀과 성령으로 함께 하시면서 성도의 선한 행위의 산 제사를 통하여 맺히는 성령의 열매의 포도주와 떡에 참여하시겠다는 말씀인 것이다.

따라서 진정한 성만찬은 성도의 새 생명의 삶 속에서 행하여 지는 산 제사의 행위가 진정한 성만찬 예식인 것이다.

38. 왜 예수님의 이름을 난지 팔일 만에 부르게 하셨나?

(눅 2:21)

할례 할 팔일이 차매 그 이름을 예수라 하니 곧 수태하기 전에 천사의 일컬은 바러라.

 제기되는 난제

1] 왜 예수님의 이름은 꼭 난지 팔일 만에 불러야 하나?

난제 해석

1] 우선 이 문제는 할례의 뜻을 알아야 한다.

할례라는 말의 히브리어는 '물룰'[양피를 베다]이지만 [창 17:10-11]에서 하나님께서 아브라함과 할례의 약속을 하실 때 사용한 할례의 단어는 [말랄]이라는 단어를 사용하셨다.

이 단어의 뜻은 '하나님과의 약속' 혹은 '하나님의 언약'이라는 의미이다.

2] [수 5:9]에 보면 애굽에서 나온 이스라엘의 후손 즉 광야에서 태어난 사람들이 할례를 받지 않아서 할례를 받는다.

이때 이곳 할례를 받은 지역의 이름을 '길갈' 이라고 부르게 된다. 이는 '수치가 물러 갔다' 라는 말로 곧 할례를 받지 않아 깨끗하지 못하여 하나님의 백성이 될 수 없는 부끄러운 자가 이제 깨끗하여져서 하나님의 거룩한 백성이 되었다는 말씀이며 따라서 깨끗한 자만이 들어갈 수 있는 약속의 땅 가나안으로 들어갈 수 있는 권세를 받게 되었다는 것이다.

이것이 곧 할례의 의미이다. 간단히 다시 말해서 할례를 받았다는 것은 하나님의 거룩한 백성이 되었다는 표식인 것이며 하나님의 거룩한 백성으로 하나님의 나라에 들어가서 살 수가 있는 권세를 받았다는 것이다.

3] 하나님께서 왜 예수님의 이름을 할례 할 팔일이 차매 그 이름을 '예수' 라고 부르게 하셨나 하는 것은 하나님께서 구약에 당신의 모형을 계시하신 것들에 대한 뜻을 알아야 한다.

즉 구약의 내용 중에는 예수님께서 행하여 온전케 하시어야 할 계시들이 있기 때문이다.

따라서 예수님은 구약에 당신에게 계시된 대로 행하여 성경을 온전케 하시어야만 하는 것이다.

4] [창 17:4-24. 18:11. 21:2-5]에 보게 되면 아브라함과 사라와 이삭에 대한 관계와 하나님과 이들 사이의 약속의 내용이 나온다. [창 17:4]절에서는 아브라함과 '열국의 아비' 의 약속을 맺으신다.

이 의미는 [창 12: 1-3]의 말씀을 따라 해석을 하여보면 아브라함은 곧 믿음의 조상이 되어 열국의 아비가 되는데 이는 곧 아브라함이 예수님의 믿음으로 인한 인류 영혼 구원 계획 안에서 하나님 자신의 모형이 되는 것이다. 즉 아브라함이 믿음의 조상이 되어서 믿는 모든 자의 아비가 되는 것과 같이 하나님께서도 믿는 모든 자의 아버지가 되시는 것과 같은 이치이다.

따라서 [창 17:16]의 말씀은 사래의 이름을 '사라' 라고 부르게 하시며 열국의 어미가 되라. 라고 말씀하신다. 이는 곧 마리아가 성령의 잉태케 하심으로 낳을 예수님의 모형인 것이다.

[눅 1:34.42-43]

[창 18:11]에 보면 사라의 경수가 끊어진 내용이 나온다.

[눅 1:34]에 보면 마리아가 사내를 알지 못한다는 내용이 나온다. 이는

두 여자 즉 사라나 마리아나 잉태를 할 수 없다는 말씀이다. 그런데 이 두 여자가 아들들을 낳았는데 하나는 사라 에게서 '이삭'을 하나는 마리아에 게서 '예수'를 낳는다.

또 하나님께서 아브라함과 사라와 언약을 맺으시면서 아직 잉태 하지도 않은 이삭으로 인하여 예수님 안에서의 인간 영혼 구원의 언약을 맺으시는 것과 [창 17:21]에 아직 잉태하지도 않은 마리아와 요셉에게 예수님을 통하여 당신의 자녀들을 구원하실 언약을 맺으시는 것이 똑같다.[눅 1:31-32] 그러므로 곧 이삭은 장차 오실 예수님의 예표가 되는 것이다.

또 이삭의 이름도 하나님께서 직접 지어 주시고 예수님의 이름도 직접 지어 주신다.

[창 17:19] [눅 1:31] [천사가 말을 하지만 곧 하나님께서 보내서 하신 것이니 하나님께서 주신 이름이다] 따라서 하나님께서 아브라함에게 명한 할례의 날 자가 난지 팔일 만에 할례를 하라. 라고 말씀하셨으니 역시 예수님께서도 이 계시의 말씀을 따라서 난지 팔일 만에 할례를 받아야만 하는 것이다.

3] 그런데 왜 할례 할 팔일이 차매 할례를 하시지 않고 '예수'라는 이름으로 대신 부르게 하시며 하나님께서 아브라함에게 명하신 할례의 규례를 깨트리시느냐 하는 것이다.

이 말씀은 내용은 이렇다.

첫째. 예수님은 곧 할례의 주인공이시요. 또 할례의 뜻인 깨끗하고 거룩하게 하시는 주인공이시기 때문에 그 첫 번째 이유이다. 진짜가 오면 그림자는 사라지는 것이다.[골 2:11-17]

둘째. 제 팔일은 여덟째 날이다. 여덟째 날은 이스라엘의 규정된 성회의 날이며[느 8:18] 시작의 날이다. 즉 할례를 받는 날을 팔일 째 되는 날로 정하신 것은 곧 팔일 째 되는 날이 시작의 날이므로 새 생명의 시작의 날을 의미하기 때문이다.

따라서 누구든지 예수를 믿으면 믿는 즉시 영적 할례를 받은 것이므로 죽은 영혼이 새롭게 태어나서 예수님 안에서 새 생명을 받아 새 생명의 삶을 새롭게 시작을 하는 날인 것이다.

셋째. 제 팔일은 곧 안식일 다음 날로 예수님의 예표인 곡물의 첫 이삭의 단을 제물로 드리며 또 예수님의 예표인 흠 없는 수양을 제물로 드리는 날이다.[레 23:10-12]

셋째. 예수라는 이름의 뜻은 '구세주' 라는 뜻으로 곧 자기 백성을 자기의 죄에서 구원하실 자이심을 나타내시는 것이다.[마 1:21] 그러므로 예수님의 이름이 곧 할례의 완성이 되는 것이다. 따라서 누구든지 예수 이름을 부르는 자 즉 예수님의 하신 일을 믿는 자는 구원을 얻는 것이다.[행 2:21. 4:12]

넷째. 예수님을 믿는 자는 성령의 역사로 말미암아 마음에 할례를 받은 것이므로 거룩하여져서 더 이상 거룩하게 하는 예식인 표피를 자르는 행위는 필요가 없게 된 것이다.

[신 10:16. 롬 2:28-29]

4] 성령의 역사로 말미암아 믿음으로 마음에 할례를 받고 성령님과 함께 동행하는 자는 곧 하나님의 성전을 튼튼하게 세워나가야 할 사명을 받은 자들이다.

성도가 새 생명의 삶 속에서 하나님의 성전을 세우는 것은 곧 네 이웃을 네 몸과 같이 사랑하라 하신 예수님의 말씀을 따라 사는 것이며 예수님의 이름으로 그렇게 하나님 나라와 하나님의 영광을 위하여 사는 것이 곧 영혼과 마음에 할례를 받은 자가 그 할례의 의미를 따라 합당하게 사는 것이다.[마 22:29. 갈 5:14. 롬 13:9]

그러므로 예수님께서도 구약의 계시를 따라 제 팔일에 할례 대신 당신의 이름을 부르게 하심으로서 모든 하나님의 말씀을 온전케 하시는 것이며 당신 안에 계시된 인류 영혼 구원의 계약을 온전케 하시는 것이다.

39. 알곡과 쭉정이

(눅 3:17)

손에 키를 들고 자기의 타작 마당을 정하게 하사 알곡은 모아 곡간에 드리고 쭉정이는 꺼지지 않는 불에 태우시리라.

? 제기되는 난제

1] 누가 알곡이고 누가 쭉정이인지 어떻게 구별하나?

 난제 해석

1] 본문에서 말씀하시는 알곡과 쭉정이는 7절. 9절. 16절의 말씀으로 미루어 보아 성령의 역사로 말미암아 성령 세례를 받은자와 받지 아니한 자로 나눌 수가 있다. 즉 7절에서는 회개의 물세례를 받으러 오는 사람들을 향하여 요한 사도가 '독사의 자식들' 이라고 표현을 하였다. 이는

곧 아직 흑암의 세력 즉 처음 사람 '아담과 하와'를 타락시킨 뱀 즉 사단의 세력속에 아직 있으니 그의 자식이라는 이야기이다.[엡 2:2-3]=공중권세 잡은 자]

9절의 말씀을 살펴보면 '좋은 열매 맺지 아니하는 나무는 도끼로 찍어 불에 던지우리라'라고 말씀하신다.

이는 간단히 이야기 하여서 성령의 역사로 말미암아 예수님의 이름으로 맺힌 열매이냐 아니냐 하는 것으로 분간한다.

즉 하나님께서는 모든 열매의 기준을 그 열매를 맺히게 할 때에 성령의 음성을 듣고 예수님의 이름으로 하나님의 영광을 나타내기를 바라는 소망으로 맺혔느냐. 아니면 그냥 자기의 마음의 기쁨을 얻기 위하여 좋아서 맺혔느냐 혹은 어떤 다른 신의 믿음 안에서 또는 미래에 자기의 유익을 위하여 행하므로 맺혔느냐 즉 열매를 맺히게 한 원인을 구분하시어서 보시고 그 열매를 좋다 또는 나쁘다로 평가하신다는 것이다.

인간이 보기에는 아무리 아름다운 열매라도 성령의 역사로 말미암아 예수님의 이름으로 맺히지 않은 모든 열매를 하나님께서는 '악한 열매' '깨끗하지 못한 열매'로 보신다. 왜냐하면 하나님께서는 이 세상의 모든 일을 예수님 안에서만 보시고 당신을 나타내시기 때문인 것이다. 하나님께서 하시는 모든 일 즉 이 세상의 모든 일은 예수님 밖에서는 아무것도 없다. [골 1:16-17]

그러므로 본문에서 말씀하시는 '도끼가 나무 뿌리에 놓였으니 좋은 열매 맺지 아니하는 나무는 찍어서 불에 던지우리라' 라고 하신 말씀은 곧 새 생명을 주실 '생명의 물' 인 예수님께서 이제 새 생명의 열매를 맺히게 하시기 위하여 '뿌리' 즉 바로 발 앞에 와서 서 계신다 라는 말씀이다.

2] 17절의 본문의 말씀은 하나님께서 요한에게 주신 사명과 예수님에게 주신 사명을 잘 구분하여서 해석을 하여야 한다.

만약 잘못 해석하게 되면 아주 위험한 해석을 하게 되어서 성도들에게 예수님 안에서 참 평안과 기쁨의 삶을 주기는커녕 예수님 안에서 오히려 고통과 불안의 삶을 만들어 주기 때문이다.

즉 많은 가르치는 자들이 이 구절을 봉사와 헌신 헌금 등의 말씀에 인용하여 열매로 연계시킴으로 성도들이 자기의 기준을 잡지를 못하여 방황하고 또 불안하여 한다.
[율법과 선지자의 강령 해설 참조][성령 훼방 죄란 해설 참조]

즉 손에 키를 들고 자기의 타작 마당을 정하게 하사 알곡은 모아 곡간에 쭉정이는 꺼지지 않는 불에 태우시리라. 하신 이 말씀의 뜻은 이렇다.

첫째. 하나님께서 주신 요한 사도의 사명을 잘 알아야 한다.
요한 사도는 곧 예수님의 앞길을 예비하는 사명을 가지고 이 땅에 보내심을 받은 자이다. 그래서 예수님께서 공생애를 시작을 하실 수 있게 의를 이루기 위한 물세례를 예수님께 베푸신 것이다. 즉 사도 요한은 예수님께서 사명을 감당하실 수 있게 예수님에게 물세례를 주도록 하시기 위하여 예비된 자이다.[사 40:3-5] [왜 예수님께서 물세례를 받으셔야 하나? 참조] [눅

1:13-17] [마 3:3] [마 17:12]

둘째. 하나님께서 주신 예수님의 사명은 곧 새 생명의 물을 당신의 잃어버린 자녀들을 찾아서 그들에게 주어 먹게 하여서 죽은 생명을 소생시키셔야 할 사명과 성령으로 세례를 베풀어야 할 사명을 가지고 오신 것이다.[창 3:15][요 7:37-38. 5:24][사 55:1]

즉 타작 마당은 성도가 예배드리는 교회를 말씀하시는 것이 아니라 성도가 살고 있는 온 세상을 말씀하시는 것이다.

하나님께서 예수님께 주신 마당은 이미 구원을 얻은 자들의 모임인 교회가 아니라 성도가 살고 있는 이 세상 전체를 말씀하시는 것이다.

3] 마당은 이미 아담과 하와의 때부터 지금까지 있는 것이다. 그러나 본문에서 말씀하시는 마당은 알곡과 쭉정이와 연결하여 오순절 이전과 이후의 마당으로 분리한다.

즉 오순절 이후의 마당에서 성령의 역사로 말미암아 찾으시는 당신의 자녀들을 알곡이라 부르시고 성령의 역사 밖에 있는 사람들을 쭉정이로 분리 하시어 부르시는 것이다.

즉 알곡이란 예수님을 믿음으로 말미암아 성령님께서 함께 하시는 성도를 말씀하심이며 쭉정이는 하나님은 알지만 예수님을 영접하지 않아서 성령님께서 함께 하시지 않는 사람들을 말씀 하심이다.

우리 인간의 눈으로는 어떤 사람이 성령님께서 함께 하시는지 예수님으로부터 온 믿음이 있는지 혹은 없는지를 잘 모른다. 오직 하나님만 아신다. 그러므로 우리 인간은 절대로 성도를 판단할 수가 없는 것이다. 또 절대 판단하여서도 안 된다.

이는 하나님 대신 심판을 하는 것과 같은 아주 위험한 행위이다.[약 4:11]

그러므로 일단 전도를 받고 교회에 나온 사람은 모두 하나님께서 예비한 구원의 믿음을 가진 알곡으로 보아야 할 것이다.

알곡이 얼마나 큰 가, 작은 가, 혹은 속이 꽉 찼나, 꽉 안 찼나, 하는 것은 곧 믿음이 얼마나 큰 가, 작은 가 하고 비교하는 것과 같은 정도이다.

즉 하나님께서 예수님을 믿는 믿음이 얼마나 큰 가에 구원의 선을 정하시지 않은 것과 같다.

그러므로 알곡인 성도가 신앙생활을 어떻게 하느냐로 알곡이냐 혹은 쭉정이냐로 판단하여서는 절대 안 된다는 말이다. 믿음이 적으나 크나 믿음은 같은 믿음이다. 따라서 알곡은 적으나 크나 알곡이다. 즉 꽉 찼거나 덜 찼거나 알곡은 알곡인 것이다.[쭉정이는 속에 아무것도 없이 비어 있다]

즉 구원의 믿음은 예수님 안에 예비된 구원의 복음을 들을 때 성령의 역사로 말미암아 하나님께로부터 오는 것이기 때문에 그 크기는 각 사람마다 다른 것이며[롬 10:17] 또 하나님의 선물이다.[엡 2:8-9] 그러므로 우리 인간이 성도의 믿음을 판단 하는 것은 곧 하나님을 판단하는 행위나 마찬가지이다.

판단하시는 이는 오직 예수님 한 분이시다.[요 5:22]

구원의 믿음을 주시는 이도 하나님이시고[고전 2:5] 또 그것을 판단하시는 이도 하나님이시다. 그러므로 결국은 믿음이 적든 많든 성도는 심판을 받지 않는 것이다. 만약 성도의 믿음이 적다고 해서 심판을 받는다면 결국은 하나님께서 하나님을 심판 하시는 것과 마찬가지 결과이다.[롬 8:1-2]

이것이 곧 [요 3:18]의 말씀과 같다.

[저를 믿는 자는 심판을 받지 아니하는 것이요. 믿지 아니하는자는 하나님의 독생자의 이름을 믿지 아니하므로 벌써 심판을 받은 것이니라.]

[이 말씀의 뜻은 심판의 권세 안에 있다가 어느 날 예수님을 믿으면 바로 심판의 권세에서 풀려나서 심판이 없는 자유를 얻는다는 말씀이다. 즉 쭉정이가 알곡이 되는 것이다.]

특히 당시에 예수님께서 이 말씀을 쭉정이의 비유로 들으신 것은 예수님을 배척하는 유대인들 특히 바리새인이나 제사장들을 쭉정이에 비유하여 말씀하시는 것이다. 이는 그들이 하나님은 믿되 예수님을 영접하지 않았으므로 참 생명이 없는 쭉정이들 이기 때문인 것이다.

40. 중풍 병자와 친구들

(눅 5:18-19) (막 2:3-5. 9-10)

한 중풍병자를 사람들이 침상에 메고 와서 예수 앞에 들여 놓고자 하였으나 무리 때문에 메고 들어 갈 길을 얻지 못한지라 지붕에 올라가 기와를 벗기고 병자를 침상 채 무리 가운데로 예수님 앞에 달아 내리니 예수께서 저희의 믿음을 보시고 이르시되 이 사람아 네 죄 사함을 받았느니라. 하시니 그러나 인자가 땅에서 죄를 사하는 권세가 있는 줄을 너희로 알게 하리라 하시고.

? 제기되는 난제

1] 예수님은 왜 병자의 병을 고쳐 주시면서 '네 죄 사함을 받았느니라' 하시면서 '인자가 세상에서 죄를 사하는 권세가 있음을 알게 하리라' 하고 말씀하시었나?

난제 해석

1] 예수님께서 이 사건을 통하여서 하나님의 나라를 건설하는 방법을 알려 주시며 당신이 하나님의 나라 건설에 주인공이 되심을 알게 하시는 데 의미가 있다 하겠다.

첫째. 성도들이 새 생명의 삶을 살고 있는 이 땅의 삶 속에서는 쉴 새 없이 예수님을 통하여 하나님의 나라를 확장하고 하나님의 영광을 나타낼 수 있는 일들이 항상 발생하고 또 존재 한다는 것이다.

둘째. 예수님을 영접한 사람들은 이 사회에서 일어나는 사건들을 통하여서 하나님의 나라를 건설하기 위하여 하나님께서 예수님 이름으로 뽑아 세운 일꾼들이라는 것을 알아야 한다.
[요 15:16-17]

셋째. 하나님께서 예수님 이름으로 뽑아 세운 일꾼들은 뽑아 세우신 분의 뜻을 잘 알아야만 하는 것이다. 그분의 뜻을 잘못 알게 되면 그분의 나라 건설이 아니라 오히려 그분의 나라를 무너뜨리는 결과가 된다.

2] 그럼 본문의 말씀을 살펴 보면서 성도가 하나님의 나라를 어떻게 세우는 것이 가장 아름답고 튼튼하게 세우는 것인가 알아보자.

첫째. '마가 복음에는 침상을 네 사람이 메고 지붕을 뜯고 예수님께로 달아 내렸다 라고 한다. 그런데 다음에 표현이 '저희의 믿음을 보시고' 라고 말씀하신다. 이를 분석을 하여보면 침상을 들고 온 사람들은 성도의 예표로 보면 된다.[이미 주님을 믿고 데리고 왔으니 이미 성도라고 할 수 있다.]

다음에 중풍 병자는 성도라고도 볼 수 있고 아니라고도 볼 수 있다. 그러나 사건이 원하는 목적상으로 볼 때 중풍 병자는 성도가 아니라고 보는 것이 더 좋다. 왜냐하면 주님께서 이 땅에 계시는 동안에 장차 성도들이 이 땅에서 행하여 하나님의 말씀을 전파하고 또 하나님의 나라를 세우는 일을 가르치시고 승천 하시어야 하시기 때문에 이 사건을 하나의 전도 모델로 삼으신 것이다.

둘째. 성도가 사는 사회에서는 항상 문제가 발생하게 되어 있다. 아무리 구원을 받아 예수님과 함께 동행을 한다고 하여도 육신에 있는 한 또 흑암의 세력이 이 세상에 운행하고 있는 한 문제를 떠나서는 이 사회의 일원으로 살 수가 없는 것이다.

[엡 2:2. 고전 5:10]

하나님을 믿는 사람에게도 안 믿는 사람에게도 문제는 항상 발생하게 되어 있다. 그러나 어떠한 문제이든 성도는 하나님의 나라를 건설하는 주재로 삼으라는 말씀이다.

즉 어떠한 사건을 대하게 되면 그 사건 속에서 하나님의 메시지를 발견하고 예수님께서 명하신 하나님의 영광을 위한 희생이 있는 또 하나님의 영광을 나타내려는 소망이 있는 순수한 사랑을 실천하여 하나님의 나라를 건설하라는 것이다.

즉 사건 속에서 하나님의 나라가 건설될 것이라는 믿음과 소망을 가지고 그 사건이나 문제들을 사랑을 가지고 해결을 하라는 말씀이다.

그래서 사도 바울도 믿음, 소망, 사랑 이 세가지는 항상 있을 것인데 그 중에 제일은 사랑이라. 라고 [고전 13:13]에 말씀하신 것이다.

이 말씀은 성도의 새 생명의 삶속에는 하나님께로부터 온 구원의 믿음과 행함의 믿음 또 하나님의 영광을 나타내고자 하는 간절한 소망 그리고 이 믿음과 소망 위에 희생이 있는 사랑 즉 행함이 있는 사랑이 함께 하여야 한다는 것이다. 믿음 따로 소망 따로 사랑 따로는 아무 의미가 없다는 말씀이다.

본문에 중풍 병자의 침상을 메고 온 사람들은 곧 이 세 가지가 모두 함께 있는 것을 볼 수 있다. 즉 희생이 있는 사랑과 행 하는 믿음과 중풍 병자가 치료 받기를 바라는 간절한 소망이 그들에게 있다는 것이다.

3] 결론적으로 말해서 성도는 이 사회의 삶 속에서 '산 제자의 삶. '화목제의 삶'을 살라는 말씀이다.

즉 구약의 제사에 화목제를 드리는 것은 곧 장차 성도들이 예수님을 영접하고 나서 성도가 사는 새 생명의 삶 속에서 모든 만나는 사람들과 화목제의 삶을 살 때 하나님의 나라가 건설되고 성도의 새 생명의 삶 속에는 아름다운 열매가 맺혀서 하나님께서 성도의 삶의 행위를 통하여서 영광을 받으시고 성도는 축복을 받으며 하나님의 나라는 건설된다고 하시는 것이 이 중풍 병자 사건을 통하여서'화목제'의 삶을 알려 주시고자 하시는 예수

님의 메시지인 것이다.[출 20:24]

성도가 이렇게 중풍 병자의 친구들과 같이 새 생명의 삶을 화목제의 삶으로 살 때 하나님께로도 칭찬을 받고 사람에게도 칭찬을 받아서 하나님의 나라는 세워지고 하나님은 영광을 받으시게 되고 성도의 새 생명의 삶에는 천국이 세워져서 성도는 새 생명의 삶에서 천국을 누리며 산책하는 삶을 살게 되는 것이다.[롬 14:18]

4] 본문에 예수님께서 '네 죄사함을 받았느니라' 하시는 말씀의 뜻은 당시 이스라엘이 가지고 있는 죄에 대한 관념을 깨트리시어야 하시기 때문인 것이다.

당시 이스라엘은 중풍 병자나 문둥 병자와 같은 사람들을 하나님께로부터 저주를 받은 '죄인'이라는 사고 관념을 가지고 있었다. 그러므로 예수님께서는 그런 중풍 병자나 문둥 병자들이 죄인이 아니라는 것을 알려 주시어 그들의 사고 관념을 깨트리셔야 하는 것도 목적이 있으시지만 무엇보다도 예수님은 예수님께서 인간들의 죄 사함을 주시려고 오신 '메시아'이시라는 것을 세상에 알리셔야 하시기 때문에 '네 죄 사함을 받았느니라' 라고 말씀을 하시는 것이다.

성경에서 정한 죽는 죄는 인간들이 행함으로 짓는 죄를 죽는 죄로 정하신 것이 아니요. 하나님께서 인간들의 죄 사함을 위하여 예수님께 맡기신 일 즉 예수님의 십자가 대속의 사건을 믿지 않는 것을 죄로 정하신 것이다.[막 16:16. 요 3:19. 요일 5:16]

41. 제일 좋은 옷과 가락지 그리고 신발

(눅 15:22-24)

아버지는 종들에게 이르되 제일 좋은 옷을 내어다가 입히고 손에 가락지를 끼우고 발에 신을 신기라 그리고 살진 송아지를 끌어다가 잡으라 우리가 먹고 즐기자. 이 내 아들은 죽었다가 다시 살아났으며 내가 잃었다가 다시 얻었노라 하니 저희가 즐거워하더라.

❓ 제기되는 난제

1] 죽었다가 다시 살아난 아들, 잃었다가 다시 얻은 아들이란?

2] 제일 좋은 옷과 가락지 그리고 발의 신은 무슨 뜻인가?

난제 해석

1] 본문은 예수님께서 이 땅에 오셔서 잃어버린 자녀들을 찾으시고 찾으

신 후에 당신의 자녀들에게 주시는 권세를 나타내시는 비유의 말씀이
다.[눅 19:10]

2] 실제로 하나님께서 힘이 없으셔서 당신이 지으신 사람들을 잃어버리셨
  나 하면 그렇지는 않다.

  창세기의 창조 역사속의 비밀부터 읽으신 분들은 왜 사람이 하나님과
만날 수가 없었는가를 잘 알고 있을 것이다. 우주의 섭리를 정하시고 강제
하지 않으시는 하나님은 인간도 우주 자연의 한 부분인 것이지 그 이상이
아니다. 다만 당신의 특별한 생기를 주시고 특별히 사랑하시여 우주 가운
데 주인공이 되게 하시며 영원히 함께 하시며 영광을 받으시기를 원하시
는 특별한 하나님의 소망이 인간에게 더 있는 것뿐이다.

3] 다시 한 번 자세히 설명하자면 어떤 분이 '사단이 하나님을 대적한다'
  라고 표현을 한다 하자. 정말 사단이 하나님을 대적 할 수 있다고 생각
  이 되는가? 아니다. 이 세상의 모든 것 즉 눈에 보이는 것이나 보이지
  않는 것이나 모두 하나님의 피조물에 불과하다. 모두 하나님께서 쓰시
  는 피조물인 것이다.

  [골 1:16-17. 빌 2:10. 대상 29:11]

4] 하나님께서 찾으셔서 하나님을 만난 하나님의 자녀들은 첫째 하나님의
   아들이 되는 권세를 받게 된다.[요 1:12]

　이들은 예수님과 마찬가지로 하늘과 땅의 권세를 모두 받는다[마 28:18-
20] 그러나 이 권세들은 모두 눈에 보이지 않는 영적 권세들이다. 이 권세
는 곧 성령님이 성도를 성전 삼아 내주 하심으로 예수님과 한 몸이 되는
권세인 것이다. 그래서 예수님의 영으로 말미암아 죽어도 다시 살며 살아
도 영원히 죽지 않는 것이다.[요 11:25] [롬 8:11] 그래서 하나님을 믿는 자
들을 '신' 이라 부르는 것이다.[요 10:35]

5] 그럼 하나님께서 당신의 잃어버린 자녀가 당신의 품으로 돌아 왔을 때
   어떤 권세를 주시나 하는 것이 본문의 말씀이다.

　※ 제일 먼저 가장 좋은 옷을 입혀 주신다.

　첫째. 최고로 좋은 옷을 입혀 주신다. 이는 곧 하늘과 땅의 모든 권세를
받는 왕 같은 제사장의 옷이다. 왕도 세상에서 제일좋은 옷을 입겠지만 제
사장의 옷은 왕의 옷보다 더 좋은 것이 권세가 왕보다 위에 있기 때문이
다.[레 16:4] [삼상 10:1]
　둘째. 흑암의 세력에서 나오게 하셔서 빛의 자녀로 삼으셔서 사단의 모
든 권세를 이길 수 있는 빛의 갑옷을 입혀 주신다. 이 빛의 갑옷을 입은
자는 세상에 사는 동안에 흑암의 권세와 싸워서 흑암의 세력을 물리쳐야
할 의무도 함께 하나님께로부터 부여 받은 것이다.[엡 5:8-9. 롬 13:12]

셋째. 예수님의 신부가 되어 천국 혼인 잔치에 참여할 수 있는 예복을 입혀 주신다.[마 22:11-14]

넷째. 천국 문에 들어갈 권세의 두루마기를 입혀 주신다.[계 22:14]

※ 다음으로 가락지를 끼워 주신다.

첫째. 가락지를 끼워 주시는 것은 곧 치리자의 권세를 주시는 것이다.[에 8:8. 렘 22:24-25. 창 41:42]

둘째. 하나님의 말씀 선포권을 갖는다.[막 16:15]

※ 다음은 가장 좋은 신발을 신겨 주신다.

첫째. 가장 좋은 신발은 곧 복음을 의미한다.[출 12:11. 사 11:15. 엡 6:15]
즉 하나님의 아들이 되어 하늘과 땅의 모든 권세를 받은 하나님의 자녀는 죽은 영혼을 살리는 새 생명을 주는 권세를 받는다. 그러므로 하나님의 말씀을 가지고 세상에 나가서 그 받은 권세를 사용하여 흑암에 잡혀있는 당신의 자녀들을 찾아 새 생명을 주어 이끌어 내라는 말씀이며 또 주신 권세를 사용하여 하나님의 나라를 건설하고 그 건설된 하나님의 나라에서 참 평안을 누리며 살라는 말씀이다.[요 20:23]

6] 잃어버린 아들이 돌아왔을 때 잔치를 베푸시는 것은 곧 잃어버린 한 자녀가 돌아왔을 때 하늘나라에서는 하나님께서 의인 아흔 아홉보다 더 기뻐하신다는 말씀이다.[눅 15:7]

42. 겨자씨 비유

(눅 13:18-19)

그러므로 가라사대 하나님의 나라가 무엇과 같을꼬 내가 무엇으로 비할꼬 마치 사람이 자기 채전에 갖다 심은 겨자씨 한 알 같으나 자라 나무가 되어 공중의 새들이 그 가지에 깃들였느니라.

? 제기되는 난제

1] 채전은 무엇을 의미하며 겨자씨 한 알의 뜻은?

2] 나무가 되어서 새가 깃들인다는 말씀은?

난제 해석

1] 먼저 겨자씨에 대하여 알아보기로 하자.

예수님께서 겨자씨 한 알을 천국 비유로 들으신 것은 곧 겨자씨가 씨 중에서도 아주 작은 씨이지만 생명력이 있어 씨의 크기에 비하여 아주 크게 자랄 수가 있기 때문에 천국 비유로 들으신 것이며 또 그 작은 씨가 내포하고 있는 내용은 아주 굉장히 놀랍고 큰 것이기 때문에 신비하고 놀라운 천국 비유로 들으신 것이다.

겨자씨는 새 생명을 잉태한 천국의 씨앗이다. 라고 말할 수 있다. 왜냐하면 이 씨앗은 성도가 하나님의 말씀을 들을 때 성령의 역사로 말미암아 마음에 구원의 믿음이 생기는 동시에 마음의 문이 열린다. 이때 문이 열리는 순간 마음의 밭에 이 새 생명의 씨앗이 떨어져서 심기우는 것이기 때문이다.

그러므로 채전은 곧 성도의 마음의 밭이라 말할 수 있으며 이때 동시에 보이지 않는 채전이 하나 더 생기게 되는데 이 채전은 곧 성도의 새 생명의 삶 속에서 새 생명의 씨앗들을 만나는 사람과의 관계 가운데 심어나갈 눈에 보이지 않는 밭이 그 또 하나이다.

2] 마음 밭에 심기운 새 생명의 천국 씨앗은 성도가 새 생명의 삶을 이 땅에서 살아가면서 심어 나가는 삶 속의 밭에 심기는 천국 씨앗과 아주 밀접한 관계가 있다. 성도의 마음 밭에 심기운 천국 나무가 잘 크면 성도의 새 생명의 삶 속의 밭에 심기운 천국 나무들도 잘 크며 역으로 성도의 삶 속의 밭에 심기운 천국 나무가 잘 크면 또한 성도의 마음 밭에 심기운 천국 나무도 따라서 잘 큰다.

이렇게 양쪽의 채전에 심기운 천국 씨앗들이 싹이 트고 잘 자라서 많은 열매를 맺으면 성도의 신앙생활 즉 성도의 예수님 안에서의 새 생명의 삶이 즐겁고 기쁘다. 이러한 성도의 즐겁고 기쁜 새 생명의 삶이 곧 성도의 성령 충만의 삶의 생활이다.

3] 그럼 이 두 밭에 심기운 천국 나무가 잘 자라야 하는데 이 천국 나무들이 잘 자라게 하려면 역시 천국의 물 즉 생명수 샘물로 물을 잘 주어야 한다.

그럼 천국의 생명수 샘물은 어떤 것이며 어떻게 흘러 내려 성도의 마음의 밭과 새 생명의 삶을 살고 있는 세상속의 밭으로 흘러내리는가?

이를 알려면 먼저 생명수 샘물이 어떤 것인가를 잘 알아야 할 것이다.

첫째, 천국에서 흘러내리는 생명수 샘물은 곧 하나님의 인류 영혼 구원의 생명의 말씀이며 말씀은 곧 예수님이다.[요 1:1-4. 14] 따라서 구원을 받은 성도의 영의 양식은 예수님의 피와 살인 것이다. 그러므로 성도는 예수님의 살과 피을 많이 먹고 성도의 새 생명의 삶 속에서 성령의 역사를 훼방하는 사단의 궤계를 말씀과 믿음의 행위와 예수님 이름으로 싸워서 이겨야 하는 것이다.[요 6:53-57]

성도가 사단과의 싸움에서 이길 때마다 천국의 하늘 보좌 우편에 앉아 계신 예수님의 보좌로부터 생명수 샘물이 성도의 마음밭과 새 생명의 삶 속의 밭으로 흘러내려서 성도의 마음 밭에 심기운 천국 나무와 성도의 새 생명의 삶의 삶 속에서 만나는 사람과의 관계에 생긴 밭에 심겨진 천국 나무[겨자 나무]로 흘러내린다. 그러면 그 심기운 천국 나무들이 잘 자라서 열매를 맺히게 되는 것이다.[요 15:16. 계 3:20-21]

둘째로 천국에서 새 생명의 생명수 샘물을 흘러내리게 하는 방법은 새 생명의 삶 속에서의 예배 생활이다. 첫째는 주일 예배요. 다음은 삶 속에서의 산 제사의 삶의 예배이다.

주일 예배 때에는 생명수 샘물이 교회의 머리되신 예수님을 통하여 목사님의 말씀을 통하여 성도들의 마음 밭으로 흘러내린다. 이때 말씀에 은혜가 되면 생명수 샘물이 마음 밭으로 많이 흘러내린 것이라 성도의 새 생명의 삶 속에서 행위로 이어져서 성도의 새 생명의 삶 속에 심긴 천국 나무에 열매가 많이 맺히게 되어 있는 것이며 그 맺힌 천국 나무의 열매를 성도와 예수님께서 함께 잡수시며 동행하시는 것이다.[계 3:20]

4] 이 생명수 샘물은 이미 설명하였듯이 하늘 보좌에 앉으신 예수님의 보좌로부터 흘러내려 성도의 마음 밭으로 흘러내리는데 이 성도의 마음 밭으로 흘러내린 생명수 샘물은 성도의 산 제사의 삶의 행위를 통하여 성도의 새 생명의 삶 속에 생긴 세상 밭으로 다시 흘러내리게 되어 있다.

즉 성도의 새 생명의 삶의 행위가 하나님의 영광을 나타내며 하나님의 나라가 세워지는 삶이 되면 이때 성도의 마음으로부터 성도의 행위를 따라 생명수 샘물이 성도의 새 생명의 삶을 사는 세상의 성도의 삶 속의 천국 밭으로 흘러내려 성도의 새 생명의 삶 속 천국 밭에 심기운 천국 나무를 자라게 하고 열매를 맺히게 하는 것이다.

이 인간에게 새 생명을 주는 생명수 샘물은 처음에는 성도의 마음 밭에서 흘러내려 성도의 새 생명의 삶 속에 생긴 천국 밭으로 흘려내리지만 일단 그 생명수 샘물의 흐르는 양이 늘어나면 서로 역류하여 흐르면서 서로 돕는 사이가 된다.

즉 성도의 새 생명의 삶을 사는 세상의 천국 밭에서 새 생명을 가진 성도의 마음 밭으로 또 새 생명을 가진 성도의 마음 밭에서 성도가 새 생명의 삶을 사는 세상에 생긴 천국 밭으로 서로 역류하여 흐르면서 양쪽에 심기운 천국 나무를 서로 잘 자라게 하는데 그러면 성도의 새 생명의 삶에 기쁨과 평강이 임하고 성도의 새 생명의 삶의 천국 밭은 더욱 넓혀지게 되어 있는 것이다. 즉 성도의 지경이 넓어지는 것이다.

[계 22:1-2, 시 23:1-6, 시 27:1, 요 7:38-39]

이러한 새 생명의 삶이 곧 성령 충만한 삶이 되어 하나님께서 성도의 새 생명을 힘 있게 하시며 천국을 누리는 삶을 새 생명의 삶 가운데 살게 하시는 것이다.

또 성도의 새 생명의 삶이 이와 같이 생명수 샘물이 강 같이 많이 흘러내리면 성도가 가는 곳마다 죽은 물고기들이 살아나는 역사가 일어나는 것이다.[겔 47:1-12]

[겔 47:5절의 물이 건너지 못할 강이 되었다고 하시는 말씀은 성도의 새 생명의 삶 속에서 생명수 샘물이 그렇게 많이 흘러 내리면 성도가 새 생명의 삶을 참 평강의 예루살렘을 누리며 온 천하에 아주 많은 죽은 물고기들을 살릴 수 있게 되는 것이다]

성도는 하나님께서 거하시는 성전이다. 따라서 성도의 몸 된 성전에서는 생명수 샘물이 강같이 흘러 내려서 세상에 죽은 많은 물고기를 살려야 할 것이다.[고전 3:16, 6:19]

5] 간단히 다시 설명을 하자면 성도의 새 생명의 삶을 살고 있는 모든 사람과의 관계속에 생긴 천국 밭과 성도의 마음에 있는 천국 밭에는 성도가 주님을 영접한 순간 이미 새 생명을 잉태한 천국 나무의 씨앗이 떨어져 싹이 터서 자라고 있는 것이다. 그 순간 성도는 하나님께로부터 이 천국 나무들을 잘 자라게 하여서 하나님의 나라를 넓혀 나가야 할 사명을 또한 부여 받은 것이다.

성도의 새 생명의 삶이 하나님께 영광을 돌릴만 하면 이 천국밭에 심기운 천국 나무들은 잘 자라서 많은 열매를 맺힐 수가 있으므로 예수님께서 친구처럼 항상 동행을 하시며 성도의 지경을 넓혀 주시고 성도를 참 평안의 길로 인도하시는 것이다.[요 14:27, 눅 2:14]

6] 마지막으로 나무가 크면 새가 와서 깃들인다고 말씀하시는 것은 곧 성도의 마음 밭에 심기운 천국 나무가 커서 왕성하면 어떠한 근심이나 걱정 같은 문제들을 다 포용할 수 있다는 말씀이며 또 마음에 참 평안과 기쁨을 누릴 수가 있다는 말씀이다.

또 성도의 새 생명의 삶을 살 때 만나는 사람들과의 사이에 생긴 천국 밭에 심기운 천국 나무가 잘 자라서 열매를 많이 맺히면 세상에 많은 사람들의 고통과 걱정 근심 까지도 모두 포용 하여 그들에게도 예수님 안에서의 참 평안을 누리도록 도와 줄수가 있다는 계시의 말씀이다.

43. 불의한 청지기의 비유

(눅 16:1-13)

또한 제자들에게 이르시되 어떤 부자에게 청지기가 있는데 그가 주인의 소유를 허비한다는 말이 그 주인에게 들린 지라 주인이 저를 불러 가로되 내가 네게 대하여 들은 이 말이 어쩜이뇨 네 보던 일을 셈하라 청지기 사무를 계속하지 못하리라 하니 청지기가 속으로 이르되 주이님 내직분을 빼앗으니 내가 뭣을 할꼬 땅을 파자니 힘이 없고 빌어 먹자니 부끄럽구나 내가 할 일을 알았도다 이렇게 하면 직분을 빼앗긴 후에 저희가 나를 자기 집으로 영접 하리라 하고 주인에게 빚진 자를 낱낱이 불러다가 먼저 온 자에게 이르되 네가 내 주인에게 얼마나 졌느뇨 말하되 기름 백말이니이다. 가로되 여기 네 증서를 가지고 빨리 앉아 오십이라 쓰라 하고 또 다른 이에게 이르되 너는 얼마나 졌느뇨 가로되 밀 백석이니이다. 이르되 여기 네 증서를 가지고 팔십이라 쓰라 하였는지라 주인이이 옳지 않은 청지기가 일을 지혜있게 하였으므로 칭찬하였으니 이 세대의 아들들이 자기 시대에 있어서는 빛의 아들들 보다 더 지혜로움이니라. 내가 너희에게 말 하나니 불의의 재물로 친구를 사귀라 그리하면 없어질 때에 저희가 영원한 처소로 너희를 영접하리라. 지극히 작은 것에게 충성된 자는 큰 것에도 충성되고 지극히 작은 것에 불의한 자는 큰 것에도 불의 하니라 너희가 만일 불의한 재물에 충성치 아니하면 누가 참된 것으로 너희에게 맡기겠느냐 너희가 만일 남의 것에 충성치 아니하면 누가 참된 것으로 너희에게 주겠느냐 집 하인이 두 주인을 섬길 수 없나니 혹 이를 미워하고 저를 사랑하거나 혹 이를 중히 여기고 저를 경히 여길 것임이니라 너희가 하나님과 재물을 겸하여 섬길 수 없느니라.

? 제기되는 난제

옳지 않은 청지기의 행위를 왜 지혜있게 하였다고 칭찬을 하셨나?

 ## 난제 해석

1] 예수님께서 하나님의 나라와 인간 영혼 구원의 뜻 그리고 당신의 말씀을 전파하실 때 항상 비유의 말씀을 들어서 사용 하신다.[마 13:34]

2] 이 비유의 말씀에 나오는 주제는 청지기이다. 청지기는 곧 하나님 나라의 일을 주관하라고 맡겨놓은 사람들을 말씀하심이다. 그러나 더 정확히 말을 하자면 청지기는 주인이 가지고 있는 것을 잘 관리하여 주인의 재산이 더 불어나도록 하여야 할 의무를 부여받은 자이다.

그러므로 정리하자면 본문에 예수님께서 지적하여 말씀하시는 청지기는 당시의 이스라엘의 제사장과 서기관 바리세인 등 즉 하나님께서 선민으로 부르신 이스라엘을 가르치며 하나님의 백성인 이스라엘을 이끌어야 할 책임을 맡은 자들을 말씀하시는 것이다.

3] 다음으로 본문의 말씀 속에 숨겨져 있는 예수님의 뜻은 장래에 구원을 얻어 왕 같은 제사장이 되어 예수님의 말씀을 전파 하여야 할 오순절 기간의 청지기들인 성도들에게 계시하시는 것이 또 그 하나이다.

4] 그럼 본문을 하나씩 자세히 살펴보기로 하자.

1-7절의 말씀을 보면 청지기가 자신의 직책을 빼앗길 것을 알고 빚진 자들을 불러다가 빚을 얼마씩 탕감하여 주는 말씀이 나온다. 이 말씀은 이는 당시의 청지기였던 제사장이나 혹은 이스라엘의 지도자들 혹은 이스라엘이 예수님의 말씀을 듣고 일단 회개하였을 경우를 비유로 말씀하시는 것이며 장차 오순절 기간에 말씀을 듣고 주님의 품으로 돌아올 성도들을 일컬어 비유로 말씀하시는 것이다.

이 내용을 쉽게 알 수 있는 것은 청지기의 불의한 행동을 보고 주님께서 [주인] 청지기를 칭찬하였기 때문이며 8절의 말씀에 이 세대의 아들들이 자기 세대에는 빛의 아들들보다 더 지혜로움이라. 라고 하신 말씀 때문이다.

즉 당시의 청지기인 제사장이나 이스라엘의 지도자 혹은 이스라엘이 회개하고 예수님을 영접하게 될 때 그 회개하고 돌아와 예수님을 영접한 사람들을 칭찬하시는 말씀이다. 이는 실제로 장차 오순절 기간에 빛의 아들들이 될 장래의 청지기들보다 더욱 어려운 환경과 조건 속에서 어렵게 선한 길을 택하였으니 예수님께서 더욱 지혜롭다고 칭찬하시는 것이다.

5] 다음에 불의한 재물로 친구를 사귀라 그리하면 영원한 처소로 너희를 영접하리라. 라고 하신 말씀은 곧 재물은 세상의 재물과 당시의 이스라엘의 지도자들 혹은 이스라엘이 가지고 있는 재물을 가르치시는 말씀으로 이 재물은 예수님 안에서 얻어진 즉 구원받은 상태에서 얻어진 재물이 아니기에 불의한 재물이다. 라고 말씀하시는 것이다.

또 당시에 이스라엘의 지도자들인 제사장이나 서기관 바리새인들은 거의가 다 부자였고 그들은 재물을 정상적이지 않은 방법으로 축적하였기 때문에 그들의 재물을 불의한 재물이라고 말씀하시는 것이다. 그러므로 본문의 말씀의 청지기는 특히 당시의 제사장이나 이스라엘의 지도자들을 중점적으로 말씀하시는 비유의 성격이 강하다.

비유의 말씀에 청지기가 빚진 자들을 불러 탕감하여준 것은 실제로 당시 이스라엘의 평민들은 지도자 층에 있는 사람들에게 빚을 많이 지고 있었다. 그러므로 주인 즉 하나님을 두려워하고 경외하므로 가난한 자들이 진 빚을 탕감하여 주면 하나님께서 칭찬을 하여 주실 것이고 또 그렇게 하면 그 탕감을 받은 가난한 자들[예수님을 영접한 가난한 자들]이 그들을 하나님 앞으로 인도하여 영원한 삶을 얻게 할 것이다 라는 말씀이다.

또 그들이 가지고 있는 돈은 불의한 수단으로 모은 불의한 돈 이라고 하지만 역시 하나님의 것이니 그렇게 하면 하나님께서 칭찬을 하실 것이라는 말씀이다.[학 2:8]

당시에 주님을 영접한 사람들은 주로 가난하였고 지도자 층에 있는 사람들은 부유한 층이었다.

그래서 주님은 이 비유를 들어서 지도자 층에 있는 사람들이 가지고 있는 재물로 가난한 자들이지만 예수님을 영접한 사람들을 사귀고 나누어 주면 그들이 너희들을 영원한 처소 즉 예수님께로 인도할 것이라고 당시의 청지기인 이스라엘의 지도자들을 향하여 말씀을 하시는 것이다.

6] 다음으로 장차 오순절 기간에 예수님을 영접하여 왕 같은 제사장이 될 모든 성도들을 향하여 하시는 계시의 말씀인 것이다. 즉 주님을 영접하기 전에 모았던 재물이나 가지고 있는 지식이나 재주들을 이제는 청지기가 되어서 주님을 영접하지 못한 자들에게 나누어 주어서 그들이 영원한 처소인 주님께로 돌아오게 하여야 한다는 것이다. 즉 재물을 전도와 선교의 목적으로 사용하라는 말씀인 것이다.

하나님께서는 세상의 재물을 둘로 나누어 보신다.

즉 의로운 재물이냐 아니냐 또 사랑도 순수한 사랑이냐 아니냐를 둘로 나누어 보시는 것과 똑같다. 인간 세상에서 일어나는 모든 일을 하나님은 항상 둘로 나누어 보신다. 그 이유는 이 세상의 모든 일 즉 창조까지도 종말까지도 눈에 보이는 것이나 보이지 않는 것까지도 하나님은 예수님 밖에서는 생각하지도 않으시고 계획도 없으시므로 보시는 모든 것을 예수님이 함께 계시냐 아니냐로 나누어 보시는 것이다.

즉 아무리 아름다운 사랑이라 할지라도 예수님 밖에서 일어나는 사랑은 깨끗하다고 보시지 않고 또 아무리 의로운 일을 하여도 예수님 밖에서 행하는 것은 의롭다고 보시지 않으신다는 것이다. 그러므로 재물도 예수님 안에서만 깨끗할 수가 있지 예수님 밖에서는 모든 재물이 깨끗하지가 않은 것이다.

성도가 꼭 알고 항상 기억하여야 할 것은 성도의 삶이 하나님께로부터 왔으며 또한 새 생명도 예수님으로 인하여 얻은 새 생명이니 우리의 생명은 우리의 것이 아니라는 것이다.[갈 2:20]

그러므로 무엇을 하든지 기억하고 상기하고 조심하여야 할 것은 내 삶이 하나님께로부터 왔으니 내가 원하는 이 소망도 하나님께로부터 왔고 또 이 소망을 이루게 하시는 모든 조건과 힘과 능력을 주시는 이도 하나님이심을 고백하고 이 소망이 이루어 졌을 때 모든 기쁨과 영광이 오직 하나님께로 향하기를 간절히 원하는 마음으로 하여야 한다는 것이다.

성도의 행하는 일의 시작이 예수님의 이름으로 하나님의 영광을 위하여 마음으로부터 행하는 것들은 모두 선하다 하시고 깨끗하다 거룩하다 하신다. 즉 하나님께서는 당신의 절대자의 주권으로 인간이 행하는 모든 일을 당신이 정하여 놓으신 법의 길인 예수님 안에서 일어나는 일만 의롭다고 인정을 하신다는 말씀이다.

7] 마지막으로 너희가 하나님과 재물을 겸하여 섬길 수 없느니라 하신 말씀은 이런 말씀이다.

즉 재물을 모으는데 힘쓰지 말라고 하시는 말씀이 아니라 재물을 정당한 방법으로 모으되 그 모으려는 원인과 목적이 바뀌어야 한다는 말씀이다.

성도는 재물의 복을 받아야 한다. 왜냐하면 성도는 하나님의 자녀이며 세상의 모든 것 즉 금과 은 까지도 모두 성도의 아버지인 하나님의 것이다. 그러므로 성도는 재물의 복을 받아서 신실한 청지기가 되어 가난한 자들에게도 나누어 주며 복음이 전파되도록 힘써야 한다는 말씀이다.

즉 돈을 모으는 원인과 쓰는 목적이 하나님의 영광과 하나님의 나라의 확장을 위하는 원인과 목적으로 바뀌어야 한다는 말씀이다.[벧전 4:11 롬 14:8]

그러므로 성도는 재물의 복을 많이 받아서 하나님의 나라가 크게 확장되게 많이 흩어 나누어 주는 것을 소원하며 새 생명의 삶을 살아야 할 것이다. 이러한 소망이 곧 하나님의 나라를 확장시키는 산 소망이다.[벧전 1:3]

성도가 예수님을 영접하고 난 후 가지고 있는 재물이나 또 예수님을 영접한 후 산 소망을 가지고 재물의 복을 많이 받아서 축복받은 재물들을 곧 본문에 빚진 자들을 불러다 탕감하여 주는 청지기 같이 사용하여 많은 자들을 영원한 처소인 예수님께로 돌아오게 하여야 할 것이다.

44. 부자와 나사로

(눅 16:19-31)

한 부자가 있어 자색옷과 고운 베옷을 입고 날마다 호화로이 연락하는
데 나사로라 이름하는 한 거지가 헌데를 앓으며 그 부자의 대문에 누워
부자의 상에서 떨어지는 것으로 배불리려 하매 심지어 개들이 와서 그
헌데를 핥더라 이에 그 거지가 죽어 천사들에게 받들려 아브라함의 품
에 들어가고 부자도 죽어 장사되매 저가 음부에서 고통중에 눈을 들어
멀리 아브라함과 그의 품에 있는 나사로를 보고 불러 가로되 아버지 아
브라함이여 나를 긍휼히 여기사 나사로를 보내어 그 손가락 끝에 물을
찍어 내 혀를 서늘하게 하소서 내가 이 불꽃 가운데서 고민하나이다. 아
브라함이 가로되 얘 너는 살았을 때에 네 좋은 것을 받았고 나사로는 고
난을 받았으니 이것을 기억하라 이제 저는 여기서 위로를 받고 너는 고
민을 받느니라 이뿐 아니라 너희와 우리 사이에 큰 구렁이 끼어있어 여
기서 너희에게 건너 가고자 하되 할 수 없고 거기서 우리에게 건너 올수
도 없게 하였느니라 가로되 그러면 구하노니 아버지여 나사로를 내 아
버지의 집에 보내소서 내 형제 다섯이 있으니 저희에게 증거하게 하여
저희로 이 고통 받는 곳에 오지 않게 하소서 아브라함이 가로되 저희에
게 모세와 선지자들이 있으니 그들에게 들을찌니라 가로되 그렇지 아
니하니이다 아버지 아브라함이여 만일 죽은 자에게서 저희에게 가는
자가 있으면 회개 하리이다 가로되 모세와 선지자들에게 듣지 아니하

면 비록 죽은 자 가운데서 살아나는 자가 있을찌라도 권함을 받지 아니
하리라 하였다 하시니라.

? 제기되는 난제

1] 본문의 내용으로 보면 부자나 나사로나 예수님을 영접하지 않은 것 같
은데 어떻게 거지는 천국에 가고 부자는 못 갔나? 그리고 25절에 부자
는 살아서 좋은 것을 받았으니 죽어서는 지옥에 가는 것이 마땅하다 하
시는 것과 같은데 그럼 이 세상에서 잘 먹고 잘 살면 지옥에 가야 하나?

2] 왜 나사로가 아브라함의 품에 안겨 있다고 하시나?

3] 죽은 자가 살아나서 가서 전도를 하여도 듣지 않는다는 말씀은 무슨 뜻
인가?

난제 해석

1] 우선 이 문제를 해결하려면 당시에의 상황을 점검하여 보아야 한다. 즉
예수님께서는 모든 말씀을 비유가 아니면 하지를 않으셨는데 이는 구
약에 계시된 대로 하시는 것이다.[사 6:9-10]

2] 비유의 말씀 중에 나사로는 죽어 아브라함의 품에 안겨 있다고 나오며 부자는 불꽃중에 있지만 역시 아브라함을 아버지라고 부르는 것이 나온다. 이로 보아서 이들은 모두 아브라함의 후손 즉 이스라엘의 자손들에게 비유로 말씀하심을 알 수 있으며 또 하나는 장차 오순절 기간에 믿음으로 믿음의 조상인 아브라함의 후손이 될 오순절 기간의 모든 성도들을 일컫는 것임을 알 수가 있다.

또 오순절 기간에 믿음으로 구원을 받는 모형을 계시하시기도 하는 것이다. 왜냐하면 나사로가 아브라함의 품에 안겨 있다. 라고 하시는 것은 곧 나사로가 하나님께서 아브라함의 믿음을 보시고 믿음의 조상으로 세우시며 그 믿음으로 인하여 하나님을 믿는 자에게 구원을 주실 것을 계시하시었기 때문인 것이다.[창 15:5-6, 17:19]

다시 쉽게 말하자면 나사로는 장차 오순절 기간에 구원을 받을자들의 모델로서 곧 하나님께서 아브라함과 약속하신 구원의 약속의 믿음 안에 안겨 있다는 말씀이니 즉 아브라함과 약속하신 구원의 믿음으로 구원을 받은 것이니 아브라함의 품에 안겨 있다고 말씀을 하시는 것이다. 즉 아브라함의 씨로 약속하신 예수님 안에 있는 구원의 약속의 믿음 안에 안겨 있다는 말씀인 것이다.

부자는 당시의 바리새인이나 제사장, 사두개인 혹은 왕권을 가진 사람들 또는 정부의 관리들 즉 좋은 것을 먹고 좋은 옷을 입고 호화 호식을 하며 예수님을 배척하는 당시의 사람들을 일컬어 말씀하시는 것이며 또 하나 중요한 계시의 말씀은 장차 도래할 오순절 기간에 하나님을 알기는 알되 예수님을 영접하지 않을 모든 세상 사람들을 말씀하시며 계시하시는 것이다.

3] 예수님께서는 이스라엘의 복음의 내용을 들어서는 안 될 자들 때문에 모든 가르치는 말씀들을 비유로 들어서 말씀하시는 것이다.[사 6;9] 즉 부자는 자색 옷과 고운 베옷을 입었는데 이는 자색 옷을 입는 왕을 비롯하여 고운 베옷을 입는 제사장들과 그와 비슷한 부유를 누리고 있는 부유층을 비유하여서 말씀하시는 것이며 거지 나사로는 극단적 표현으로 당시의 소외된 층을 나타내시며 또 당시에 예수님을 좇는 사람들을 비유로 가르쳐 말씀하시는 것이다. 왜냐하면 당시에 예수님을 좇던 사람들은 거의가 평민 중에서도 아주 낮은 층에 있는 가난한 사람들이 거의 전부였다. 그래서 극단적 표현으로 예수님께서 '가난한 자에게 복음이 전파된다 하라. 라고 요한의 제자에게 말씀하신 것이다.[마 11:5]

4] 또 이 말씀의 비유는 예수님을 따르는 많은 군중과 열두 제자들을 앞에서 하시는 말씀이므로 거지 나사로라고 비유로 표현된 자는 곧 예수님을 영접한 사람들이 가난한 자들이기에 거지로 표현하시는 것이다. 예로 베드로를 비롯한 열두제자도 거의다가 소외된 계층의 사람이요. 예수님을 따라 다니며 수종들고 보살피며 공궤하던 여인들도 모두 소외된 계층의 가난한 사람들이기 때문인 것이다.

5] 즉 당시의 부자들이 잘 먹고 잘 살아서 구원을 못 받아 지옥으로 갔다는 말씀이 아니라 당시 이스라엘 중에 권세자들은 거의 다가 예수님을 영접하지 않았으니 구원이 없어 죽어서 불꽃 중에 있다고 표현하시는 것이고 나사로는 예수님을 따르는 가난한 사람들을 비유로 말씀하시는

것이니 결국 예수님을 영접한 사람들을 말씀하시므로 아브라함의 품에 안겨 있다고 표현하시는 것이다.

6] 모세와 선지자에게 듣지 않으면 죽은 자가 살아서 가서 전도를 해도 듣지 않는다 라는 말씀은 모세와 선지자는 곧 예수님을 영접한 모든 자를 비유로 말씀하심이며 그들이 가서 전도를 해도 듣지 않으면 죽은 자가 살아가서 전도를 해도 듣지 않는다는 말씀이다. 즉 구원은 어떤 상황이나 조건이 영향을 주어 새 생명을 줄 수 있는 것이 아니고 오직 하나님의 권능으로 말미암는다는 것을 나타내시는 말씀이며 살아서 이 땅에 현재 살고 있는 성도가 전도를 하여야만이 그 성도의 전도를 통하여 하나님께서 성령의 역사로 말미암아 구원을 하실 수가 있다는 말씀인 것이다.

즉 인간에게 주시는 구원의 믿음은 하나님의 주권에 있지 어떤 사람을 놀라게 할 만한 기적 같은 것으로 인하여 영향을 끼쳐서 구원을 얻게 되는 것이 아니란 말씀이다. 그래서 죽은 자가 가서 전도를 하여도 듣지를 않는다고 말씀하시는 것이다.[고전 2:5]

7] 성도는 하나님께로부터 누가 구원 받을 조건을 가지고 있는 사람인지 모른다. 성도는 다만 주님의 명령대로 말씀을 전파하면 구원은 하나님께서 그에게 예비하신 대로 주시는 것이다.[행 1:8] [마 28:18-20]

45. 예수님이 불법자와 동류하심은?

(눅 22:36-38)

이르시되 이제는 전대 있는 자는 가질 것이요 주머니도 그리하고 검 없는 자는 겉옷을 팔아 살찌어다 내가 너희에게 말하나니 기록된바 저는 불법자의 동류로 여김을 받았다 한 말이 내게 이루어져야 하리니 내게 관한 일이 이루어 감이니라. 저희가 여쭈되 주여 보소서 여기 검 둘이 있나이다. 대답하시되 족하다 하시니라.

❓ 제기되는 난제

1] 겉옷을 팔아서 검을 사라고 하신 말씀은 무슨 뜻인가?

2] 불법자들과 동류로 여김을 받으리라는 말씀은?

3] 막 6:7-9 에서는 전대도 주머니도 두벌 옷도 갖지 말라 하시고 본문에서는 왜 가지라고 하시나?

1] 먼저 다시 한 번 상기시킬 것은 예수님께서는 구약에 계시 된 대로 여자의 몸을 입고 여자의 후손으로 이 땅에 오셔야 하기 때문에 [창 3:15] 동정녀 마리아에게서 태어나셔야만 했고 구약에 대속의 유월절 어린양으로 계시된 대로 돌아가셔야 하기 때문에 십자가에서 돌아가셔야 하는 것이다. 즉 구약에 계시된 모든 내용을 이 땅에 계시는 동안에 모두 이루시어 완성을 하셔야만 하는 것이다.[요 1:29. 요 19:30]

2] '불법자와 동류로 여김을 받았다 한 말이 내게 이루어져야 하리니 내게 관한 일이 이루어 감이니라' 라는 말씀대로 불법한 죄인이라는 비난을 받으시어 구약의 계시를 이루시어야만 하시는 것이다.

[구약의 제사에 드려지는 모든 제물 중 특히 '수 양'은 예수님의 십자가 대속의 계시이다. 그렇기 때문에 예수님은 십자가에 달려 돌아가시기 위하여서라도 불법한 죄인이 되셔야만 하는 것이다]

그러나 그 말씀의 내용도 역시 비유로 말씀을 하시는 것이다. 즉 제자들에게 이렇게 말씀을 하시는 것은 바리새인이나 서기관 혹은 제사장들 또 예수님을 좇지 않는 이스라엘의 많은 무리가 예수님의 말씀을 말 그대로 믿어 진짜 옷을 팔아서 검을 사라는 지시로 알아들어야만 이사야서에 기록된 대로 '불법한 자'라 하는 이사야의 계시의 말씀이 이루어지는 것이기

때문이다.[사 53:12]

따라서 내게 관한 일이 이루어 감이니라. 라고 하신 말씀은 구약에 계시된 대로 하나씩 하나씩 다 이루어서 이제 거의 십자가에 달려 돌아가실 기한이 되어 간다는 말씀이다.

그래서 예수님께서는 '너희가 성경에서 영생을 얻는 줄 생각하고 성경을 상고 하거니와 이 성경은 곧 내게 대하여 증거 하는것이니라. 라고 말씀하신 것이다.[요 5:39] 예수님께서는 구약에 당신에게 계시된 것들을 하나도 빠짐없이 다 이루시고 완성 하셔야만 하는 것이다.

3] 그러니까 예수님께서 제자들에게 겉옷을 팔아서 검을 사라. 라고 하신 말씀은 진짜로 검을 사라고 하신 말씀이지만 말씀에 진짜로 숨겨져 있는 예수님의 뜻은 인간 영혼 구원의 영적인 내용을 말씀하시는 것이다. 즉 검은 장차 오순절 기간에 말씀을 통하여서 운행하실 성령의 역사를 의미하는 것이다.

[엡 6:17. 히 4:12]

불법자와 동류로 여김을 받으리라는 말씀은 결국 이스라엘이 꼭 그렇게 듣고 믿어야만 하는 것이기에 하나님께서 '이사야'에게 그 내용을 영적으로 먼저 기록하게 하신 것이다.

즉 이스라엘은 이미 예수님을 배척하여 예수님을 십자가에 못박아 돌아가시게 하실 것을 문자상으로 그렇게 기록하게 하신 것이다. 그래서 제자가 여기 검이 둘이 있나이다 하니 족하다 하신 것이다.

4] 전대와 주머니를 전에는 가지고 다니지 말라 하시고 왜 지금은 가지고 다니라고 하시나?

이 말씀은 곧 예수님께서 승천하시고 난 후를 말씀하시는 것이다. 왜냐하면 36절에 '내가 너희를 전대와 주머니와 신도 없이 보내었을 때 부족한 것이 있더냐' 라고 하신 말씀을 보면 뒤에 말씀은 다음에 당신이 이 땅에 계시지 않을 때를 말씀하심을 알 수 있는 것이다.

즉 오순절 기간에 전도자들이[선교사] 갖추어야 할 것을 말씀 하시는 것이다.

5] 예수님의 말씀대로 말씀이 예루살렘으로부터 시작하여 전세계 모든 민족에게 전파되어야 한다. 그 첫 증인으로 바울 사도를 들 수 있다. 당시에도 선교 헌금과 헌물이 여러 가지 형태와 명목으로 바울 사도에게 지원이 된 것을 본다.[빌 4:16.18]

즉 다시 말해서 전대와 주머니를 가지라고 말씀하시는 것은 오순절 기간에는 전대와 주머니를 가지고 받아서 채워 가지고 전도의 일을 하라는 말씀이다. 왜냐하면 오순절 기간에는 예수님께서 계시지 않고 예수님께서 보내신 보혜사 성령님께서 성도들과 동행하시며 일하시는 기간이기 때문이다.[요 14:16-17]

따라서 성령님께서 모든 성도들과 함께 하시면서 하나님의 나라를 함께 전파하시는 것이다. 즉 협력하여서 하나님의 나라를 함께 세워 나가야 한

다는 예수님의 메시지인 것이다.[빌 2:13]

6] 그러면 [막 6:7-9]의 말씀에는 그냥 옷이라고 말씀을 하시고 본문에는
왜 겉옷이라고 하셨나? 이는 그 내용이 의미하는바가 크다. 잠시 생각
하여 볼 것은 당시에 제자들이 입고 있는 옷이 팔아야 얼마나 가겠나?
제자들은 가난한 서민층이다.

그들이 입고 있는 겉옷을 팔아서 과연 검을 살수가 있을까? 아니다. 못
산다. 또 예수님께서 정말 제자들이 겉옷을 팔아서 검을 사게 하시려는 의
도로 말씀을 하신 것이냐 하면 절대 그렇지 않다. 예수님께서 겉옷을 팔
아서 검을 사라는 말씀의 진정한 뜻은 겉옷 즉 말씀을 팔아[통하여] 성령의
역사로 말미암아 새 사람을 입었으니[엡 4:24] 이제는 세상에서 입던 가식
의 겉옷을 벗어 버리고 진리의 말씀 곧 예수님으로 입은 말씀의 옷을 팔아
서 검을 사라는 말씀이다.

쉽게 말하면 말씀을 팔아서 검을 사라는 말씀이니 말씀을 전파하여 성
령의 날 선 검으로 죽은 자의 영과 혼과 및 관절과 골수를 쪼개고 새 생명
을 사라[주라]는 말씀이다.[히 4:12]

성경에서 겉옷은 입은 자의 권세를 의미한다. 즉 왕은 왕복을 입고 제사
장은 제사장의 세마포 옷을 입고 교수는 교수의 옷을 입고 학생은 학생의
옷을 입고 군인은 군인의 옷을 입는다.

그러나 본문에서 말씀하시는 옷은 눈으로 보이는 겉옷을 말씀 하시는
것이 아니라 눈에 보이지는 않지만 예수님을 영접한 순간 성령님께서 입

혀 주시는 왕과 같은 제사장의 세마포 옷과 악한 영과 싸울 때 입는 빛의 갑옷을 말씀하시는 것이다.[벧전 2:9. 엡 6:11-17. 롬 13:12]

즉 이러한 권세의 옷을 입고 말씀의 능력의 성령의 날선 검을 가지고 하나님께서 주신 권세를 사용하여 흑암 속에 갇혀 있는 자들을 불러내라는 말씀이 곧 겉옷을 팔아서 검을 사라고 하시는 진정한 예수님의 말씀의 뜻인 것이다. 말씀을 팔아서 즉 말씀을 통하여 성령의 검의 역사하심으로 흑암 아래에 잡혀 있는 영혼들을 잡아 오라는[사 오라는] 말씀이다. 그래서 예수님께서 성도들을 많은 피값으로 주고 사셨다고 말씀하신 것이다.[고전 6:19-20]

46. 첫 번째로 행하신 기적

(요 2:6-11)

거기 유대인의 결례를 따라 두 세 통 드는 돌 항아리 여섯이 놓였는지라 예수께서 저희에게 이르시되 항아리에 물을 채우라 하신즉 아구까지 채우니 이제는 떠서 연회장에게 갖다주라 하시매 갖다 주었더니 연회 장은 물로 된 포도주를 맛보고 어디서 났는지 알지 못하되 물을 떠온 하 인들은 알더라 연회장이 신랑을 불러 말하되 사람마다 먼저 좋은 포도 주를 내고 취한 후에 낮은 것을 내거늘 그대는 지금까지 좋은 포도주를 두었도다 하니라 예수께서 이 처음 표적을 갈릴리 가나에서 행하여 그 영광을 나타내시매 제자들이 믿으니라

? 제기되는 난제

1] 예수님은 왜 첫 번째 기적으로 물을 포도주로 만드셨나?

2] 물 항아리 여섯 개와 또 그 항아리에 가득 채우라는 뜻은 무엇인가?

3] 왜 첫 번째 기적을 혼인 잔치 집에서 베푸셨나?

1] 먼저 상기하여야 할 것은 지금까지의 해설 중에 여러 번 물은 하나님의 말씀이요 말씀은 곧 예수님이라고 설명을 하였다.

2] 말씀대로 항아리 여섯 개에 물을 채우니 물이 포도주로 변한 것이다. 항아리를 해설하기 전에 우선 포도주부터 성경에서는 무엇을 의미하는지 알아보기로 하자.

첫째. 성령의 역사로 예수님의 기쁨의 나라가 도래할 것을 포도주로 표현하신다.[욜 3:18. 암 9:13]

둘째. 예수님의 보혈의 예표이다.[창 14:18. 출 29:38-40=전제로 포도주를 드림은 유월절 전날의 성찬식 때 사용될 포도주의 예표이며 또 새로 세우는 예수님의 새 생명의 새 언약의 보혈을 의미한다. [제사와 절기의 해설 참조, 마 26:27-29]

셋째. 물질의 축복 즉 부의 상징이다.[창 49:11-12. 신 7:13. 욜 2:24. 잠 3:10]

넷째. 마음의 기쁨의 상징이다.[시 104:15. 전 10:19]

다섯째. 힘과 기력의 상징이다.[시 78:65]

여섯째. 아름다운 향기이다.[호 14:7]

일곱째. 하나님과 예수님의 진노를 의미한다.[렘 13:12-14. 계 18:3]

위에 설명한 것을 전체적으로 보면 모두 예수님 자신을 의미하며 곧 하나님의 말씀을 의미하는 것을 알 수 있다.

3] 여섯 개의 항아리는 무엇을 뜻하는지 알아보자.

항아리에 물을 가득 채우라고 예수님께서 명령을 하니 가득 채웠고 떠다 연회장에 갔다 주라 하셔서 이유없이 믿음으로 떠다 주니 물이 포두주로 변한 사건이 생긴 것이다.

이는 간단히 말해서 물 즉 하나님의 말씀을 믿음으로 온전히 순종하니 기쁨과 여러 가지의 축복의 기적을 만들어 냈다는 뜻이다. 그럼 물 즉 하나님의 말씀으로 이 축복의 기적을 만드는데 항아리는 무엇인가?

그럼 돌 항아리 여섯 개가 무엇을 의미하는지 알아보기로 하자.

첫째. 여섯 개의 항아리는 크게 인간의 육적 본질인 육체를 의미하기도 하고[29:16. 고후 4:6-7] 또 인간의 삶 속에서 일어나는 여섯 가지의 행복하지 못한 일들을 들 수 있다.

즉 근심과 걱정[요 14:27] 질병[사 53:5] 죄 의식[사 43:25] 슬픔[사 35:10] 육신의 세가지 정욕[요일 2:16] 내세의 두려움[요 5:24]

둘째. 여섯이라는 숫자는 '미완성의 수'라고도 하며 '사단의 수'라고도 한다. 그러므로 이 여섯이라는 숫자는 불완전의 수라 한다. 그러나 완성과 온전함의 뜻을 가진 일곱의 수를 이루기 위하여 꼭 필요한 숫자라는 것도 알아야 한다.

즉 죽음이나 슬픔이 있으며 생명과 행복이 있는 것과 같은 이치라 할 수 있다.

위의 열거된 모든 근심과 걱정이나 두려운 것들은 하나같이 모두 하나님의 말씀으로 채우면 모두 사라지거나 없어진다는 것을 알려주시는 것이다. 말씀으로 가득 채운다는 것은 곧 하나님의 말씀을 따라 하나님께서 기뻐하시는 것을 선택하여 소망을 믿음으로 인내를 가지고 온전히 행하는 것이다.

그러면 슬픔이 변하여 기쁨의 포도주를 마실 수가 있게 되는 것이다.

예수님과 성도는 신부와 신랑의 관계이다.[마 9:15. 고후 11:2. 눅 5:35. 계 21:9] 그러므로 예수님께서 세례를 받으시고 공생애를 시작하실 때 첫 번째의 기적을 혼인 잔치 집에서 베푸신 것이다.

따라서 첫 번째 기적을 혼인 잔치 집에서 베푸시는 것은 곧 성도와 예수님의 관계를 나타내시는 것이며 알려 주시는 것이다.

또 누구든지 예수님을 영접하게 되면 기쁨의 포도주 즉 새 생명을 받게 됨으로 성령의 내주 역사로 말미암아 성도의 삶 속에서의 어렵고 힘든 일, 걱정과 근심, 고통과 좌절, 질병과 죽음 등의 두려움에서 해방 되어 기쁨의 포도주 즉 기쁨의 삶으로 변화된다는 것을 나타내시기 위하여 첫 번째의 기적을 가나의 혼인 잔치 집에서 베푸신 것이다.

또한 물은 말씀인 예수님 자신을 나타내시며 포도주는 곧 성도의 삶 속에서의 예수님 자신의 관계와 역활을 나타내시는 것 이므로 공생애를 시작하시자마자 첫 번째 이적으로 예수님 자신과 자신의 역활을 알리셔야 하시기 때문에 물이 포도주로 변하는 기적을 첫 번째로 베푸신 것이다.

종합적으로 창세기부터 기록된 물과 예수님과의 관계를 알아 보기로 하자.

* 말씀 위에 성령께서 운행하시어 죽은 인간의 영혼에게 새 생명을 주실 것을 계시하신 태초의 물 [창 1:2]

* 아담과 하와의 선악과 사건으로 말미암아 에덴 동산에서 사방으로 흘러내리다 끊긴 새 생명의 물을 예수님께서 광야에서 사단과 싸워 승리하신 후 십자가에 달려 돌아가시고 장사한 지 삼일 만에 부활하시어 사망 권세를 깨뜨리시고 승천하시어 무너진 영적 에덴 동산의 '단'을 수축하시므로 예수님을 영접한 성도의 새 생명을 가진 영혼과 교회를 통하여 다시 세상 사방으로 흘러내리게 하신 에덴 동산의 생명수 샘물 [창 2:10]

* 또 '노아' 때에 홍수를 통하여서 알려주신 세상을 말씀으로 덮으시어 모든 민족들을 구원하실 것을 계시하신 새 생명의 말씀의 물 [창 7:10-12]

* 이스라엘에게 말씀으로 새 생명의 세례를 줄 것을 예표하는 지팡이와 홍해의 물 [출 14:21-22]

* 예수님을 영접하면 기쁨과 평안 안에 거할 수 있다는 것을 알려 주신

광야의 마라의 쓴물 [출 15:23:25]

* 모세가 하나님의 산 호렙에서 반석을 치니 나온 반석의 생명수 샘물
  [출 17:6]

* 무너진 단 즉 하나님의 약속의 말씀을 따라 회개하고 돌아와서 예수
  님을 영접하고 섬기면 생명수 샘물이 사방으로 다시 흘러내려 세상을
  적실 것을 예표하신 엘리야가 갈멜산에서 무너진 단에 부은 네 통의
  물 [왕상 18:33-35]

* 에스겔 선지자에게 보여주신 성전에서 흘러나와서 세상 각지로 흘러
  내려 많은 세상에 죽은 많은 물고기들을 살리실 것을 보여 주시는 성
  전에서 흘러내리는 생명수 샘물 [겔 47:1-5]

* 성도가 새 생명의 삶 속에서 산 제사의 삶을 살 때 성도의 몸 된 성전
  에서 흘러내리는 생명수 샘물 [고전 3:16. 6:19]

* 요한 사도를 통하여서 보여 주신 하늘 보좌 우편에 앉으신 어린양의
  보좌로부터 흘러내리는 생명수 샘물 [계 22:1-2] 등등.

이 모든 물에 대한 말씀이 곧 말씀으로 이 땅에 오신 예수님을 예표하는
것이다.

그러므로 이제 본문에서 물로 포도주를 만드신 사건은 물은 곧 예수님
자신이시므로 이제 예수님이 오신 이상 더 이상의 물을 통한 예표는 필요
하지가 않은 것이다.

따라서 예수님께서 물로 포도주를 만드신 이유와 예수님의 메시지는 곧 질그릇 항아리인 성도는 생명수 샘물이신 예수님으로 가득 채우면 걱정과 근심과 두려움에서 해방되어 포도주가 의미하는 참 기쁨의 새 생명의 삶을 이 땅에서 살 수가 있다 라는 계시의 말씀이다.

47. 물과 성령으로 거듭나라

(요 3:5)

예수께서 대답 하시되 진실로 진실로 네게 이르나니 사람이 물과 성령으로 나지 아니하면 하나님의 나라에 들어갈 수 없느니라.

(요일 5:6-8)

이는 물과 피로 임하신 자니 곧 예수 그리스도 시라 물로만 아니요 물과 피로 임하셨고 증거하는 이는 성령 이시니 성령은 진리니라 증거하는 이가 셋이니 성령과 물과 피라 또한 이 셋이 합하여 하나이니라.

? 제기되는 난제

1] 물과 성령으로 거듭나야 하나님 나라에 들어간다고 하심은?
2] 성령과 물과 피가 예수님을 증거하신다 하심은?

 난제 해석 [하나님의 인간 영혼 구원 계획의 해설]

1] 하나님께서 우주 만물을 창조하실 때 모든 만물 즉 눈에 보이는 것이든 보이지 않는 것이든 모두 음과 양으로 창조하셨다. 음과 양으로 창조된 만물 가운데 동양 사상에서 깨달아 알은 오행과 팔괘의 원리를 만드시고 그 가운데 하나님께서 당신의 기운이 운행하게 하시어서 생명을 주시며 우주의 모든 살아 있는 것들을 질서 있게 움직이게 하시어 살게 하시는 것이다. 따라서 하나님은 음과 양의 위에 또 모든 만물위에 계심으로 음과 양이 아니신 분은 오직 하나님 한 분이시다.

2] 우주의 눈에 보이지 않는 음과 양의 창조물 중에 두 큰 세력이 있는데 이 두 큰 세력이 빛과 어두움이다. 이 빛과 어두움의 세력은 인간을 창조하시기 이전에 이미 창조하셨으며 이 빛과 어두움의 두 세력을 나누신 것이 하나님께서 첫째 날 하신 일이다. 따라서 하나님께서는 빛과 어두움을 창조하신 분 이시니 그 위에 계심은 분명하다. [창 1:3-5]

3] 하나님께서는 음과 양으로 지은 눈에 보이지 않는 창조물 중에 악한 것은 음에 즉 어두움 가운데에 두시고 선한 것은 양 즉 빛 가운데에 두셨다. 그리고 그 가운데에 눈에 보이지 않는 섭리를 만드셨는데 이것이 곧 동양 사상에서 이야기 하는 '천리[天理]' 인 것이다. 즉 인간의 삶 속에서 인간의 영혼과 육에 미치는 하늘의 기운이다. 그러나 이러한 모든 우주의 기운도 모두 하나님의 섭리하에 생겨나게 되어 있다.

4] 어두움에 두신 것들 가운데 운행하며 인간에게 영향력을 행사하는 눈에 보이지 않는 지체가 있는데 이것을 '사단' 이라고 한다.[욥 1:6-7. 행 26:18] 또 '계명성' 이라고도 표현되어 있으며 이사야 선지자가 바벨론을 쳐서 예언을 할 때 이 사건을 들어서 비유로 사용하신 적이 있다.[사 14:12]

이 내용의 자세한 것은 성경에는 나오지는 않지만 카톨릭에서 중세 때부터 교부들에게 가르치는 것은 이렇다.

중세 때에는 일곱 천사라고 하다가 4천사로 하다가 성경적 근거가 정확하지 않으므로 근래에는 성경에 확실하게 나오는 세 천사만을 인정한다. 하나의 이름은 군대장관 미가엘[단 10:13.21. 유 1:9. 계 12:7]이요. 하나는 하나님의 뜻과 말씀을 전달하는 일을 하는 가브리엘[눅 1:19.26]이요 또 하나는 하나님 앞에서 찬양을 맡고 있던 천사장 루시엘[계명성]이라고 한다.
그런데 이 루시엘이 하나님의 총애를 받다가 마음이 교만하여져서 하나님을 대적하다가 하늘 나라에서 땅으로 쫓겨나게 되었는데 이때에 쫓겨 내려오면서 자기가 데리고 있던 천사들을 데리고 내려왔다고 한다. 그때에 데리고 내려온 천사들이 타락되어 있기 때문에 어둠의 권세 안에서 이 사단으로 표현되는 루시엘의 명령을 받고 하나님의 새 생명의 빛의 일 즉 인간 영혼 구원의 일을 방해하며 인간의 영혼에 악한 영향을 끼친다 고 가르친다.

위에 설명한 이름 중에 이름 끝에 '엘' 이라고 부친 것은 곧 '엘' 은 히브리어로 하나님이라는 뜻이다. 그런데 루시엘은 천상에서 쫓겨나서 사단

즉 어두움의 권세의 종이 되어서 '루시퍼' 라고 부르게 되었다고 가르치고 있는데 성경에 이에 대한 자세한 설명은 없고 전체적 내용의 뜻으로 한군데 성경 구절을 인용하고 뒷받침 할 수 있는 곳이 [유 1:6]이다.

그러나 확실한 것은 어두움의 세력이 있어서 빛의 세력과 대치 되어 하나님의 인간 영혼 구원의 일을 방해하는 것만은 사실이다. 그러나 방해를 한다는 것은 겉으로 나타나는 상황 표현일뿐 실상 하나님의 일을 절대로 방해를 할 수는 없다. 다만 하나님께서 정하신 시간까지 자기의 맡은 일을 할 뿐이다.

[유 1:6. 계 17:17]

5] 모든 인간들은 하나님께서 정하여 놓으신 시간 까지는 모두가 흑암의 권세 아래에서 영향을 받고 태어나며 하나님을 대적하려 하는 아담의 원죄성을 이어 받아서 태어난다.

그래서 인간은 영적으로 하나님을 못 만나는 상태로 태어나기 때문에 인간의 영혼은 타락한 상태 즉 부패한 상태에서 태어난다고 정의 한다.

따라서 인간은 원죄의 속성으로 말미암아 절대로 죄를 유발시키는 욕심의 속성에서 벗어날 수가 없으므로 거룩한 하나님과 교통을 할 수가 없는 것이다. 즉 인간이 행하는 선한 일 속에 악이 함께 존재하기 때문인 것이다.

[창 8:21-22. 롬 7:17-18]

하나님께서 창조하신 모든 창조물에는 생명이 있으며 또한 '혼' 이 있다. 즉 동물에도 나무에도 지구에도 별에도 모두 혼이 존재한다. 하나님의 기운과 자연 가운데에 하나님께서 이미 창조 하여 놓으신 음양오행의 원리 가운데서 생기는 기운이 하나님의 창조물의 혼에 영향을 미침으로 생명이 지속되게 하여서 살아 움직이게 하는 것이며 또 사물에 따라서 사고력이 자라기도 하며 감성이 있어서 사물 자신과 환경에 영향을 끼치기도 한다. [욥 4:9. 34:14-15. 시 33:6]

그러나 사람에게는 '혼' 외에 '영' 이라는 것이 존재하는 것이 다른 피조물과 다른 점이다.

[사 57:16. 살전 5:23. 히 4:12]

'영[靈]' 은 곧 하나님과 교통되는 부분인데 이 인간의 '영' 에는 하나님의 생기라고 하는 것이 함께 결합이 되어 있다.[창 2:7] 이를 쉽게 알 수 있는 것은 모든 피조물 중에 오직 사람만 종교를 만들고 기도를 하며 뭔가를 섬긴다는 것이다. 이는 곧 하나님의 생기가 인간의 혼과 결합되어 있지만 하나님과 교통될 수 있는 성향의 부분이 죽은 것이나 마찬가지로 잠을 자고 있기 때문인 것이다. 이를 성경에서는 죽은 자라고 표현한다.[마 8: 22]

그러나 인간의 '영'이 아주 죽은 것이 아니기 때문에 인간은 그 생기의 성향으로 인하여 생기의 주인이신 하나님을 찾으려고 하는 습성이 있다. 그러나 죄로 인하여 하나님과 단절된 죄의 벽이 있는 상태에서는 벽을 제거하고 교통할 수 있는 통로를 만들어 주지 않으면 인간의 영혼은 하나님과 영원히 교통을 할 수가 없는 것이다.

그래서 하나님께서는 당신과 인간과의 사이에 막힌 담을 허시고 인간과의 교통의 통로를 만드시기 위하여 당신이 직접 육신의 몸을 입고 이 땅에 오셨다.

이 계획이 곧 인간의 죄를 대신 지고 돌아가셔서 인간과 하나님과의 사이를 막고 있는 죄의 담을 헐고 교통의 통로를 만들어 하나님과 교통을 할 수 있게 하는 계획을 세우신 것을 기록하게 하신 것이 예수님 안에서의 언약의 말씀인 성경이다.

[사 59:2] [롬 3:25. 롬 8:3. 엡 2:1] [요 5:39]

6] 흑암의 세력은 주로 사망과 질병과 걱정 근심 악한 욕심들을 주관하고 죽은 영혼이 하나님의 영과 접속되는 것을 방해 하여 결국은 영원한 사망에 이르게 하려고 노력한다.

그러나 결국은 실패로 끝나게 되어 있다. 이미 [창 3:15]의 하나님의 일방적 계약으로 사단은 여자의 후손으로 오실 예수님 에게 패하게 되어 있기 때문이다. 그래서 예수님을 십자가에 못박아 돌아가시게 함으로 사단이 승리한 것 같지만 삼일만에 사단의 권세인 사망 권세를 이기고 부활하심으로 결과는 사단이 패하게 된 것이다.

7] 반대로 빛의 세력은 생명을 주관하고 있지만 인간이 태어날 때 원죄성을 가지고 태어나며 정하여진 날까지 인간은 흑암의 권세 즉 공중권세 잡은 자의 권세 아래 태어나 살아야 하기 때문에 인간의 힘으로는 사망의 권세에서 벗어나서 온전한 생명을 가질 수가 없는 것이다.[엡 2:2-3]

그래서 하나님께서는 하나님 자신이 이 땅에 빛과 어두움을 주관할 새

생명의 빛을 계획하시고 성령으로 잉태되어 세상에 새 생명의 빛으로 오신 것이다.[요 1:1-4]

왜냐하면 인간은 흑암의 세력 속에서 원하지 않는 욕심과 정욕을 가지고 태어나기 때문에 행하는 일로는 죄에서 벗어날 수가 없기 때문이다. 즉 어떠한 착한 일이나 종교적 행위로도 절대로 죄에서 구원을 얻어 자유함을 얻을 수가 없기 때문이다.

9] 성령은 하나님의 영으로 우주 만물을 창조하실 때에 함께 하시었으며 지금도 우주 만물의 생명을 주관하고 계신다.

그러나 하나님의 인간 영혼 구원의 계획 속에서의 성령님의 역활은 하나님께서 성경에 기록된 계획에 따라서만 행하신다.

즉 성령님은 우주의 모든 생명 있는 것들 즉 눈에 보이는 것이나 보이지 않는 것들을 모두 주관하고 계시지만 하나님의 인간의 영혼 구원의 계획 안에서의 역활은 성령님의 특수한 역활이라 말할 수 있다.

즉 인간 영혼 구원의 역활에 있어서는 하나님의 말씀에 의하여서만 일을 하시지 말씀 밖에서는 절대 일을 하시지 않으시는 것이다. 이 성령님의 일은 죽은 영혼 즉 하나님과 교통이 단절된 인간의 영혼에 말씀을 통하여 새 생명을 주시고 내주 역사 하시면서 세상 끝날까지 새 생명을 받은 자와 함께 하시면서 인도하시면서 동거 동락하시는 것이 성령님의 특별한 역활이다. [요 5:24. 요 10:28-30. 요 14:16]

9] 본문에 물과 성령으로 거듭나지 않으면 하나님 나라에 들어 갈 수 없다고 말씀하시는 것은 곧 물은 하나님의 말씀을 의미하고[창 1:2. 요 1:1-4] [렘 2:3. 사 44:3. 계 7:17 계 22:1]

성령은 곧 하나님의 영으로 구원을 얻기로 예비된 영혼이 하나님의 말씀을 들을 때 그 듣는 마음에 역사함으로 말미암아 마음 문이 열리게 하고 믿음이 생기게 함으로 새 생명을 예수님께로부터 받도록 역사하는 영을 성령이라고 말씀하시는 것이다.

이렇게 하여 구원의 믿음으로 말미암아 천국을 소유한 사람을 새 생명으로 거듭난 새로운 피조물이라고 하는 것이다.[고후 5:17] [계 3:20= 마음 문이 열림. 고후 4:6-7] = 예수님의 얼굴에 있는 생명의 빛을 질그릇인 성도의 마음에 비춰어 믿음이 생기게 하신다.

그러므로 이렇게 죄 사함을 받고 예수님 안에서 언약의 말씀을 따라 구원을 얻어 새롭게 거듭난 사람을 성령의 역사로 말씀에 의하여 새롭게 거듭났기 때문에 말씀과 성령으로 거듭났다 라고 말씀하시는 것이다.

10] 물과 피로 임 하셨고 증거 하는 이는 성령이라. 라고 말씀 하시는 것은 곧 물은 먼저 설명 한대로 하나님의 말씀을 의미하며 말씀은 곧 예수님을 나타내며 '피'로 임 하셨다 하시는 것은 곧 피는 곧 언약의 피 새 생명을 잉태 하고 있는 피[창. 9:4. 레. 17:11]죄를 사하시기 위하여 흘리는 예수님의 보혈 곧 새 생명을 잉태한 약정의 피를 의미한다[히. 9:22][요. 19:34. 마. 26:28. 요. 6:54]

11] 예수님이 물과 피로 임하신 것을 증거 하시는 이는 성령님 이라고 하
시는 것은 물은 곧 하나님의 말씀, 말씀은 곧 하나님의 인류 영혼 구원
의 계획 그러므로 성령님께서는 이 하나님의 예수님 안에서의 인류 영
혼 구원의 계획을 실행 하시매 하나님의 말씀 밖에서는 일을 하시지 않
으신다는 것이다.

피로 임하셨다고 하시는 것은 곧 새 생명의 언약의 피 곧 하나님의 예수
님 안에서 인간의 영혼을 구원하시기 위하여 약정된 죄 사함의 대속의 연
약의 피를 말씀하신다.

그러므로 증거 하시는 이는 성령이시라 하시는 말씀은 곧 성령님께서
말씀을 통하여 인간에게 새 생명을 주시는 일을 하실 때 예수님의 대속의
피 즉 십자가 보혈의 약속의 말씀을 따라서 일을 하시는 것이므로 곧 성령
님이 피로 임하신 예수님을 하나님의 예비된 자녀들에게 새 생명을 주심
으로 그 새 생명의 열매로 증거 하시는 것이다.

또 성령과 물과 피 이 셋이 합하여 하나니라 라고 말씀하시는 것은 예수
님은 곧 삼위일체 하나님이심으로 성령님은 곧 예수님의 영이요[요 16:7.
갈 4:6] 피는 곧 새 생명을 잉태하고 있는 예수님의 언약의 보혈을 말씀하
심이요[마 26:28] 물은 곧 말씀의 물 언약의 물인 인간에게 새 생명을 주는
생명의 물인 예수님을 말씀하심이니[창 1:2. 계 21:6] 이 셋이 합하여서 '예
수님'으로 하나가 되는 것이다.

48. 신령과 진정으로 드리는 예배란?

(요 4:23-24)

아버지께 참으로 예배하는 자들은 신령과 진정으로 예배 할 때가 오나니 곧 이때라 아버지께서는 이렇게 자기에게 예배하는 자들을 찾으시느니라 하나님은 영이시니 예배 하는 자가 신령과 진정으로 예배할지니라.

(요 4:32.34. 36-38)

가라사대 내게는 너희가 알지 못하는 먹을 양식이 있느니라. 예수께서 이르시되 나의 양식은 나를 보내신 이의 뜻을 행하며 그의 일을 온전히 이루는 이것이니라. 거두는 자가 이미 삯도 받고 영생에 이르는 열매를 모으나니 이는 뿌리는 자와 거두는 자가 함께 즐거워하게 하려 함이니라. 그런즉 한 사람이 심고 다른 사람이 거둔다 하는 말이 옳도다. 내가 너희로 노력지 아니한 것을 거두러 보내었노니 다른 사람들은 노력 하였고 너희는 그들의 노력한 것에 참예하였느니라.

❓ 제기되는 난제

1] 어떻게 드리는 예배가 신령과 진정으로 드리는 예배인가?

2] 예수님께서 잡수실 양식이 있다고 하시면서 하나님의 뜻을 온전히 이루는 것이라고 하심은 무엇을 말씀을 하심인가?

3] 노력하지 아니한 것을 거두러 보낸다고 하심은 무슨 뜻인가?

 난제 해석

1] 먼저 말씀의 문맥을 살펴보자. 예수님께서 사마리아 여인에게 진정과 신령으로 예배드릴 때가 오나니. 라고 말씀하시고 다음으로 제자들에게 내가 먹을 양식은 따로 있으니 이는 하나님의 뜻을 행하는 것이니라. 라고 말씀하신다. 끝으로 제자들에게 거두는 이가 삯을 이미 받았다고 하시면서 너희가 노력하지 않은 것을 거두러 보내노니 라고 하신다.

2] 그러면 먼저 예수님께서 신령과 진정으로 예배할지니라. 하신 말씀부터 살펴보기로 하자.

성도가 예배 시간이나 기도 시간에 신령과 진정으로 예배를 드리게 하옵소서 라고 하는 말을 자주 듣는다. 진정과 신령으로 예배를 드리게 하옵소서 라고 하는 말이 잘못 되었다는 말이 아니라. 물론 성전에서 예배를 드릴 때 온 마음을 다하여 정성껏 말씀도 듣고 하여야 성령의 음성도 들을 수 있고 성령의 교통하심을 느낄 수도 있는 것은 사실이다. 그러나 본문의 말씀은 성전에서 드리는 예배를 말씀하시는 것이 아니라 새 생명을 받은 성도들 즉 하나님의 자녀들이 새 생명의 삶 속에서 드려야 할 예배를 말씀 하시려는 것이다.

자세히 설명 하자면 예수님께서 진정과 신령으로 예배드릴 때가 오나니 곧 이때라 라고 말씀하신 뜻은 곧 진정과 신령으로 예배를 드리는 때가 당시의 때에 이미 도래하였음을 말씀하시는 것이다. 이 말씀은 곧 사마리아 여인이 [요 4:20-22]의 예수님과의 대화에서 사마리아 여인이 산에서 예배를 드린다 하며 유대인들은 예루살렘에서 예배를 드리지 않습니까? 하니까 예수님께서 산에서도 말고 예루살렘에서도 말고 아버지께 예배를 드리는데 너희는 모르는 것을 드리고 우리는 아는 것을 드리노라 하시면서 다음에 신령과 진정으로 예배드릴 때가 온다 라고 말씀하신 것이다.

예수님께서 하신 이 말씀을 자세히 설명하자면 우선 진정과 신령한 예배와 진정과 신령이 아닌 예배를 분별하여야 한다.

이 말씀은 곧 예배를 드릴 때 성령의 임재하심으로 예수님의 이름으로 예배를 드리느냐 아니냐로 구분하시는 것이다. 곧 이때라 하심은 이제 예수님의 때부터 시작이 된다는 말씀이다.

그래서 너희는 모르는 것을 예배 드리고 우리는 아는 것을 예배 드린다.[요 4:22] 즉 진정과 신령으로 예배를 드리는 것은 예수님이 구세주이심을 믿는 믿음 위에 성령의 임재하심으로 드려지는 예배를 신령과 진정으로 드리는 예배라 하시는 것이다. 신령은 성령님의 임재를 의미하며 진정은 곧 예수님의 보혈의 대속으로 말미암는 언약의 말씀을 성령님의 역사하심으로 인하여 구원의 믿음이 성도에게 있는 상태를 의미하는 것이다.

이는 쉽게 다시 말해서 구원을 얻은 성도가 하나님께 예배를 드릴 때 성령님의 인도로 구원의 믿음에 대한 확신과 기쁨을 가지고 예수님의 이름으로 드려지는 것을 의미하는 것이다.

또 예수님께서 산에서도 말고 예루살렘에서도 말고 라고 말씀 하심은 곧 하나님께 드리는 예배는 어떠한 형식이나 장소를 말씀하심이 아니라 성령의 인도하심으로 삶 속에서 드려지는 예수님과 동행하는 산 제사의 삶을 신령과 진정으로 드려지는 예배라고 말씀하시는 것이다.[요 15:16. 16:24]

3] 다음으로 예수님께서 신령과 진정으로 드려지는 예배가 어떤 것인가를 말씀하시고 난 후에 예수님께서 잡수실 음식이 있는데 이는 곧 하나님께서 당신에게 맡기신 일을 하는 것이다 라고 말씀하신다.

이로 보아서 본문에 신령과 진정으로 예배할지니라 하신 예배는 교회에서 드리는 예배를 말씀하심이 아니며 성도의 삶 속에서 예배의 삶을 살라는 말씀임을 알 수 있다.[롬 12:1-2]

4] 그럼 하나님께서는 성도가 예배를 어떻게 드려야 신령과 진정으로 드려지는 예배라 하시나? 하는 것은 본문의 마지막에 예수님께서 제자들에게 곡식을 거두러 보낸다고 하시며 말씀 하시기를 '거두는 자가 이미

삯도 받고 영생에 이르는 열매를 모으나니' 라고 말씀하신 뜻부터 알아
야 한다.

이 말씀에 열매를 거두는 자가 이미 삯도 받고 영생에 이르는 열매를 모
은다 라고 하시는 것은 곧 미래 완료형으로 예수님은 이미 하나님의 인류
영혼 구원의 계획을 따라 오셔서 사역을 하고 계시고 또 장차 예수님께서
십자가에서 돌아가셔서 하나님께서 예수님께 맡기신 일을 온전히 끝내게
되실 것임으로 거두는 이가 영생의 열매로 예비된 자들을 거둘 수 있는 기
반과 조건을 충족시키셨다는 것을 예수님께서 당신의 십자가 대속의 사
건을 성도들의 값을 지불하신 것임을 미래 완료형으로 나타 내시는 것이
다.[고전 6:19-20. 7:23] 그러므로 하나님께서 열매를 거두실 수 있게 모든
조건을 충족시키시었다 라는 말씀이다.

5] 또 예수님은 하나님의 인간 영혼 구원의 계획 안에서는 성도의 몸 값을
지불하시고 사서 하나님께 드려야 하지만 삼위일체 안에서의 하나님으
로서는 받으시는 분이 된다. 그러므로 예수님과 함께 있는 제자들을 곧
바로 명하셔서 열매를 거두러 보내도 되시는 것이다.

6] 다음에 너희가 노력하지 않은 것을 거두러 보낸다고 하시는 말씀은 모
든 인류 영혼 구원의 계획을 누구와 상의하거나 도움을 받으셔서 하시
는 것이 아니요 또 그 계획을 이루시는 분도 하나님이시며 구원 계획의
기반을 만드시고 완성하시는 분도 하나님이시기에 인간이 노력한 것은

없다는 것이다. 다만 나가서 거두기만 하라는 말씀인 것이다.

7] 본문에 한 사람이 심고 다른 사람은 거둔다고 하시는 말씀은 첫째 예수
   님은 심고 다음 제자들은 거둔다는 말씀이며 또 하나는 장차 성령의 강
   림으로 말미암아 예수님이 심으신 것을 장래의 자녀들이 거둘 것을 계
   시하시는 말씀이다.

다른 사람들은 노력하였고 너희는 그들의 노력에 참예하였느니라. 하시
는 말씀은 아담 이후 많은 선지자들과 하나님을 신실하게 섬기던 이스라
엘의 선조들을 말씀하심이며 지금 예수님을 좇고 있는 제자들은 현재 예
수님을 따라 다니며 역시 심는 노력에 참여하고 있으며 또 앞으로 예수님
이 승천하시고 나면 심고 거두는 일에 노력을 할 것이라는 말씀이다.

8] 결론적으로 하나님의 뜻을 이루어 드리도록 행하는 것이 예수님의 음
   식이라면 예수님의 뜻을 이루어 드리는 것이 곧 성도의 영적 음식이 되
   는 것이다.

그렇다면 성도가 어떻게 행하여야 예수님께서 주시는 영의 음식을 먹을
수가 있을까? 이는 곧 예수님께서 명하신 '너희는 가서 모든 족속으로 제
자를 삼고 아버지와 아들과 성령의 이름으로 세례를 주고 내가 가르친 모
든 것을 지켜 행하게 하라. 하신 것이 그 하나요[마 28:18-20]
다음으로 명령하신 이 일을 이루기 위하여서 십자가의 삶 즉 네 이웃을

네 몸과 같이 사랑하라는 이 말씀을 지켜 행하는 것이다.[막 12:31]

또 하나님의 아들이 되었으니 이는 곧 빛의 자녀들이므로 빛의 자녀의 삶을 살아서 하나님의 영광을 가리지 말아야 하고 오히려 나타내어야 하는 것이다.[사 60:1-3. 엡 5:8-9. 마 5:14]

이런 하나님의 영광을 나타내는 삶을 행하는 것이 곧 예수님께서 주시는 영적인 음식을 먹는 것이며 영혼이 강건하여지는 것이다. 성도의 삶 속에서 믿는 자에게나 믿지 않는 자에게나 욕 먹는 짓을 조심하여 하지 말아야 할 것이다.

될 수 있는 대로 경건에 이르기를 힘써야 하며[경건은 조용히 가만히 있는 것이 아니라 불결한 마음과 생각을 하지 않고 또 이러한 육적 욕심에서 일어나는 충동을 행동으로 옮기지 않는 것이다. 이 경건의 삶은 육적 구원을 이룸으로 성도의 삶 속에 평화가 있다] 선한 일에 욕심을 내되 남에게 혐오를 일으키지 않도록 주의할 것이다.[딛 2:14]

특히 [마 5:10-12]의 말씀을 들어서 하나님의 일을 하다가 혹은 예수님의 일을 하다가 혹은 전도를 하다가 남에게 욕을 먹는 것은 괜찮다. 왜냐하면 하나님의 일을 위하여 핍박을 받는자는 복이 있다. 혹은 의를 위하여 핍박을 받는 자는 복이 있다. 천국이 저의 것이다 라고 말씀하셨다 라고 하면서 전도하다 남에게 욕 먹는 것을 아주 당연하게 기쁘게 생각을 하는데 이는 크게 오해한 것이다.

이 말씀을 한번 살펴보자. 의를 위하여 핍박을 받는 자는 복이 있으니 천국이 저의 것임이요. 하신 말씀의 뜻은 삶 속에서 천국을 만들기 위하여 의로운 일을 할 때에 핍박을 받을 수도 있으나 하나님께서 기뻐하시는 일이니까 행하여야 한다. 참고 행 하면 분명 천국을 누릴 수 있다 라는 뜻이고 또 11절에 나를 인하여 너희를 욕하고 핍박하고 거짓으로 너희를 거슬려 악한 말을 할 때에는 너희에게 복이 있나니 기뻐하고 즐거워하라 하늘에서 너희의 상이 큼이니라 전에 있든 선지자들을 이같이 하였느니라 하시는 말씀은 곧 예수님 당시에 이스라엘의 상황이 예수를 믿기 어렵고 힘들고 하니까 전에 선지자들을 핍박한 이스라엘의 선조들의 이야기를 들어서 현재 이스라엘에서 권세를 잡고 있는 자들을 비유적으로 말씀하시면서 소외된 계층의 예수님을 따르는 무리들에게 힘을 주시고 격려하시기 위하여 하신 말씀임을 알아야 한다.

뒤에 바로 13-14절에 예수님께서 성도가 소금과 빛이라고 하시면서 하신 말씀을 보면 앞 절에서 하신 말씀이 남에게 욕먹을 짓을 하고 핍박을 받는 것이 아니라는 것을 금방 알 수 있다.

그러니 전도를 할 때에도 욕먹을 짓을 하고서 핍박받는 것이 천국에서 상이 크다느니 하는 식의 말은 하지 않도록 조심하여야 할 것이다. 성도가 사회의 삶 속에서 말씀대로 소금과 빛의 역활을 했는데 핍박을 받는 것은 괜찮겠다. 그러나 성도가 소금과 빛의 역활을 사회에서 잘 감당하였는데 핍박이 오는 경우는 없을 것이다. 오히려 성도의 명예가 올라가고 성도의 지경이 넓어지게 될 것이다.

9] 결론적으로 빛과 소금의 역할을 잘 감당하고 빛의 자녀의 삶을 잘 살아 삶 속에서 천국을 만들어서 산 제사의 삶으로 하나님께 영광을 돌려드

리는 것이 곧 신령과 진정으로 예배를 드리는 삶인 것이며 이렇게 행하는 삶을 사는 것이 곧 성도가 하늘로부터 내려오는 맛있는 영의 음식을 예수님과 함께 먹으며 예수님과 동행하는 것이다.

또 이런 삶을 살 때에 마음에 천국이 커져서 감사와 기쁨으로 신령과 진정한 예배의 삶을 사회에서 더 힘있게 살게 되어 하나님의 나라는 더욱 확장되고 교회는 부흥 될 것이다.

49. 예수님의 피와 살

(요 6:53-55)

예수께서 이르시되 내가 진실로 진실로 너희에게 이르노니 인자의 살을 먹지 않고 인자의 피를 마시지 않으면 너희 속에 생명이 없느니라 내 살을 먹고 내 피를 마시는 자는 영생을 가졌고 마지막 날에 내가 그를 다시 살리리니 내살은 참된 양식이요 내 피는 참된 음료로다.

？ 제기되는 난제

1] 예수님의 살과 피는 참된 양식이요. 참된 음료란 무슨 뜻이며 어떻게 먹고 마시나?

난제 해석

1] 하나님은 인류를 구원하시기 위하여 예수님 안에서 계획을 세우신다.

하나님께서 이 인류 영혼 구원의 계획을 예수님 안에서 세우신 것을 기록한 것이 성경이라고도 하며 말씀이라고도 한다.

그래서 태초에 말씀이 계시니라. 이 말씀이 하나님과 함께 계셨으니 이 말씀이 곧 하나님이시라.[요 1:1] 라고 하시며 또 말씀이 육신이 되어 우리 가운데 거하시매[요 1:14] 라고 하신다. 그러므로 말씀은 곧 예수님을 의미하는 것이다.

하나님께서는 이 인류 영혼 구원의 계획을 실행하시기 위하여 구원 계획 안에서 아담을 첫 사람으로 지으신다. 이 첫 사람 아담을 죄 있는 몸으로 세상에 나가게 하시고 구세주로 오실 자 예수님의 표상으로 삼으시며 인류 영혼 구원의 일을 시작 하신다.[롬 5:14]

2] 그리고 선지자들을 택하시고 부르시어서 예수님 안에서의 하나님의 인류 영혼 구원의 계획을 기록하게 하시는데 왜 대속 제물인 예수님이 필요하며 대속 제물인 예수님 안에 인류 영혼 구원을 위하여 담당하게 하신 것이 무엇 무엇이며 또 어떻게 이루어야 하실 것들을 기록하게 하신 것이 곧 구약의 말씀이다.

예수님은 이 구약에 계시된 하나님의 인류 영혼 구원의 계획을 따라 이 땅에 오시었으며 또 구약에 당신이 이 땅에 오시어서 이루시어야 할 것들을 계시하신 대로 이루시어야만 하기 때문에 오시어야만 하는 것이다.

그래야만 당신 안에서 구원 받기로 작정된 영혼들을 구원하여서 천국으로 인도를 할 수 있기 때문이다.

이 구약에 계시된 모든 계시들을 다 이루시고 완성하시어서 당신 안에서 예비된 자들이 당신의 행한 일을 믿음으로 말미암아 천국을 부여 받을 수 있도록 길을 여시고 그 구원의 길을 기록하게 하신 것이 신약이다.

3] 위에 간단히 기록한 내용을 토대로 하여 내 살은 참된 양식이요 내 피는 참된 음료라 하시며 내 살을 먹지 않고 내 피를 마시지 않는 자는 생명이 없다고 하신 내용에 대하여 알아보자.

말씀은 곧 예수님이라고 하였다.[요 1:1-3. 14] 말씀 안에 담겨져 있는 내용에는 하나님께서 믿는 자에게 주실 새 생명을 내포하고 있다. 이것이 곧 예수님께서 새로 세우시는 언약의 피 새 생명의 피인 예수님의 보혈인 것이다. [눅 22:20]

이 새 생명의 언약의 피는 곧 예수님께서 모든 인류의 죽은 영혼들을 구원하시기 위하여 십자가 위에서 흘리신 보혈이다.

이 예수님께서 인류 영혼 구원을 위하야 십자가 위에서 흘리신 보혈의 사건을 말씀을 통하여 들을 때 또는 말씀을 읽을 때 성령님께서 인간의 죽은 영혼에 역사하시여 믿음을 주시고 그 믿음 가운데 새 생명을 주시어 인간의 죽은 영혼을 살리시고 새 생명을 주시는 것이다.[고후 4:6-7]

따라서 말씀을 먹지를 않으면 믿음이 생길 수 없고 믿음이 없으면 새 생명을 얻을 수도 없는 것이다.

[롬 10:8-10. 롬 10:17]

4] 그러므로 이 본문의 뜻을 자세히 분리하자면 말씀을 읽거나 듣는 것은 말씀을 먹는 것임으로 곧 말씀을 먹는 것은 예수님을 먹는 것이요 예수님을 먹는 것은 곧 새 생명을 내포하고 있는 언약의 새 생명의 피를 먹는 것이다.

새 생명을 내포하고 있는 언약의 피를 먹는다는 것은 곧 말씀을 먹을 때 성령님의 역사로 말미암아 언약의 피의 약속이 믿어진다는 것이다.

하나님께서 새 생명을 주시기로 정하여 놓으신 이 언약의 피의 약정이 믿어질 때 그 순간 성도는 새 생명을 하나님께로부터 받은 것이며 천국을 소유하게 되는 것이다.

그러므로 곧 생명은 피에 있다[레 17:14]라고 정하신 하나님의 약속의 말씀에 따라 새 생명의 언약의 피 곧 예수님의 보혈이 새 생명을 주는 언약의 피가 되는 것이다.

이 피로 세우는 새 생명의 언약은 예수님께서 십자가에서 흘리실 보혈로 말미암아 온전케 되는 것임으로 곧 하나님께서 정 하신 인류 영혼 구원 계획인 예수님의 십자가 대속의 약속의 말씀을 듣고 믿는 것은 곧 새 생명을 잉태한 예수님의 언약의 피를 먹는 것이 되는 것이다.

또 하나 본문에 담긴 내용 중 아주 중요한 내용은 예수님의 피와 살을 어떻게 먹는가 하는 것인데 이는 곧 구원을 얻은 성도가 새 생명을 얻은 삶 속에서 예수님의 이름으로 사는 행위의 삶을 말씀하시는 것이다. 즉 구원을 얻은 성도는 새 생명을 얻게 되는데 이 새 생명은 성도의 것이 아니고 예수님의 것이다[갈 2:20. 히 4:10] 그러므로 이 새 생명을 얻은 성도는

예수님 대신의 삶을 살아야 할 의무를 부여받은 자들이다.[고후 5:15]

따라서 예수님 안에 있는 언약의 피의 약정으로 말미암아 새 생명을 받아 살고 있는 성도는 전 생애의 삶을 예수님의 이름으로 살게 되는데 이는 곧 행하는 모든 행동이 새 생명의 영의 양식이 되기 때문인 것이다. [계 3:20]

만약 성도가 예수님을 믿노라 하고 새 생명의 삶을 예수님 이름으로 살지를 않으면 예수님의 살과 피를 먹고 사는 것이 아니므로 예수님과는 아무 상관이 없는 것이다.

5] 또 성찬식의 내용 중에 중요한 메시지는 [마 26:26] 그들이 먹을 때에 예수께서 떡을 가지사 축복 하시고 떼어 제자들에게 주시며 이르시되 받아서 먹으라 이것은 내 몸이니라 하시고 또 잔을 가지사 감사 기도 하시고 그들에게 주시며 이르시되 너희가 다 이것을 마시라 이것은 죄 사함을 얻게 하려고 많은 사람을 위하여 흘리는 바 나의 피 곧 언약의 피니라 그러나 너희에게 이르노니 내가 포도나무에서 난 것을 이제부터 내 아버지의 나라에서 새 것으로 너희와 함께 마시는 날까지 마시지 아니하리라 하시니라. 하고 말씀하신 것인데 이 말씀의 진정한 예수님의 뜻은 성찬식 때 행하는 떡을 떼고 포도주 잔을 들고 하는 예식을 통하여 기념을 하라고 하신 것에 중점을 두고 하신 말씀이 아니라는 것이다.

그 이유는 예수님께서 떡을 떼시고 또 잔을 드시고 난 후에 하신 말씀 때문이다.

즉 [마 26:29 그러나 너희에게 이르노니 내가 포도나무에서 난 것을 이제부터 내 아버지의 나라에서 새 것으로 너희와 함께 마시는 날까지 마시지 아니하리라 하시니라] 라고 하신 말씀 때문이다.

이 말씀의 진정한 뜻을 금방 알 수 있는 것이 예수님께서 아버지의 나라에서 성도와 새 것으로 마시겠다' 라고 하신 말씀 때문이다.

이 말씀의 뜻은 성도는 예수님을 영접하는 순간 이미 천국을 소유하고 아버지의 나라에서 예수님과 함께 살고 있는 것이다.

성도가 예수님의 이름으로 살고 있는 영적 천국인 아버지의 나라에서는 성도는 예수님의 몸을 항상 먹으며 살아야 한다.

그러면 성도의 새 생명의 삶 속에 열매가 맺히게 되는데 이 열매를 예수님께서 성도와 함께 기쁨으로 잡수신다는 것이다.

왜냐하면 성찬식 때에 사용하는 포도주는 예수님의 보혈을 의미하지만 성도가 새 생명의 삶 속에서 예수님과 동행하며 살 때 맺히는 포도[예수님의 이름으로 행할 때 맺히는 열매] 열매는 기쁨의 포도주가 되는 것이다.

또 이 포도 열매는 성도가 예수님의 이름으로 일을 행할 때 마다 새로 맺히므로 항상 새것이 되기에 예수님께서 성도와 함께 아버지의 나라에서 새 것으로 잡수시게 되는 것이다.

그래서 예수님께서 성도와 함께 아버지의 나라에서 새 것으로 마시는 날까지 포도주를 드시지 않겠다 라고 말씀하신 것이다. 바꿔서 말하면 아버지 나라에서 새 것으로 성도와 함께 잡수시겠다는 말씀이다.

그러므로 예수님께서 유월절 제사를 성찬식으로 바꿔 놓으시고 승천하셨다가 부활하신 지 오십일 째 되는 날 성령으로 강림 하셔서 성도를 성전 삼고 함께 계시면서 성도의 새 생명의 삶 속에서 펼쳐지는 진짜 성찬식에 함께 참여 하시어 새 포도주를 성도와 함께 드시며 동거 동락하시는 것이다.

그러므로 성도의 새 생명의 삶 속에서 예수님의 이름으로 행 하는 모든 행위는 곧 예수님의 피와 살을 먹는 행위이므로 곧 성도의 전 생애의 삶 자체가 눈에 보이지 않는 성찬식장이 되는 것이다.

따라서 성도가 새 생명의 삶 속에서 행위로 인하여 짓는 모든 죄는 곧 예수님의 살과 피를 범하는 행위이니 예수님의 살과 피를 잘못 먹는 행위가 되는 것이다. 왜냐하면 성도의 모든 삶은 오직 예수님 안에서만 존재하기 때문이다.[롬 14:8]

그러므로 성도는 새 생명의 삶이 곧 예수님과 함께 하는 성찬 식장이라는 것을 잊지 말고 항상 조심하고 깨어 있어서 예수님의 피와 살을 범하는 일이 없도록 하여야 할 것이다.

50. 진리[眞理]란 무엇인가?

(요 8:22)

진리가 너희를 자유케 하리라

[초신자와 안 믿는자를 위하여]

인간이 사는 이 세상에는 많은 진리가 존재한다. 눈에 보이는 것과 보이지 않는 창조 역사 속의 우주적인 진리 그리고 인간의 삶 속에서 일어나는 변하지 않는 삶 속의 진리들.

그러나 많은 진리 가운데 하나님께서 성경을 통하여 말씀하시는 진리는 좀 다른 의미의 진리가 존재한다. 이 진리를 설명 하기 위하여 진리의 일반적인 상식부터 살펴보기로 하자.

진리는 곧 인간이 이 땅에 태어나 살아가면서 느끼고 알 수는 있지만 눈에 보이지 않는다. 그러나 실제로 존재하는 길을 말씀하시는 것인데 이를 '참길' 또는 '왕도' [王道] 즉 모든 길 위의 길. 길 중에 길. 최고로 넓고 높은 도[道]라고 정리할수 있겠다. 그러나 실제로 하나님께서 말씀하시는 이 진리에는 이 보다 더 오묘하고 높은 즉 한마디의 말로는 표현할 수 없는 인간의 구원과 관계되어 오묘한 그 무엇이 더 존재하고 있다 는 것이다.

그러므로 이 진리를 깨달아 알기 위하여서는 인간이 무언가 먼저 깨달아 알아야 할 다른 변하지 않은 진리의 사건들의 이유[異有]와 원인[源因] 등을 알아야만 하나님께서 전하시고자 하시는 확실한 진리를 알 수가 있다. 그러면 하나님께서 성경을 통하여 말씀하시는 이 진리는 어떤 진리를 말씀하시는 것인지 확실하게 알아보기로 하자.

이 진리에 대한 하나님의 진정하신 뜻을 바로 알기 위하여서는 먼저 인간이 깨달아 알아야 할 것들이 있는데 그것들이 무엇 무엇이 있는지 먼저 하니 히나 살펴보기로 하자.

1] 인간은 각 사람의 마음과 몸 속에 잠재되어 있는 감각의 느낌과 지식 그리고 사고 습관이나 습성에 따라 무엇이든지 느끼고 또 깨달아 알 수 있는 능력이 있다. 그러나 인간이 성경에서 말씀하시는 참 진리를 깨달아 알기 위하여서는 꼭 먼저 깨달아 알아야 할 첫 번째 진리가 있는데 이 진리는 인간은 '스스로는 할 수 없는 것이 있다' 라는 것을 깨달아 알아야 하는것이 곧 참 진리를 깨닫게 되는 사건의 첫 번째 중요한 요소라 하겠다.

즉 한 점의 흠이 없는 거룩한 사랑. 용서. 회개. 소망. 희생. 믿음 등을 인간은 갖을 수도 행할 수도 없다는 것을 깨달아 아는 것이 곧 하나님께서 말씀하시는 참 진리를 깨달아 아는데 이르게 하는 첫 번째 요소라 말할 수 있겠다.

이 말씀의 뜻은 곧 인간의 어떤 행위이든 인간의 그 행위 안에는 한 점의 부끄러움이 없는 행위는 존재할 수가 없다는 것이다. 즉 인간의 선[善]한 행위에도 역시 악[惡]은 그 가운데 함께 존재한다는 것을 깨달아 알아야 하나님께서 말씀하시는 참 진리를 알 수가 있다는 말씀이다.

예를 들어서 남을 위하여 착한 일을 할 때에 '내가 이렇게 착한 일을 하면 복을 받을 것이야 하는 것 즉 착한 일을 하는 자신은 마음에 그런류의 욕심이 생기는 것을 원하지도 않는데 그런 원하지도 않는 욕심이 자연스럽게 스스로 마음에 생기며 솟아올라 억제할 수가 없는 것을 스스로 느끼는 것이다.[롬 7: 21-24]

그래서 이것을 인간은 선한 행위 속에도 악은 함께 존재한다 라고 말하는 것이다. 이런 사실을 일컬어 인간은 근본적으로 부패되어 있다고 말하는 것이며 이로 인하여 인간은 아!! 내 스스로는 온전한 선한 일을 할 수가 없구나 하고 자신 속에 존재 하고 있는 죄의 속성을 깨달아 아는 것이 또 그 하나의 하나님께서 말씀하시는 참 진리를 깨달아 아는데 이르게 하는 필요한 요소라 할 수 있다.

따라서 이 스스로 생겨나는 욕심적인 죄의 속성으로 인하여 인간은 어떠한 선한 일을 하더라도 결국은 죄 속에서 하게 되는것이구나. 그러므로 결국은 죄[罪]라는 것에서 온전히 벗어날 수도 또 자유할 수도 없구나 하는 것을 깨달아 아는 것이 하나님께서 말씀하시는 참 진리를 깨달아 아는데 아주 중요한 요소라 하겠다.

이러한 깨달음 즉 인간은 어떠한 선한 행위라고 할지라도 자신의 마음의 상태를 한 점의 부끄러움이 없는 흠이 없이 거룩한 상태에 이르게 할 수가 없구나 하는 진리를 역사적으로 제일 먼저 깨달아 알은 사람이 곧 부처[싯달타]라고 할 수 있다.

[부처라는 말은 곧 깨달음을 얻은 자라는 뜻] 즉 열반[죽음]에 들기 전에는 누구도 죄에서 온전히 벗어날 수가 없다고 하는 진리를 부처님께서 제일 먼저 깨달아 알으셨다는 것이다.

그래서 예수님께서도 죽음을 마지막 세례라고 말씀을 하신 것이다.[막 10:38, 눅 12:50]

그러므로 인간은 누구를 의지하지 않고는 온전한 선한 행위를 할 수 없다는 것을 깨달아 알게 된다는 것이 곧 하나님께서 말씀하시는 참 진리를 깨달아 아는 기초이며 처음인 것이다.

즉 온전한 선한 마음과 행동을 할 수 있도록 도울수 있는 어떤 사물이나 혹은 사람이 필요하다는 것을 깨달아 아는 것이 진리를 깨달아 알아가는 시작이라 하겠다.

다시 말해서 인간은 누구를 막론하고 자신을 대신하여 죄의 속성에서 벗어나게 하여줄 사물이나 혹은 그만한 일을 실행하여주실 권세 있는 분의 도움이 없이는 자신은 스스로 죄의 속성에서 벗어날 수가 없으므로 참 진리에 이르지도 못할뿐더러 온전한 참 진리를 스스로 깨달아 알지도 못한다는 것을 고백하는것이 곧 하나님께서 말씀하시는 참 진리를 온전히 깨달아 알아가는 것의 시작이요 마지막이라 하겠다.

그러므로 역사적으로 종교를 일으킨 분들이나 유명한 현인들은 이 죄성에서 벗어나 온전한 진리에 이르려고 많은 연구와 노력을 하였고 그 결과로 종교도 만들고 어떤 법전도 만들고 한 것이다. 그러나 역시 그 어떤 종교의 교리도 현인들의 가르침도 죄의 속성에서 온전히 벗어나는 참 진리의 길에는 이르지 못한것이 현실이다.

그래서 하나님께서는 창조주의 권세로 직접 참 진리의 한 법의 길을 만드시고 그 길을 통하여 인간이 참 평안의 길에 이르게 하신 것이다.

2] 그러면 본문의 말씀대로 '진리를 알지니 진리가 너희를 자유케 하리라' 하셨는데 이제 진리에 이르지 못하게 하는 가장 중요한 요소들을 깨달아 알았다. 그러면 어떻게 하여야 말씀대로 진리 안에서 진정한 자유를 누릴 수가 있을까 하는 것이다.

이는 곧 죄에서 자유함을 얻는 것이 그 첫 번째라 하겠다.

왜냐하면 인간은 누구도 죄에서 자유함을 얻지를 못하면 모든 삶 속의 행위에서 진정한 자유함을 얻을 수가 없기 때문이며 이러한 삶은 살고는 있으나 진정한 즐거움의 삶 또는 진정한 평안의 삶이 될 수가 없기 때문인 것이다. 그러므로 이렇게 사는 삶을 일컬어 천국을 누리지 못하는 삶을 이 땅에서 살고 있다고 하겠다.

다시 말해서 인간이 왜 참 진리의 길에 이르지 못하는가를 알고도 그 참 진리 가운 데로 들어가지를 않으면 결국은 참 자유의 천국을 누릴 수가 없다는 말씀인 것이다. 즉 과거나 현재의 현인[賢仁]들이라 하더라도 진리는 깨달아 알았을망정 그 진리 안에서 참 자유를 느끼며 살지는 못하였다는 사실이다.

이 하나님께서 말씀하시는 참 진리의 길을 깨달아 알고 또 그 안에 들어

간다는 것은 곧 죄에서 자유함을 얻는 것인데 조금 전에 설명한 대로 인간은 누구도 마음속에서 스스로 일어나는 죄의 속성 때문에 결코 죄에서 헤어나와 자유할 수가 없다는 것이다. 뿐만 아니라 하나님께서는 죄가 있는 인간은 죽은 인간 즉 생명이 없는 인간으로 정하여 놓으시고 그 죄에서 자유함을 얻지 못한 새 생명이 없는 인간은 당신의 나라 즉 거룩한 땅에 들어올 수가 없다고 정하여 놓으셨으며 반대로 죄에서 자유함을 얻은 인간은 당신의 거룩한 땅에 들어올 수가 있다고 한 새 생명의 법칙을 정하여 놓으셨다는 것이다.

그러므로 인간이 거룩한 땅 천국에 들어가려면 하나님께서 정하여 놓으신 참 진리의 법의 길에 바로 들어가 서야 하는데 인간의 능력과 지혜로는 죄에서 벗어날 수가 없으므로 그 하나님께서 정하여 놓으신 참 진리의 길에 들어설 수도 없으며 또 하나님의 거룩한 땅 천국에 들어갈 수도 없다는 것이다.

[출 3:5. 마 7:23. 계 21:23-27]

이러한 인간의 약함을 모두 아시는 하나님께서는 절대 주권자요 창조주로서의 권세와 능력으로 한 길을 만드셔서 그 길로 들어오기만 하면 누구든지 죄에서 벗어나 참 진리 안에서 새 생명을 얻은 자가 된다고 한 법을 정하시며 그 당신께서 정하신 참 진리의 법의 길 가운데에서 구원함을 얻어 천국을 누릴수 있도록 하신 것이다.

이것이 곧 행위가 아닌 믿음으로서 죄에서 자유함을 얻어 참 진리에 이르는 법인데 이 방법 외에는 다른 길이 없기 때문인 것이다. 그렇게 하여서 죄인인 인간이 죄에서 벗어나 그 참 진리의 길 안에 들어와서 참 자유를 누릴 수 있게 하시는 것이다. 왜냐하면 인간은 이미 설명한 대로 마음에서 끊임없이 일어나는 죄의 속성 때문에 행위로 인하여서는 절대로 죄에서 벗어날 수가 없기 때문에 믿음에 의한 한 법을 선택을 하시어 정 하셨다는 것이다.

이 하나님께서 정하여 놓으신 길 즉 참 진리의 법의 길로 들어가는 방법은 곧 죄인인 인간을 대신하여서 죽으신 분의 사건을 믿는 것이다. 이 대속 제물을 하나님께서 인간들의 죄를 대속하기 위하여서 정하시고 그 대속 제물을 당신의 법대로 죽게 하신 것이다. 따라서 인간은 누구든지 자기의 죄를 대신하여 죽으신 예수님의 십자가 대속 사건을 믿기만 하면 하나님께서 정하여 놓으신 새 생명을 얻는 참 진리의 길에 들어서게 되는 것이므로 속죄함을 받는 것이다. 속죄함을 받아 거룩하게 된 이들을 당신의 영으로 인을 치시고 새 생명을 주시어 당신의 백성. 당신의 자녀라고 부르시며 당신의 영[靈]으로 함께 하시며 동거 동락하시며 당신의 자녀들이 이 땅에 사는 동안에 천국을 누리게 도우시는 것이 곧 하나님께서 성경에 기록하게 하신 참 진리이다.[엡 1:13. 롬 3:22. 25. 27. 4:5. 5:1. 8:30] [요 14:33] 이것이 곧 구원의 진리의 길이다.

내가 곧 길이요 진리요 생명이니 나로 말미암지 않고는 아버지께로 올 자가 없느니라.[요 14;6]

그럼 왜 꼭 대속제물이 예수님이어야 하느냐? 하는 문제이다.

이 문제는 대속의 의미에서 먼저 그 문제를 찾아야 할 것이다. 즉 하나님께서는 모든 인간들을 죄에서 구원하시어 당신의 자녀를 삼으시려고 한

법을 정하셨는데 그 법이 곧 죄의 삯은 사망이라는 것이다.[롬 6:23] 즉 죄 있는 인간은 죽어야만 한다는 것이다. 이는 다시 말해서 죄 있는 인간은 당신의 나라 거룩한 땅에 들어올 수가 없다는 것이다.

따라서 죄 있는 인간들을 대신하여 누군가가 대신하여 죽어야 하는데 인간은 모두가 죄인이므로 죄인이 죄인을 대신하여 죽어야 아무 효과가 없다는 것이다. 그러므로 죄 있는 인간들을 대신하여 죽을 인간은 반드시 죄가 없는 인간이어야만 하는 것이다.[롬 3:10.] [사 53:1-6]

그래서 하나님께서는 당신께서 직접 이 땅에 오시어서 죄 있는 인간늘의 죄를 대신하여 죽으실 것을 계획을 하시고 이 계획을 정확하게 가르쳐 주신 것이 창 3:15의 말씀인 것이다.

즉 당신이 순결한 여자의 몸을 의탁하여 이 땅에 오시어서 인간들의 죄를 대신하여서 죽으시겠다는 것이다. 그렇게 오셔야만이 인간도 되시면서 인간은 인간이되 죄가 없는 인간이 되시는 것이기 때문이다. 그렇게 하셔야만 이 죄가 없으신 인간이시므로 죄 있는 인간을 대신하여 죽으실 수가 있으신 것이며 그래야만 죄 있는 인간의 대속의 효과가 있게 된다는 것이다.

그래서 그 약속의 말씀대로 동정녀 마리아의 몸을 의탁하사 오시어서 인간들의 모든 죄 즉 과거와 미래의 모든 죄를 짊어지시고 십자가에서 돌아가신 것이다.
또 반드시 예수님이어야 하는 것은 곧 예수님을 통한 인류의 영혼 구원의 계획을 하나님께서는 말씀으로 나타내시어 세상 사람들에게 가르쳐 주셔야만 하기 때문인 것이다.

그래서 요한 사도가 [요 1:1-4.14]에서 '말씀이 하나님과 함께 계시다가 육신이 되어 이 땅에 오셨다. 라고 고백을 하고 기록을 하게 된 것이다.

그러므로 성경은 하나님께서 예수님 안에서 인간들을 구원하시기 위하여 창세전에 이미 계획 되어진 사건이란 말씀이므로 세상의 어느 법전이든 경전이든 온전한 구원의 진리에 관하여는 성경과 비교를 할 수가 없는 것이다.

즉 성경 외에 다른 법전이나 경전들은 모두 헛것이라는 말씀이다.

3] 그럼 진리가 너희를 자유케 하리라. 하신 말씀이 죄에서 자유함을 얻어 자유케 되었다는 것은 알겠는데 그 자유케 하리라. 하신 말씀에 담겨 있는 의미와 자유하게 되어 자유를 누릴수 있는 방법들은 무엇이며 어떻게 하는 것인가에 대하여 알아 보기로 하자.

이 문제를 알려면 먼저 참 진리에 대하여서 말씀하신 예수님의 말씀을 알아야 한다. 예수님께서는 [요 14:6]에서 당신이 곧 길이요. 진리요. 생명이요. 라고 말씀을 하시며 당신을 말미암지 않고는 아버지께로 갈 수가 없다고 말씀을 하신 것을 상고 하여 보면 알 수가 있겠다.

이 말씀을 자세히 분석을 하여보면 첫째 인간은 하나님께서 정 하여 놓으신 한 믿음의 법을 따라 죄에서 자유함을 얻었다.

그러나 죄에서 자유함을 얻었다고 하여서 사는 삶에서 참 자유를 누릴 수가 있다는 것은 아니다. 이는 곧 믿음에 의한 행위가 꼭 뒤따라야만 참 평안의 자유를 누릴 수가 있다는 것이다.

이 말씀의 의미를 바로 알려면 예수님께서 [요 14:21]에 하신 말씀을 상고하여 보면 아주 쉽겠다.

[나의 계명을 가지고 지키는 자라야 나를 사랑하는자니 나를 사랑하는 자는 내 아버지께 사랑을 받을 것이요 나도 그를 사랑하여 그에게 나를 나타내리라] 라고 말씀을 하신 것이다.

이 말씀은 곧 예수님을 따라 즉 말씀을 따라 행하며 살아야만 하나님을 만날 수도 있고 예수님께서도 동행을 하실 수가 있으시다는 말씀이다.

다시 간단히 설명을 하자면 예수님은 태초에 말씀으로 하나님과 함께 계셨다.

말씀으로 하나님과 함께 계시다가 육신을 입고 이 땅에 오신 것이다. 이 사실 즉 예수님을 말미암지 않고는 하나님께로 갈자가 아무도 없다 라고 하시는 말씀은 곧 말씀을 말미암지 않으면 하나님께로 갈 자가 아무도 없다는 말씀이 되겠다.

그러므로 이는 바꿔 말해서 말씀으로 말미암아 구원을 얻는 자는 말씀을 따라서 행하는 삶을 살지를 않으면 하나님께로 부터오는 참 평안의 안식에 들어갈 수가 없다. 라는 말씀인 것이니 이 말씀을 한마디로 다시 표현을 하자면 말씀을 따라 살아야 참 진리 안에서 참 평안에 들어가 참 안식의 자유를 누릴 수가 있다는 말씀인 것이다. 즉 말씀을 따라서 행하는 삶을 살지를 않으면 참 안식에 들어갈 수가 없다는 것이다.

또 하나 예수님 즉 말씀을 말미암지 않고는 하나님께로 갈자가 없다. 라고 말씀하시는 것의 의미는 구원을 얻은 자가 하나님의 말씀을 따라 행하는 삶을 살지를 않으면 하나님을 만날 수도 없다는 말씀인 것이다. 즉 하나님께서 말씀하시는 자유는 마음에 참 평안을 느끼는 자유인 것인데 이 참 평안의 안식에서 참 자유를 느끼는 삶을 살려면 꼭 말씀을 따라 행하는 행함의 삶이 뒤따라야 한다는 것이다.

즉 그 행함으로 얻는 참 안식의 자유는 새 생명을 주시고 새 생명의 참 진리의 길로 인도하신 분의 뜻을 따라서 사는 것이다. 새 생명의 삶 속에서 이렇게 사는 것이 곧 참 안식에 들어가 참 자유함을 얻는 것이며 하나님을 새 생명의 삶 속에서 만나는 방법인 것이다.

그러면 그분의 뜻이 무엇인가를 살펴보자.

그분은 태초에 죄인인 인간들을 구원하시고 그 구원을 받은 인간들로부터 영광을 받으시기를 계획하셨다. 그러므로 구원을 받은 자들은 그분의 뜻을 따라 그분의 덕을 선전하며 그 분의 영광을 위하여 살아야만 참 평안의 안식을 누리며 참 자유를 누릴 수가 있게 된다는 것이 그분이 정하여 놓으신 법이다.

왜냐하면 하나님께서 태초에 그렇게 구원을 받은 자들로부터 영광을 받으시기로 이미 작정을 하시고 구원의 계획을 세우셨기 때문에 구원을 받은 자는 그분의 뜻대로 그렇게 살지를 않으면 참 평안의 안식에 들어가서 참 자유를 누릴 수가 없는 것이 곧 그분이 정하여 놓으신 진리이다.

그러므로 그 분으로 인하여 새 생명을 받아 가지고 사는 자들은 그 분과 동행하는 삶 속에서 행동으로 인하여 죄의식을 느끼게 되면 말씀을 따라서 살지를 않는 것이므로 참 평안에 절대로 들어갈 수도 없으며 참 자유도 안식도 절대로 누릴 수가 없게 된다.[엡 1:4-6. 벧전 2:9]

그래서 예수님께서 내가 주는 평안은 세상이 주는 평안과 다르다고 말씀하신 것이다.[요 14: 27]

즉 세상이 주는 평안은 육신의 정욕을 좇아 하고 싶은 것을 욕심을 따라서 행하고 육신적으로 평안한 것을 말하지만 예수님께서 주시는 평안은 무언가 하나님께서 기뻐하시는 쪽의 일을 선택하여 행할 때에 그 일을 행한 후 주님께서 주시는 평안을 느낄 수가 있는데 그 주님이 주시는 평안 안에는 참 자유함이 함께 존재한다는 것이 다르다는 것이다. 즉 참 자유를 느낄 수있는 그런 평안이 곧 주님께서 주시는 참 평안이라는 것이다. 이것이 곧 구원받은 자가 참 안식에 들어가는 것이다.

예수님께서 비유를 들으신 것 중에 [마 21:28-31]에 어떤 아버지에게 두 아들이 있는데 두 아들에게 포도원에 가서 일을 하라고 하신다. 그런데 첫째는 일을 하러 가겠다고 하고는 가지 아니하고 둘째는 안 가겠다고 했지만 뉘우치고 포도원에 가서 일을 한 사건이다. 이 사건을 보면 첫째는 결국 육신의 정욕을 좇아 행하여 몸은 편했지만 참 자유함을 누리지 못한 것이 분명하고 둘째는 안 간다고 했지만 뉘우치고 아버지의 명령을 좇아 아버지께서 기뻐하시는 일을 행하였으므로 행한 후에는 분명히 마음에 참 자유의 천국을 느낄 수가 있었을 것이다. 이것이 바로 예수님 안에서 천국을 누리는 삶의 진리이다.

5] 결론적으로 하나님께서 말씀하시는 진리[眞理]란 구원의 진리를 말씀하시는 것인데 이 구원의 진리는 하나님의 말씀을 의미하며 하나님의 말씀은 곧 예수님을 의미하므로 구원은 곧 예수님을 믿음으로 얻는 구

원의 진리가 곧 참 진리이다.

진리의 예수님을 믿는다는 것은 말씀을 믿는다는 것이므로 이는 곧 하나님께서 인간을 구원하시기 위하여 대속 제물로 세우신 예수님의 행한 대속의 일을 믿는다는 것이다.

그러므로 참 진리란 첫째 예수님의 행하신 일을 통한 죄로부터의 구원이다. 왜냐하면 인간은 근본적으로 태어날 때부터 가지고 태어나는 원죄의 속성 때문에 말씀을 통한 믿음의 방법 외에는 죄에서 구원을 얻을 다른 방법은 있을 수가 없기 때문이다.[행 4:12] 그래서 예수님께서 내가 곧 길이요 진리요 생명이라. 라고 말씀하신 것이다. 즉 예수님으로 말미암지 않고는 죄에서 구원을 얻어 새 생명을 얻을 수가 없을 뿐더러 삶 속에서도 참 자유가 있는 평안의 안식을 누릴 수도 없다는 말씀인 것이다.

둘째는 말씀을 믿음으로 행함으로서 얻어지는 육적 구원이다.[시 50:23] 이는 죄에서 구원을 받은 자가 말씀을 따라 행할 때에 마음과 삶 속에 평안을 가져다 주기 때문인데 그 평안 가운데에는 참 자유가 함께 존재하기 때문인 것이다.

즉 성도가 새 생명의 삶을 받아서 이 땅에서 살 때에 진리의 말씀을 따라 예수님과 동행하며 살면 평안이 오게 되는데 그 평안 안에는 참 자유가 함께 따라온다는 것이다. 이때 평안과 함께 따라오는 참 자유는 평안으로부터 떨어질 수가 없는 것이다. 그러기에 성도가 말씀을 따라 예수님과 동행하며 살면 예수님께서 주시는 참 평안 가운데에 참 자유를 누릴 수가 있게되는 것이다. 이 참 평안과 함께 존재하는 참 자유를 성도가 새 생명을 받아 사는 삶 속에서 누릴 때에 성도의 삶 속에 천국이 만들어지고 마음에 천국이 임하여 구원받은 성도가 새 생명의 삶 속에서 천국을 누리는 삶을 살게 되는 것이다.

[요 14:27. 눅 2:14. 시 23:1-6. 시 103:1-5]

그러므로 진리를 한마디로 요약하면 예수님과 함께 동거 동락 하며 사는 것이다.

51. 포도 나무 비유

(요 15:1-7. 16)

내가 참 포도 나무요 내 아버지는 그 농부라 무릇 내게 있어 과실을 맺지 아니하는 가지는 아버지께서 이를 제해 버리시고 무릇 과실을 맺는 가지는 더 과실을 맺게 하려하여 이를 깨끗게 하시느니라 너희는 내가 일 러준 말로 이미 깨끗하였으니 내 안에 거하라 나도 너희 안에 거하리라 가지가 포도나무에 붙어있지 아니하면 절로 과실은 맺을 수 없은 것 같 이 너희도 내 안에 있지 아니하면 그러 하리라 나는 포도 나무요 너희는 가지니 저가 내 안에 내가 저 안에 있으면 이 사람은 과실을 많이 맺나니 나를 떠나서는 너희가 아무것도 할 수 없음이라 사람이 내 안에 거하지 아니하면 가지처럼 밖에 버리워 말라 지나니 사람들이 이것을 모아다 가 불에 던져 사르느니라. 너희가 내 안에 거하고 내 말이 너희 안에 거 하면 무엇이든지 원하는 대로 구하라 그리하면 이루리라. 너희가 나를 택한 것이 아니요 내가 너희를 택하여 세웠나니 이는 너희로 가서 과실 을 맺게 하고 또 너희 과실이 항상 있게 하여 내 이름으로 아버지께 무엇 을 구하든지 다 받게 하려 함이니라.

제기되는 난제

1] 과실을 맺지 아니하는 가지는 아버지께서 제하여 버리신다면 구원을 잃어버린다는 말씀인가?

2] 너희가 내 안에 거하고 내 말이 너희 안에 거하면 무엇이든지 원하는 대로 구하라 그리하면 이루리라 하신 말씀의 뜻은?

난제 해석

1] 예수님의 이 비유의 말씀을 이해를 하려면 이스라엘을 포도나무로 표현된 과거의 역사부터 알아보아야 한다.[사 5:1-2] 에 말씀을 보면 하나님께서 이스라엘을 극상품 포도나무라고 표현하시면서 아주 좋은 기름진 땅에 갖다 심었다고 말씀하시며 좋은 포도를 맺히기를 바라셨는데 들포도를 맺혔다. 라고 말씀하신다. 즉 들포도는 먹지도 못할 몹쓸 열매를 맺혔다는 말씀이다.

즉 하나님께서 이스라엘을 애굽에서 이끌어 내신 것은 성도를 세상 가운데서 불러내신 것의 예표이니 예수님 안에서 구원을 얻은 성도는 예수님과 함께 지금 아주 좋은 기름진 땅 영적 하나님의 땅에 심기운 한 그루의 극상품 포도나무인 것이다.

2] 그럼 본문에서 '무릇 내게 있어 과실을 맺지 아니하는 가지는 아버지께서 제해 버리시고 과실을 맺는 가지는 과실을 더 맺게 하려 하여 깨끗게 하시느니라 라고 하신 말씀은 무슨 말씀인가?

이 말씀은 이렇다. 즉 [마 3:7-10]에 보게 되면 요한 사도가 자기에게 세례를 받으러 오는 바리새인들과 서기관들을 보고
'이 독사의 자식들아' 라고 표현하며 도끼가 나무 뿌리에 놓였으니 좋은 열매 맺지 아니하는 나무마다 찍어서 불에 던지우리라' 라고 하신다.

그렇다면 위에 이사야 선지자를 통하여 표현한 이스라엘과 요한 사도를 통하여 표현한 이스라엘을 보면 좋은 열매를 맺지 않으면 아버지께서 제하여 버리신다고 말씀하시는 것은 곧 이스라엘의 예수님을 배척하는 무리들을 두고 말씀하시는 것임을 금방 알 수 있다.

또 본문에서도 뒷바침 할 수 있는 것이 3절에 예수님께서 '너희는 내가 일러준 말로 이미 깨끗하여 졌나니' 라고 하신다.
이 말씀은 곧 2절의 말씀으로 보아 이미 말씀으로 깨끗함을 받은 성도는 하나님께서 더 좋은 열매를 많이 맺히게 하시기 위하여 가지를 다듬어 주신다는 뜻이다.

즉 성령님께서 성도의 삶속에 개입하시어서 성도의 삶이 아름답게 즉 성화 되어가게 하시어서 아름다운 열매를 많이 맺힐수 있도록 인도하신다는 말씀인 것이다.[다듬어 주신다는 말씀은 곧 아들의 삶에 참견하시어 징계하실 일이 있으시면 징계를 하여서라도 열매를 많이 맺히게 하시겠다는 말씀인 것이다]

다음으로 예수님의 말씀이 나는 참 포두나무요 너희는 가지니. 라고 하시는 말씀을 보자. 이 말씀대로 예수님은 참 포도 나무요 성도는 그 가지라. 그러면 성령님의 내주 역사로 말미암아 참 포도 나무의 진액을 빨아 먹고 자라는 가지가 좋은 열매를 맺힐 수밖에 없는 것이다.

그러나 성도가 아직 세상에 살고 있고 마음대로 제어할 수 없는 정욕을 가지고 육신 가운데 살고 있기 때문에 때로는 들포도를 맺힐 때도 있기에 들포도를 맺힐 때는 좋은 포도를 맺히게 하기 위하여 가지를 다듬어 주신다는 말씀이니 이는 곧 들 포도를 맺혔을 때 징계를 하시겠다고 하시는 말씀이다.

즉 구원 받은 성도가 들포도를 맺혔다고 버리신다는 것이 아니라 성도의 구원받은 삶 속에 개입하셔서 징계를 하심으로 깨닫게 하여 좋은 열매를 맺히도록 인도하실 것이라는 말씀이다.

그러므로 과실을 맺지 아니하는 가지는 불에 던지어 불살라 버리신다는 것은 곧 당시의 이스라엘에 서기관이나 바리새인들 혹은 제사장과 특권층에 있어 예수님을 배척하는 무리들을 일컬어 하시는 말씀이며 이미 예수님을 영접하여 깨끗하여진 성도는 성령님의 내주 역사로 말미암아 예수님께서 항상 함께 하심으로 예수님의 이름으로 깨끗한 열매를 맺힐 수밖에 없는 것이다. 그러나 열매를 더 많이 맺히게 하기 위하여 가지를 다듬어 주실 수는 있다.

즉 하나님께서는 좋은 열매냐 아니면 먹지 못할 악한 열매냐를 판단하실 때 성도가 예수님과 함께 맺힌 열매이냐 아니냐로 좋은 열매다 혹은 나쁜 열매다로 판단하신다.

사람이 보기에 아무리 좋은 열매라 하더라도 하나님께서는 그 열매의 겉을 보지 아니하시고 그 열매의 속에 예수님께서 함께 하셨느냐만 보신다.

간단히 말해서 하나님께서는 타락한 인간들을 구원하시고 구원받은 성도와 동행을 하시며 영광을 받으시는 것이 하나님의 소망인데 이 하나님의 소망은 예수님 밖에서는 절대 아무것도 없다고 결론할 수 있다.

3] 너희가 내 안에 거하고 내 말이 너희 안에 거하면 무엇이든지 원하는 대로 구하라 그리하면 이루리라. 하시고 너희가 아버지께 무엇을 구하든지 내 이름으로 다 주시리라. 하신 뜻은 곧 내 말이 너희 안에 거하고. 이 말씀의 뜻을 알아야 한다.

이 말씀의 뜻은 곧 성도는 예수님을 영접하는 순간 모든 삶의 원인과 목적이 하나님의 기뻐하시는 뜻대로 살려는 성향으로 다 바뀐다는 것이다.

그러므로 성도는 자신의 유익을 위하여 구하지 아니하고 하나님의 나라가 이 땅의 나의 삶 속에서 이루어지기를 구하게 된다. 이 말씀은 예수님께서 제자들에게 가르쳐 주신 '주 기도문' 이 표본이 되겠다.

즉 하나님의 이름이 거룩히 여김을 받으시게 하기 위하여 하나님의 뜻인 하나님의 나라가 성도의 삶 속에서 서로 죄를 용서하고 사랑함으로 이루어지게 하옵시며. 또 악한 것을 생각지 않으므로 시험에 들지 않아서 참 평안을 누림으로 하나님의 뜻이 성도의 마음과 삶 속에서 아름다운 열매를 많이 맺힐 수 있게 하옵시며. 그러므로 하나님의 나라와 권세와 영광이 성도의 새 생명의 삶 속에서 온전히 나타나게 하옵시고. 하는 이러한 소망이 성도의 구원받은 새 생명의 삶 속에 거하는 것이 곧 내 말이 너희 안에 거하고' 하시는 예수님의 말씀의 뜻이다.

이러한 소망을 가지고 하나님의 나라를 위하여 예수님의 이름으로 구하는 것은 예수님의 이름으로 하나님께서 모두 주신다 는 말씀인 것이다. 그러므로 성도는 하나님의 사랑이 성도의 새 생명의 삶을 통하여 온전하게 나타나므로 하나님의 나라가 또한 성도의 새 생명의 삶 속에서 아름답게 나타내어지게 하실것을 구하여야 할 것이다.

4] 성도는 성도가 하나님을 택한 것이 아니고 하나님께서 택하여 하나님의 자녀와 하나님의 나라를 세우는 일꾼으로 세운 것이다. 이 사역을 감당케 하기 위하여 예수님께서도 성령으로 성도를 성전 삼으시고 항상 함께 하신다.[고전 3:16. 6:19. 빌 2:13] 왜냐하면 성도가 나가서 과실을 많이 맺게 하기 위하여서인 것이다. 그러므로 성도는 성령님의 인도하심과 하나님의 말씀이 성도의 마음에 항상 있음으로 좋은 열매를 맺힐 수밖에 없는 것이다.

이것은 하나님께서 창세전부터 이미 예수님 안에서 계획되고 예비된 것이다.[엡 1: 4-5]

그러므로 본문에 '사람이 내 안에 거하지 아니하면 가지처럼 말라져서 사람이 모아다가 불살라 버리느니라' 라고 하신 말씀은 성도를 두고 하시는 말씀이 아니라 하나님을 믿거나 혹은 알기는 알되 예수님과 함께 하지 않는 바리새인이나 제사장 혹은 예수님을 배척하는 자들을 두고 말씀하시는 것이다.

또 성도가 성령님과 함께 동행하면서도 성령의 인도하심에 귀 기우리지 아니하고 항상 육신의 정욕을 따라 일어나는 육적 욕심과 타협하며 악한 열매를 새 생명의 삶 속에서 자꾸 맺히게 되면 나중에는 새 생명을 받은 영혼이 말라 버려서 성도의 영적 상태가 불살라져 타 버릴 만큼 메말라 버릴 수도 있으니 조심하여 하나님께서 주신 영적 천국 땅을 잘 관리하고 다스리라는 말씀이다.

52. 가시 면류관

(요 19:1-2)

이에 빌라도가 예수를 데려다가 채찍질하더라 군병들이 가시로 면류
관을 엮어 그의 머리에 씌우고 자색 옷을 입히고

(요 19:34)

그중 한 군병이 창으로 옆구리를 찌르니 곧 피와 물이 나오더라.

(요 20:23)

너희가 뉘 죄든지 사하면 사하여질 것이요 뉘 죄든지 그대로 두면 그대
로 있으리라.

(요 21:6)

가라사대 그물을 배 오른편에 던지라 그리하면 얻으리라 하신대 이에
던졌더니 고기가 많아 그물을 들 수가 없더라

(요 21:13)

예수께서 가셔서 떡을 가져다가 저희에게 주시고 생선도 그와 같이 하
시니라.

1] 왜 예수님께 가시관을 씌우셨나?

2] 옆구리를 찌르니 물과 피가 나온 뜻은?

3] 제자들이 죄를 사할 권세가 있나?

4] 그물을 왜 오른편에 던지라 하셨나?

5] 왜 제자들과 떡과 물고기를 잡수셨나?

 난제 해석

1] 이제 잠시 후에는 예수님께서 인류의 죄를 담당하시기 위하여 십자가를 지시고 돌아가시어 하나님께서 당신에게 맡기신 이 땅에서의 모든 사명을 마치신다.

2] 성경은 곧 예수님을 증거하기 위하여 하나님께서 기록하게 하신 책이다.[요 5:39]

즉 예수님께서 이 땅에 오시기 전에 구약의 말씀들은 이미 기록이 되었으며 이제 예수님께서 구약에 당신에게 계시된 대로 모두 이루시고 승천하시면서 당신 안에 예비된 자들을 이끌고 하늘로 올라가셔야 하는 것이다.[엡 4:8] 그러므로 이제 그 하나님께서 당신에게 맡겨주신 사명을 모두 감당하고 마치는 시간이 거의 다 된 것이다.

3] 그러므로 예수님께서 이 땅에 오실 때 가지고 오신 세 가지의 권세를 모두 이루신 것을 나타내시어 세상에 알리셔야만 하는 것이다. 하나는 왕의 권세요. 하나는 제사장의 권세요 하나는 선지자의 권세다. [동방 박사가 가지고 온 세 가지 예물의 뜻 해설 참조]

4] 히브리어로 로마어로 헬라어로 '유대인의 왕' 이라고 기록하게 하신 것은 하나님께서 예수님이 온 세상 모든 자의 왕이심을 나타내신 것이다.[요 19:19-20]

[로마어=라틴어] 라틴어는 후에 영어를 비롯한 유럽 전역의 모든 언어의 모체가 된다]

또 예수님께 자색 옷을 입히신 것도 곧 왕의 권위를 나타내시는 것이며 만왕의 왕이 되심을 나타내시는 것이다.

5] 병사가 예수님의 옆구리를 찌르니 물과 피가 쏟아진 것은 곧 예수님께서 물과 피로 임하시어 온 세상에 말씀을 통하여 모든 인간에게 새 생명을 주실 메시아이심을 나타내시는 것이다.[요일 5:6]

[물과 성령으로 거듭 나라, 해설 참조]

6] 머리에 가시관을 쓰신 것은 곧 대 제사장의 영광스러운 관을 나타내시는 것이므로 당신이 이 땅에 멜기세덱의 반차를 좇아 강림하신 대 제사장이심을 나타내시는 것이다.[출 29:6. 9. 레 8:9] 또한 만 왕의 왕이심을 나타내시는 것이다.

예수님께서 쓰신 가시관은 세상의 어떠한 제왕의 왕관보다, 세상의 어떠한 제사장의 면류관보다 더욱 고귀하고 거룩한 왕관이며 면류관인 것이다.
  그러므로 예수님께서 쓰신 가시관은 만왕의 왕임을 나타내시며 또한 대 제사장이심을 나타내시는 영화로운 왕관인 동시에 면류관인 것이다.

7] 특히 예수님께서 고난 뒤에 받으실 면류관[가시관]은 스가랴 선지자를 통하여서 보여주신 하나님의 계시를 이루시어야 하시기에 꼭 가시관을 쓰셔야만 하는 것이다.[슥 3:1-9] = 내용 중에 나오는 대 제사장 여호수아는 예수님의 예표이며 장차 왕 같은 제사장이 될 성도의 예표이다]

8] 가시관은 또한 성도가 받을 모든 면류관의 총체적 상징이기도 하다.

왜냐하면 모든 면류관은 하나같이 고난이 없이는 받을 수가 없는 것들이기 때문에 예수님께서 가시관을 쓰시어서 당신을 좇아올 당신의 자녀들에게 고난이 없이는 좇아올 수 없고 고난이 없이는 면류관을 받을 수도 없다는 것을 알려 주시는 것이다.

예수님께서 쓰신 가시 면류관은 성도가 예수님의 이름으로 새 생명의 삶 속에서 고난을 받으면 그 고난이 끝난 후 성도에게 줄 영광의 면류관이 예비되어 있음을 또한 알려주시는 것이다.

9] 그럼 면류관의 종류를 잠시 알아보자.

첫째. 재판장인 예수님께서 승리하는 모든 자에게 주실 '의의 면류관' [딤후 4:8]

둘째. 예수님의 명령을 따라 전도하여 전도의 수고로 말미암아 얻어지는 열매들로 인하여 누리는 '기쁨의 면류관' [빌 4:1]

셋째. 하나님의 영광과 나라를 위하여 힘써 노력하고 육신의 정욕을 따라 행하지 않고 절제함으로 얻어지는 '썩지 않는 면류관' [고전 9:25]

넷째. 양 무리에게 본이 되도록 노력하여 얻어지는 '영광의 면류관' [벧전 5:3-4]

다섯째. 하나님의 영광을 위하여 참고 모든 시험을 이기고 받는 '생명의 면류관' [약 1:12]

여섯째. 하나님의 나라와 영광을 위하여 충성하여 얻는 또 하나의 '생명의 면류관' [계 2:10]

이 모든 면류관은 하나같이 수고와 인내와 오래 참음으로 얻어지는 하나님의 상급인 것이며 이것이 곧 성도가 받을 면류관 들이다. 즉 예수님께서 가시 면류관을 쓰시고 이 쓰신 가시 면류관이 성도가 어떻게 수고하고 인내하여야 면류관을 받을 수 있나를 알려주시는 것이다.

즉 예수님께서 쓰신 가시 면류관은 겉보기에 보잘 것 없고 흉 하지만 그 내용에는 하나님께서 보시기에 아름답고 거룩함으로 가득차 있는 진정 자랑스럽고 영광스러운 빛나는 면류관인 것이다. 그러므로 성도가 수고하여 받을 면류관도 겉으로 보기에는 상처투성이이지만 그 안에는 하나님의 영광과 하나님의 나라를 위하여 인내하고 노력한 피와 땀으로 얼룩진 아주 값지고 빛나는 아름다운 면류관인 것이다. 이 내용을 예수님께서 총체적 의미인 가시관으로 보여 주시는 것이다.

10] 또 예수님께서 가시 면류관을 쓰신 것은 [사 53:5]의 말씀을 온전히 이루시어 장차 당신 안에서 당신의 자녀들이 될 성도들에게 천국을 누리는 평안의 삶을 살게 하시기 위하여서 채찍으로 맞으시고 상하시고 찔림을 당하시고 하시는 것이다.

11] [요 20:23]의 말씀을 모든 고난을 받으신 뒤에 하신 것은 모든 메시지의 내용 뒤에 성도가 받을 권세를 나타내는 것인데 이는 곧 말씀의 선포권을 나타내시는 것이다.

즉 예수님께서 승천하시기 전에 당신에게 이끌릴 모든 성도들에게 하늘과 땅의 권세를 모두 주실 것을 약속하신다. 그러시면서 너희는 가서 모든 족속으로 제자를 삼아 아버지와 아들과 성령의 이름으로 세례를 주라고 명하신다.[마 28:19-20]

이는 다시 말해서 말씀을 가지고 나가서 사망 권세에서 헤어나지 못하고 있는 자들을 불러내라는 말씀이다. 그리하여 베드로와 약속하신 믿음의 반석 위에 당신의 나라를 세우시겠다고 말씀하시는 것이다.[마 16:18]

따라서 예수님의 뜻대로 부름을 받은 자들은 이 예수님께서 주신 권세를 활용하여서 많은 면류관을 예비하여야 할 것이다.

12] 마지막으로 승천하시기 전에 제자들을 만나셔서 물고기를 낚는 법을 가르쳐 주신다. 그물을 오른편에 던져라. 말씀대로 행하였더니 그물이 찢어질 만큼 물고기가 잡힌 것이다.

이 물고기를 잡는 방법을 간단하게 알려 주시는 것은 곧 오순절 기간에 성도들이 전도를 어떻게 하여야 하는가를 알려 주시는 것이다.

그물을 오른편으로 던지라고 하시는 말씀은 곧 오른편은 항상 옳고 바른 것을 의미하며 의로움과 힘과 권세를 나타낸다.

이러한 모든 옳고 바르며 의로운 행동은 빛의 자녀들이 새 생명의 이 땅의 삶 속에서 행하여 하나님의 영광을 나타내어야 하는 도구들이다.

즉 항상 선한 욕심과 선한 소망을 가지고 좌로나 우로나 치우치지 말아서 하나님의 영광을 가리지 않도록 노력하면 눈에 보이지는 않지만 고기를 낚을 수 있는 그물이 형성된다.

이 눈에 보이지는 않지만 생성된 그물을 가지고 물고기를 잡는데 사용하라는 예수님의 메시지인 것이다. 즉 이 얻어진 그물을 가지고 전도를 하여 흑암의 권세에 있는 자들을 이끌어 내라는 말씀이다.

[이 그물은 예수님께서 성도에게 주신 하늘과 땅의 모든 권세로 짜여져 있는데 이 권세를 희생이 있는 사랑으로 행할 때 물 고기는 잡힌다]

13] 물고기를 낚는 메시지를 마지막으로 알려 주시면서 다음에 제자들과 음식을 나누시는 것은 성도가 이 땅에서 예수님께서 주신 권세를 가지고 성령님의 인도를 받아 많은 좋은 열매를 맺히면 성도를 성전 삼아 계시면서 성령으로 동행하시는 예수님께서 성도와 함께 잡수실 것을 알려 주시는 것이다.

그러므로 구원받은 성도는 지금도 성령으로 예수님과 함께 동행하면서 함께 먹으며 함께 즐거움의 천국을 누리며 예수님이 주시는 참 평안과 참 기쁨에 참여하고 있다는 것을 알아야 한다.[계 3:20-21]

이것이 곧 [마 11:28]의 말씀대로 수고하고 무거운 짐 진 자들아 다 내게로 오라 내가 너희를 편히 쉬게 하리라. 하신 말씀이 성도의 삶 속에서 이루어지는 것이다.

이는 [마 11:29]의 말씀대로 예수님께서 기뻐하시는 온유와 겸손의 멍에를 메고 고난과 오래 참음으로 인내하며 가시 면류관을 바라 볼 때에 그 안에서 만이 놀랍게 누릴 수 있는 천국이 있다는 것을 알려 주시는 것이다. 이것이 곧 새 생명의 삶 속에서의 누리는 '천국 산책' 이다.

53. 만나와 흰 돌

(출 16:4-5)

때에 여호와께서 모세에게 이르시되 보라 내가 너희를 위하여 하늘에서 양식을 비같이 내리리니 백성이 나가서 일용할 것을 날마다 거둘 것이라 이같이 하여 그들이 나의 율법을 준행하나 아니 하나 시험하리라 제 육일에는 그들이 그 거둔 것을 예비할지니 날마다 거두던 것의 갑절이 되리라.

(출 16:8)

모세가 또 가로되 여호와께서 저녁에는 너희에게 고기를 주어 먹이시고 아침에는 떡으로 배불리시리니 이는 여호와께서 자기를 향하여 너희의 원망하는 그 말을 들으셨음이니라 우리가 누구냐 너희의 원망은 우리를 향하여 함이 아니요 여호와를 향하여 함이로다.

(출 16:13)

저녁에는 메추라기가 와서 진에 덮이고 아침에는 이슬이 진 사면에 있더니 14, 그 이슬이 마른 후에 광야 지면에 작고 둥글며 서리같이 세미한 것이 있는지라 15, 이스라엘 자손이 보고 그것이 무엇인지 알지 못하여 서로 이르되 이것이 무엇이냐 하니 모세가 그들에게 이르되 이는 여호와께서 너희에게 주어 먹게 하신 양식이라

(출 16:25-27)

모세가 가로되 오늘은 그것을 먹으라 오늘은 여호와께 안식일인즉 오늘은 너희가 그것을 들에서 얻지 못하리라 육일 동안은 너희가 그것을 거두되 제 칠일은 안식일인즉 그날에는 없으리라 하였으나 제 칠일에 백성 중 더러는 거두러 나갔다가 얻지 못하니라.

(출 16:35)

이스라엘 자손이 사람 사는 땅에 이르기까지 사십년 동안 만나를 먹되 곧 가나안 지경에 이르기까지 그들이 만나를 먹었더라

제기되는 난제

1] 하나님께서 이스라엘에게 만나와 메추라기를 먹게 하신 뜻은?

2] 가나안 땅에 이르니 만나가 그쳤는데 왜 그쳤는가?

난제 해석

1] 출애굽한 이스라엘이 샘 열둘이 있으며 종려나무 칠십 주가 있는 곳에서 장막을 친 것이 구원받은 이스라엘의 영적인 상태의 상황이며 예수님 안에서 구원을 얻을 자들이 하나도 떨어지지 아니하고 모두가 온전

히 구원을 이루실 것을 예표로 보여 주신 것임을 창세기 해설에서 해설하였다.

그런데 그때에 아직 하나님께서 이스라엘에게 십계명을 주시지 않은 상태인데 하나님께서 만나를 내려 주신다고 하시면서 이스라엘이 계명을 지키나 아니 지키나 시험을 하신다고 하신다.

이는 이미 구원을 얻은 자들은 행위로 지켜야할 영적인 양식이 곧 안식일을 지켜야 되는 것임이 가장 중요하기 때문에 십계명을 주시기 전에 하늘 양식인 만나와 겸하여서 기록케 하심으로 중요성을 강조하신 것이며 시험을 하시겠다고 하신 것이다. 그래서 만나를 안식일에는 들에서 얻을 수 없게 하신 것이다.

만나와 안식일과는 뗄래야 뗄 수가 없는 밀접한 관계가 있음을 알려 주시는 것이다.

2] 즉 만나는 하늘에서 내리는 영의 양식 즉 말씀의 예표인데 말씀에 순종하면 육의 양식[메추라기]도 하나님께서 아울러 책임을 지시고 먹여 주신다는 하나님의 계시이다.[신 8:3]

하나님의 말씀으로 구원을 얻은 자들이 하나님의 영적인 축복을 받으면 육적인 축복을 아울러 받는 첫 번째 비결이 안식일을 지키는데 있음을 알려주시는 것이다. 그래서 안식일은 곧 구원을 받은 자의 표징이다 라고 그 중요성에 강조를 두시고 말씀하신 것이다.[출 31:13. 겔 20:20] 즉 성도가 안식일을 지키지 않으면 성도가 아니라고 스스로 자인하는 것이 된다.

아침에는 떡[말씀]으로 배부르게 하시며 저녁에는 고기 즉 육적 음식으로 배부르게 하시는 것은 영혼이 먼저 잘되면 육적인 축복도 따라서 임하는 것임을 계시하시는 것이다.[출 16:13]

3] 안식일에 밖에 나가서 만나를 구하려 했지만 구할 수 없는 것은 장차 하나님의 말씀은 예수님의 몸을 통하여서 주실 것이기 때문에 예수님 밖에서는 구할 수가 없다는 말씀이다. 즉 예수님은 안식일의 주인이시며[마 12:8] 또 교회의 머리이시며 교회의 몸이시기 때문이다.[엡 1:22-23]

즉 영혼의 양식인 하나님의 말씀을 장차 예수님을 통하여서 주실 것을 말씀하시는 것이니 이는 즉 교회를 통하여서 주실 것을 알려 주시는 것이다.[엡 3:9-12] 성도가 하나님께 당당히 나갈 수 있는 길은 예수님의 몸인 교회이기 때문이다.

4] 또 만나 즉 생명의 말씀은 예수님 밖에서는 없다는 것을 말씀하시는 것이다.[요 14:6]

그래서 [요 6:53-58]에 예수님의 살과 피를 먹는 자라야 생명이 있고 마지막 날에 다시 살리신다고 하시며 조상들이 먹고도 죽은 그런 떡이 아니라고 말씀하시는 것이다. 즉 광야에 내려서 이스라엘을 먹이신 떡 즉 만나는 장차 말씀으로 오셔서 안식일의 주인이 되시어 말씀으로 새 생명을 주시고 또 영의 양식을 주실 예수님의 예표일 뿐이라는 말씀이다. 즉 영의 양식의 예표이지 진짜 새 생명의 말씀의 양식은 오직 예수님이라는 말씀이다.

5] 가나안 땅에 이르니 만나가 그쳤더라. 하신 것은 곧 이스라엘의 광야에서의 생활은 장차 예수님 안에서 구원을 받은 자들이 영적 성전 중심의 생활을 어떻게 하여야 하는가를 알려 주시기 위하여 기록한 것이고 이스라엘의 가나안 생활은 장차 오순절 기간에 구원을 받은 성도가 구원받은 새 생명의 삶을 어떻게 살아야 하는가를 알려 주시기 위하여 기록을 하게 하신 것이다. 따라서 이스라엘이 가나안 땅에 들어가니 내리던 만나가 그친 것은 곧 예수님 안에서 구원을 받아 천국을 소유하고 하나님의 땅에 살고 있는 성도는 영적인 영혼의 양식은 예수님과 동행하며 직접 일을 하여 생산을 하여서 먹어야 한다는 것이다.

즉 예수님과 동행하면서 생명나무에 열매가 맺히게 하여 그 생명나무의 열매를 예수님과 함께 따서 먹어야 한다는 것을 알려 주시는 것이다.

6] 만나 중에 제일 어려운 난제이며 옛날부터 지금에 이르기까지 많은 논란 거리가 되며 여러 사람이 혼동하고 있는 [계 2:17]에 대하여 알아보자.

[계 2:17] 귀 있는 자는 성령이 교회들에게 하시는 말씀을 들을지어다. 이기는 그에게는 내가 감추었던 만나를 주고 또 흰 돌을 줄 터인데 그 돌

위에 새 이름을 기록한 것이 있나니 받는 자 밖에는 그 이름을 알 사람이 없느니라.

1. 우선 성령님께서 교회에게 말씀하신다 하시는 것은 교회는 예수님 안에서 구원을 얻은 자들의 공동체이기도 하며 또 예수님께서 성령으로 함께 거하시는 성도의 개인의 육체이기도 하다. 곧 교회는 성도에게 이 메시지를 가르쳐서 알게 하여야 할 것을 말씀하시는 것이 다음의 말씀인 '이기는 그에게는' 하시며 개인에게 말씀하시는 것이다. 즉 구원을 받아 새 생명의 삶을 살고 있는 모든 각 개인에게 하시는 말씀이다.

2. 이기는 자에게는 감추었던 만나를 주시겠다는 말씀에서 이기는 것은 두 가지의 승리가 있다. 즉 흑암의 세력인 사망의 권세에서 승리한 것은 이미 예수님의 십자가의 대속과 부활 승천하심으로 믿는 모든 자에게 값없이 주시는 하나님의 선물의 이김이다. 즉 새 생명의 만나인 예수님의 언약의 말씀을 믿음으로 구원을 얻어 이미 생명책에 기록이 되어 있다. 이것이 '만나' 로 인하여 이기는 그 하나이요.

또 하나의 이김은 구원받은 자가 예수님 안에서 새 생명의 삶을 사는 속에서 사단과의 싸움에서 이길 때 먹는 만나이다.

왜냐하면 하나님께서 '만나를 주어서 이기게 하시겠다' 는 것이 아니라 '이기는 자에게는 만나를 주시겠다' 고 말씀하셨기 때문이다.

이 말씀은 곧 구원을 받은 성도가 삶 속에서 말씀을 통하여 사단과 싸워서 이기면 주시겠다는 만나인 것이다.

3] 사단과의 싸움에서 이길 때 하나님께로부터 받아 먹는 만나는 눈에 보이지는 않지만 실제 존재하는 영의 양식이다. 이는 곧 영적으로 승리를 해 본 성도는 경험이 있을 것이다.

즉 성령의 소욕을 좇아 행할 것인가? 아니면 육체의 정욕을 좇아 행할 것인가? [갈 5:17]하며 아주 치절한 사단과의 띠나는 영적인 싸움을 하다가 성령의 소욕을 좇아 행하여서 승리했을 때 영적인 충만한 기쁨과 배에서 생수의 강물이 흐르는 것을 느끼는 새 생명의 힘 또 독수리 날개치고 하늘로 날아올라 가는 듯한 승리의 기쁨을 만끽해 본 성도는 이 말씀이 무슨 뜻인지 금방 알 수 있을 것이다.

즉 광야에 내린 만나는 장차 예수님께서 당신 안에서 구원 얻은 자들을 당신의 몸으로 즉 당신의 말씀으로 먹이실 말씀의 예표이며 감추인 만나는 즉 당신의 이름으로 승리하는 당신의 자녀들에게 먹이실 영의 양식 즉 에덴동산에 감추인 생명나무의 과일을 감추인 만나라고 말씀하시는 것이다.[계 2:7. 22:14]

이 에덴동산에 있는 생명나무의 열매는 예수님의 이름으로 새 생명의 삶 속에서 이긴 자만이 들어가서 따 먹을 수 있다.

즉 예수님과 동행을 하는 성도는 에덴동산에 감추인 만나를 언제든지 들어가서 따 먹을 수가 있다는 말씀이다. 왜냐하면 예수님이 곧 생명나무이시며 또 생명나무의 주인이시기 때문인 것이다.

[구원을 얻은 성도는 하늘과 땅의 모든 권세를 다 받았고 또 모든 원수의 능력을 제어할 권세를 다 받았으므로 성령님께서 함께 거하는 성도는 곧 영적으로 잃어버린 에덴동산을 회복한것이며 언제든지 승리하면 생명나무의 과일을 예수님의 이름으로 따 먹을 수가 있는 것이다.[마 28:18-19. 눅 11:19]

즉 생명나무의 열매는 실제로 존재하지만 눈에 보이는 것이 아니라 영적인 상태에서 영혼의 구원을 받은 자가 예수님과 동행하며 사단과의 싸움에서 이길 때 영적으로 먹을 수 있는 과일이 즉 생명나무의 과일인 것이다.

이 과일을 먹을 때 배에서 생수의 강이 넘치며 꿀방울이 혀에 떨어져서 진짜 꿀과 과일이 혀에 녹아내려 온 몸으로 퍼져 나가는 것과 같다. 이러한 생명나무의 열매를 자주 먹으면 새 생명을 얻은 영혼이 힘이 있고 몸도 강건하여지는 것이다. 이때에 병마도 물러가고 악한 세력은 접근도 못하는 것이다.

다시 말해서 성도가 새 생명의 삶을 이 땅에서 살면서 사단과의 싸움에서 예수님의 이름으로 싸워서 승리하였을 때 먹는 것이 바로 에덴동산의 감추인 생명나무의 열매인데 이 생명나무의 열매는 성도가 사단과의 싸움에서 이겼을 때 먹는 영의 양식이기에 이 생명나무의 열매가 곧 예수님의 이름으로 사단과의 싸움에서 이기고 예수님께로부터 받아 먹는 감추인 만나인 것이다.

이 승리는 곧 하늘 나라에 기록이 되며 장차 천년 왕국에서 승리한 대로 다스리는 고을 권세를 받게 되는 것이다.

3. 이기는 자에게 흰 돌에 이름을 기록하여서 주시겠다고 하시는 말씀에 대하여 알아보자.

우선 흰 돌에 대하여 알아보자.

하나님께서 아브라함과 계약을 하실 때 짐승을 쪼개시게 하고 그 가운데로 불로 지나가시면서 아브라함과 계약을 하신다.

이는 당시에 족장과 족장 사이에 불가침 조약을 맺을 때 짐승을 쪼개놓고 계약하는 인간들의 관습을 인용하시며 그 내용 속에 예수님의 사명을 또한 넣어 놓으신 것이다. 또 이렇게 인간들의 관습이나 행위를 하나님께서 사용을 하시는 것은 인간들이 쉽게 이해가 가게 하기 위하여서인 것이다.

흰 돌에 이름을 새기어서 주는 역사도 로마 시대의 경기 때에 승리자에게 흰 돌을 주는데[Zahn이라고 부름] 그 흰 돌 위에 승리자의 이름을 새기어서 주었다. 요즘의 우승컵에다 이름을 새겨주는 것의 유래라고 볼 수 있다.

즉 하나님께서 요한 사도를 통하여서 계시록의 말씀을 주실 때 당시에 가장 알기 쉽게 기록을 하게 하기 위하여서 당시에 인용하는 인간들의 관습을 따라 기록하게 하신 것이다.

즉 당시에 구원을 받은 자들이 교회 공동체 생활을 막 시작을 하였다. 이는 곧 성령님과 생활을 갓 시작한 것이다. 그러므로 영적 싸움에서 승리했을 때를 당시의 성도들이 알기 쉽게 설명을 한 것이다.

흰 돌 위에 이름을 새기어서 이기는 자에게 주시겠다는 것은 당시의 경기 때는 죽기 살기로 싸워서 이겨야 하는데 그 만큼 영적 싸움에서 이기는 것은 경기에서 죽기 살기로 싸워서 이기는 것만큼 힘들고 또 값어치가 있기 때문에 그렇게 기록을 한 것이다.

그러므로 흰 돌 위에 이름을 새겨서 주시는데 받는 자만 안다 는 말씀은 곧 사단과의 싸움에서 승리하는 것은 예수님과 승리하는 성도만이 알기 때문에 받는 자밖에 모른다 라고 하신 것이다. 즉 영적으로 생명나무의 과일인 숨겨진 만나를 먹는 당사자만 안다는 것이다.

그러므로 이 흰 돌에 쓰인 이름을 받는 것은 성도가 새 생명의 삶 속에서 사단과의 싸움에서 승리할 때마다 영적으로 받고 있는 것이다. 이길 때마다 감추인 만나 즉 에덴동산의 감추인 생명나무의 실과를 먹는 것이므로 영혼은 더욱 강건하여지고 새 생명은 힘이 넘치는 것이다. 또 이는 곧 장차 도래할 천년왕국 때에 승리한 만큼 또는 수고한 만큼 흰 돌을 받은 만큼 다스릴 권세를 받게 되는 것이다.

마지막으로 흰 돌은 믿음의 반석 즉 예수님을 의미한다.

[고전 10:4]

성도가 사단의 유혹을 주님의 말씀과 믿음으로 물리치고 승리하면 곧 믿음의 반석 위에 승리자의 이름이 새겨지며 교회가 세워지는 것과 마찬가지인 것이기에 흰 돌에 이름을 새겨서 주신다고 하시는 것이다.

역시 영적 싸움에서 승리한 후 받는 자만 알 수 있다.

이것이 곧 영적 만나의 정확한 이해이며 영적 흰 돌의 정확한 이해이다.

54. 안식일과 유월절 성찬식의 관계

(마 26:26-29)

저희가 먹을 때에 예수께서 떡을 가지사 축복하시고 떼어 제자들을 주시며 가라사대 받아 먹으라 이것이 내 몸이니라 하시고 또 잔을 가지사 사례하시고 저희에게 주시며 가라사대 너희가 다 이것을 마시라 이것은 죄 사함을 얻게 하려고 많은 사람을 위하여 흘리는 바 나의 피 곧 언약의 피니라 그러나 너희에게 이르나니 내가 포도나무에서 난 것을 이제부터 내 아버지의 나라에서 새것으로 너희와 함께 마시는 날까지 마시지 아니하리라 하시니라.

(고전 11:23-27)

내가 너희에게 전한 것은 주께 받는 것이니 곧 주 예수께서 잡히시던 밤에 떡을 가지사 축사하시고 떼어 가라사대 이것은 너희를 위하는 내 몸이니 이것을 행하여 나를 기념하라 하시고 식후에 또한 이와 같이 잔을 가지시고 가라사대 이 잔은 내 피로 세운 새 언약이니 이것을 행하여 마실 때 마다 나를 기념하라 하셨으니 너희가 이 떡을 먹으며 이 잔을 마실 때마다 주의 죽으심을 오실 때까지 전하는 것이니라 그러므로 누구든지 주의 떡이나 잔을 합당치 않게 먹고 마시는 자는 주의 몸과 피를 범하는 죄가 있느니라.

제기되는 난제

1] 왜 유월절을 양을 잡고 무교병을 만들어 잡수시지 않으시고 포도주와 떡으로 대신하셨나?

2] 합당치 않게 먹으면 예수님의 몸과 피를 범하는 것이라는 말씀은 어떻게 먹는 것이 합당치 않게 먹는 것인가?

3] 포도주를 왜 언약의 피라고 하셨나?

4] 아버지의 나라에서 새 것으로 제자들과 함께 잡수시겠다고 하신 말씀의 뜻은?

5] 왜 유월절에 성찬식을 거행하셨나?

난제 해석

1] 우선 유월절의 뜻부터 알아보기로 하자.

유월절의 히브리어는 '폐사' 라고 하고 영어로는 [psss over]라 한다. 우리 말로는 '지나가다' '넘어가다' 라고 해석하면 되겠다. 이 말씀의 뜻의 유래는 모세가 이스라엘을 이끌고 '애굽' 에서 나오는 날로 돌아가서 살펴보아야 한다.

2] 출 12:1-30에 보면 유월절에 대하여 자세한 설명이 나온다.

즉 하나님께서 모세를 앞세워 이스라엘을 애굽에서 이끌고 나오시는데 양을 잡아서 먹되 피는 문설주에 바르라 하신다.

하나님께서 애굽의 장자를 치실 때 이스라엘 집 문설주에 양의 피를 보고 넘어 가시겠다는 약속의 말씀이다.

이때에 죽는 양은 장차오실 예수님의 예표이며 문설주에 바르는 피는 장자 예수님께서 십자가에서 흘릴 보혈의 예표이고 또 예수님께서 십자가에 달려 돌아가시기 전날 성찬식에 언약의 피로 사용하실 포도주의 예표인 것이다.

[포도주는 새 언약 즉 새 생명의 기쁨을 의미하기도 한다]

[물로 포도주를 만드신 이유' 참조]

그러므로 유월절의 진정한 뜻은 예수님의 십자가 보혈의 대속의 사건을 믿기만 하면 누구든지 구원 즉 죽음을 보지 않고 죽음을 넘어간다는 뜻이다.

이를 성도의 몸과 비교하여 알기 쉽게 설명하자면 성도의 몸은 죽음의 사자가 어떤 문으로 들어올려고 하여도 예수님의 피가 발라져 있어서 들어올 수가 없다고 표현하면 적합할 것 같다. 즉 성도의 몸에는 유월절 어린양인 예수님의 피가 발라져 있어서 죽음의 사자가 넘어간다고 하면 쉽게 이해가 될 것이다.

그러므로 성도가 예수님을 영접하는 날이 곧 개인의 유월절 날이다. 왜냐하면 예수님을 영접하는 순간 즉시로 예수님의 피가 성도의 몸에 발라지며 성령님께서 내주하시면서 죽음을 뛰어 넘고 영원한 새 생명을 하나님께로부터 받기 때문인 것이다.

3] 유월절은 무교절 기간에 초실절과 함께 있다. 즉 유대 달력으로 1월 13일부터 21일까지인데 13일은 유월절을 준비하는 날이라 하여 예비일이라 부른다. 정확히 이야기 하자면 무교 절 기간은 14일부터 21일까지 8일간이며 무교절 날은 예수님이 무덤에 계신 중간 날 15일이다.[레 23:6] 당시 예수님께서 십자가에 달려 돌아가실 때는 1월 14일이 금요일이었다.

[참고: 유대시간은 저녁 6시부터 새 날이 시작된다]

왜 꼭 이날에 십자가에서 돌아가셔야 했냐 하면 이날이 이스라엘이 애굽에서 나올 때 양을 잡아 문설주에 죽은 양의 피를 바르고 죽음을 면한 날이며 예수님께서 인간의 죄를 지시고 돌아가실 예표로 하나님께서 정하여 놓으신 날이기 때문인 것이다. 그래서 예수님은 하나님의 인간 영혼 구원의 계획을 따라 이 땅에 오셨기 때문에 이 땅에 계시는 공생애 기간에 하나님께서 당신에게 맡겨놓으신 일들을 모두 성취시키셔야 하시기 때문에 구약에 계시된 그대로 1월 14일에 십자가에서 돌아가시어서 이 땅에 오실 때 가지고 오신 대 제사장의 역할을 감당하셔야만 하기 때문인 것이다.

그러므로 1월 16일은 곧 일요일[주일]이 되는데 이날에 예수님께서 부활하실 것은 이미 [레 23:10-12]에 첫 곡식 단을 안식일 이튿날에 흠 없는 수양과 함께 번제로 드려라 라고 명령 하신 것이 곧 안식일 다음날이 주일이 될 예표이다. 왜냐하면 이스라엘이 약속의 땅 가나안 땅에 들어가는 것은 성도의 구원을 예표하며 수양을 번제로 드리라 하시는 것은 장차 유월절 어린양으로 오실 예수님의 예표이며 구원받은 땅에서 거두는 곡식의 첫 곡식 단은 곧 십자가에서 돌아가셔서 부활하시어 첫 열매가 되실 예수님의 예표이기 때문인 것이다.[고전 15:20] 이것이 초실절이다.

첫 이삭 단[첫 열매인 예수님의 예표]을 안식일 이튿날에 드리라고 하신 것은 곧 안식일이 토요일에서 주일로 바뀔 것을 미리 예표로 알려 주시는 것이다. 그래서 다음 성령님께서 강림 하실 오순절 날도 구약의 계시를 따라 안식일 다음날 즉 일요일에 강림하신 것이다.[레 23:15-16] [행 2:1-4]

4] 그럼 이제 왜 예수님께서는 유월절 날에 성찬식을 베푸셨나를 알아보자.

예수님은 하나님께서 인간의 죄를 대속하게 하시기 위하여 창세전에 이미 정하여 놓으신 대속의 제물이며 또 예수님은 인간의 죄와 사망의 권세를 멸하고 인간에게 새 생명을 주실 '메시아' 이시다.

애굽은 곧 세상을 말씀하심이며 이스라엘은 하나님께서 애굽에서 이끌어 낸 하나님의 백성들의 예표이다. 이스라엘이 애굽에서 구원을 받을 때 '양을 잡아먹고 무교병을 먹고 쓴 나물을 먹고 피를 문설주에 바르고서 구원을 받았다. 양도 무교병도 쓴 나물도 모두 예수님과 예수님의 고난의 예표이다.

[레 12:7-8] ['절기와 제사' 참조]

구약에 계시된 절기나 제사는 모두 예수님께서 공생애 기간에 모두 이루셔야 할 예표들이다.

그래서 바울 사도는 제사나 절기나 모두 예수님의 그림자다 라고 표현하신 것이다.[골 2:16-17]

따라서 예수님께서는 하나님께서 유월절에 당신에게 계시하신 것을 초실절[첫 열매=부활]을 완성하시기 전에 먼저 이루셔야 하기 때문에 십자가에 달리시기 전에 [출 12:5-8]에 계시된 대로 행하셔서 완성을 하셔야만 하는 것이다. 또 어린양을 잡아 드리는 유월절 행사를 당신이 유월절 양으로 돌아가시어 마치실 것이니 그 유월절의 목적과 뜻을 영적 유월절 제사인 성찬식으로 바꿔 놓으시는 것이다.

즉 잡히시든 날 밤에 제자들에게 나누어주신 떡은 [출 12:5-8]에 예시된 흠 없는 예수님 몸의 예표인 무교병이며 제자들에게 포도주를 나누어 주시면서 언약의 피라고 말씀하신 것은 곧 [출 12:5-8]의 새 생명의 언약의 피의 예표인 것이다. 그래서 예수님께서 포도주를 보고 '내 피로 세우는 새 언약의 피' 라고 하신 것이다. [새 언약의 피라고 말씀하신 것은 말씀 속에 새 생명을 주실 약속의 보혈을 말씀하신다]

그래서 구약의 유월절에 하나님께서 당신에게 계시하신 것을 이루시기 위하여 십자가를 지시기 전에 성찬식을 가지신 것이다. 다시 말해서 성찬식은 이스라엘이 출애굽 때 이미 하나님께서 계시하신 것이며 이제 예수님께서 십자가에서 돌아가신 후 부활하시면 유월절에 계시된 것을 다 이루시는 것이므로 다시는 유월절 제사가 필요 없기 때문에 제자들과 성찬식을 가지시며 말씀하시기를 '주의 죽으심을 오실 때까지 전하는 것이니라 하시며 또 이것을 행하여 나를 기념하라' 라고 기록하게 하신 것이다.

즉 유월절 어린양이신 예수님께서 잠시 후면 십자가에서 돌아가시어 구약에 유월절 어린양으로 계시된 것을 다 이루실 것이니 더 이상 유월절 어린양이 죽는 것은 필요가 없고 다만 유월절 어린양으로 돌아가신 예수님을 영적 성찬식으로 대신 기념하라는 말씀이다.

그러나 이 말씀 속에 담긴 더욱 중요한 예수님의 영적 의미는 예수님께서 포도주를 아버지의 나라에서 너희와 새 것으로 마시는 날까지 잡수시지 않겠다고 하신데 있다.

이 말씀은 곧 구원받은 자녀와 아버지의 나라에서 성령으로 함께 하시면서 성도의 새 생명의 삶 속에서 펼쳐지는 성찬식에 참여 하시겠다는 말씀인 것이다.

즉 성도가 새 생명의 삶 속에서 예수님과 동행하며 살 때에 예수님의 살과 피를 항상 먹고 마시며 살게 된다.

이때에 예수님의 이름으로 맺히는 열매가 곧 기쁨의 포도 열매로 만든 포도주가 되는 것이다.

성도가 이 기쁨의 포도 열매로 만든 포도주를 예수님과 자주 마시게 되면 성령 충만하여지는 것이다. 그래서 바울 사도가 술 취하지 말고 오직 성령의 충만함을 받으라고 말씀하신 것이다. 즉 성령의 역사로 말미암아 맺힌 포도로 만든 기쁨의 포도주에 취하라는 말씀이다.[엡 5:18]

5] 예수님께서 이 땅에 계시는 공생애 기간에 하나님께서 당신을 인류 영혼 구원을 위하여 보낸 메시아임을 증명하고 완성 하라는 계시대로 모

두 다 이루시었다.

[요 19:30] [눅 24:50-52]

그러므로 예수님의 그림자 중에 하나인 유월절은 예수님께서 다 이루신 고로 그림자가 사라진 것이니 성찬식을 절기와 관계없이 매주에 행하든 지 아니면 매달 첫 주에 행하든지 아니면 축제일 즉 성탄절, 부활절, 성령 강림절, 새해 등에 행하든지 때에 구애 받지 않고 행하면 되는 것이다. 혹 성찬식을 행하지 않아도 잘못하는 것은 아니다. 왜냐하면 예수님께서 이미 성령으로 재림(강림)을 하시어서 성도의 새 생명의 삶 속에서 항상 성찬 예식을 가지시기 때문이다.

중요한 것은 눈에 보이는 성찬 예식이 아니라 눈에 보이지 않는 성도의 삶 속에서의 영적 성찬예식이다.

6] 결론적으로 성도는 이미 유월절을 몸에 새기고 가지고 있다. 곧 성도가 예수님 안에서 행하는 행동이 영적으로는 성찬식이 되는 것이다. 그러므로 성도의 행위가 예수님의 피를 범하느냐 또는 예수님의 몸인 떡을 범하느냐 하는 것이 곧 성도의 새 생명의 삶 속에서 펼쳐지는 성찬식에서 예수님께서 새 것으로 성도와 함께 잡수시느냐 아니면 예수님께서 잡수실 새 포도주가 없어서 참여하실 수 없느냐 하는 것으로 나타내어지는 것이다.

다시 말해서 행위로 말미암아 하나님의 영광을 가리거나 예수님의 이름을 욕되게 한다면 이는 새 생명인 새 언약의 피를 범하는 것이 되며 예수 님의 몸인 말씀의 떡을 범하는 것이 되니 이는 곧 예수님의 피와 살을 합당치 않게 먹고 마시는 성찬식이 되는 것이다. 그러므로 성도는 항상 깨어서 새 생명의 삶을 조심하고 분별하여서 예수님의 살과 피를 범하는 일이 없어야 할 것이다.[고전 11:27]

(참고1)

[고전 5:6-10] 중에 8절에 우리가 명절을 지키되 묵은 누룩으로도 말고 괴악하고 악독한 누룩도 말고 오직 순전함과 진실함의 누룩 없는 떡으로 하자 라고 말씀하신 것을 가지고 초대교회에서 구약에 계시된 유월절 날을 지킨 것이라고 믿으며 그러니 현재도 지켜야 한다고 하시는 분이 있다.

이는 성경을 전체적으로 잘못 이해하고 있는 것이며 또 8절의 전후 문맥도 잘못 이해하고 있는 것이다.

위에서 설명한 대로 구약에 계시된 절기나 제사들은 예수님께서 이 땅에서 완성시키셔야 할 예표 즉 그림자들이다.

그러므로 예수님께서 완성시키신 것을 다시 행하면 성도는 구약으로 다시 돌아가야 하고 예수님은 구세주는커녕 삼위일체 하나님은커녕 아무것도 아니고 이 땅에서 하신 일이 아무것도 없으신 것이 된다. 십자가에서 돌아가신 것도 결국은 유월절 양으로 오신 것이 아닌 즉 보람 없이 그냥 돌아가신 것이 되는 것이다. 그러면 구약 때 유월절에 양을 잡아서 드렸던 것과 같이 그대로 다시 양을 잡아서 제사를 드려야 하지 않겠는가?

주일도 마찬가지로 안식일을 고집한다면 구약으로 돌아가서 안식일에 하나님께서 이스라엘에게 지키라고 한대로 모두 지켜야 할 의무가 있지 않은가? 그렇게 된다면 예수님께서 구약의 말씀을 따라 안식일 다음날 살아나시고 성령님도 구약의 약속의 말씀을 따라 안식일 다음날 강림하셨는데 그 모든 것이 아무것도 아닌 헛것이 되는 것이 아닌가 말이다. 구약의 계시된 내용이 아무 쓸모가 없는 것 아닌가 말이다.

그래서 사도 바울이 [갈 5:3]에서 갈라디아에 할례를 고집하는 무리들을 대하여 예수님께서 할례 할 팔일이 되매 육적 할례를 폐하시고 대신 이름을 '예수' 라고 부르게 하신 것을 모르고 육적 할례를 고집한다면 구약에 계시된 대로 모든 율법과 제사 양식 전체를 지켜야 할 의무가 있다고 경고하시는 것이다.

[눅 2:21]

그러므로 성경을 전체적으로 잘 이해를 하여야 할 것이며 [고전 5:8]의 문제도 말씀의 전후 문맥을 잘 살펴보아야 할 것이다. 이 말씀도 전후 문맥을 잘 살펴보면 알 수 있듯이 명절을 지키라는 것은 유월절 날과 제사를 지키라는 것이 아니라 곧 유월절 어린양인 예수님께서 유월절 어린양으로서의 역활을 다 마치시고 완성하셨으니 악한 누룩 없는 순전한 떡인 예수님의 살과 피를 새 생명의 삶 속에서 먹고 마시라는 말씀이다.

(참고 2)

성경에는 어떤 날을 말할 때 월요일이니 화요일이니 혹은 토요일이니 일요일이니 하는 말이나 개념은 없다. 있다면 다만 첫째 날. 혹은 셋째 날. 또는 여섯째 날. 일곱째 날. 여덟째 날. 안식일. 안식일 다음날. 40일째 되는 날. 등으로 나타난다. 특히 안식일에 대하여 성경에서 무슨 요일이라고 지적한 날은 없다. 다만 안식일을 뜻하는 토요일의 [히: 샤바트] [라틴어: 사바토. 스페인어: 싸바도] 라는 말은 '힘을 얻다' 의 뜻으로 안식하다의 뜻을 가지고 있는 것뿐이다.

따라서 오순절 기간에는 안식일의 개념을 구약에 계시된 대로 예수님께서 일요일 부활하신 것과 성령님께서 일요일에 강림하셨으니 구약의 계시를 따라 일요일을 주일로 지키는 것이 좋으나 성도의 환경상 사회의 직업상 일요일을 주일로 지키기가 어려우면 성도는 자신이 일주일 중 어느 한 날을 안식하는 날 즉 주일로 마음에 작정하고 지켜도 틀리는 것이 아니다.

그러나 안식일로 정한 날을 이날 저 날로 바꾸어서는 안 된다.[대형교회가 거의 매일 대 예배 형식으로 드리는 것도 위에 설명한 내용에 의한 것이라 하겠다]

(참고 3)

성찬식 때 누룩 없는 무교병이 흠 없는 예수님의 몸을 의미한다고 하면서 누룩 없는 **빵**이나 **떡**으로 하고 또 설탕이 들어가지 않은 **빵**이나 **떡**으로 성찬식을 거행하는 사람들이 있다. 그들이 그런 믿음을 가지고 성찬식을 행하는 것이 잘못 되었다고 하는 것이 아니라 성경을 아직 정확하게 이해를 못하고 있는 것이 문제라는 것이다.

제사 때 드려지는 **빵**과 **떡**은 무교병이나 유교병이나 모두 예수님의 몸을 의미하며 말씀을 의미한다.

간단히 설명하자면 맥추절[오순절] 이전에 드려지는 제사에는 무교병을 사용하지만 맥추절[오순절] 이후로 드려지는 제사에는 유교병을 사용한다.[레 23:15-17]

이 계시의 말씀은 곧 성령님께서 강림하시어 오순절을 여시고 오순절을 기점으로 하여 성령의 역사로 말미암아 누룩이 빵에 퍼져 부풀 듯 말씀이 세상 모든 민족에게 골고루 온통 퍼져 나갈 것을 계시하시는 것이다. 그래서 '새 소제'로 누룩이 들어간 유교병을 드리라고 하신 것이다. 즉 하나님의 영혼 구원의 일을 오순절을 기점으로 하여 성령으로 새롭게 시작을 하신다는 뜻이다. [제사의 해설 참조]

그러므로 성찬식 때 사용하는 빵이나 떡은 누룩이 들어가는 것을 사용하는 것이 바른 이해이다.

55. 성탄절과 태양절과의 관계

1] 먼저 태양 탄신일의 기원부터 알아보자. 태양의 탄신일이 태양을 섬기는 축제일로 지정이 된 것은 로마의 아우렐리우스 황제가 [AD. 274] 동지 절[12월 24부터 1월 6일]을 만들면서 시작된 것으로 많은 사람들이 알고 있지만 실상은 성경적 근거로 더 오래 전으로 거슬러 올라간다.

[참고로 동지절은 한국의 동지날과 다른 것은 당시의 로마 달력은 현재 쓰는 달력과 약 4일의 차이가 났다. 또 동지절을 지키게 된 이유는 밤이 가장 긴 동지날에서부터 태양이 힘 있게 다시 길게 비취며 죽지 않고 영원히 살아서 많은 것들에게 생명을 주며 곡식도 많이 맺히게 하여 준다고 믿었기 때문이다.

그래서 태양신의 이름이 '영원히 지지 않는 태양' 이라 하여 'Natalis invicti. 라고 불렀다. 그리고 당시의 황제 아우렐리우스는 영원히 지지 않는 태양신의 화신이다 라고 자신을 부르게 하였다. AD.274]

2] 또 다른 지역에서 태양신의 이름을 부르고 섬긴 유래를 찾아보자. BC 2050년경에 근데 메소포타미아 지역을 지배하던 수메르[수메르 인]가 있었다. 수메르 제 3 왕조인 우르남무 가 토판으로 기록한 우르남무 법전이 있는데 여기에는 [창 10:8= 니므롯. 창 11:1-9= 바벨탑] 사건도

함께 기록이 되어 있다.

　내용은 이렇다. 니므롯이 당대의 영걸로 노아의 후손들을 이끌고 시날 땅에 이른다.[창 11:2] 당시에 여기를 점령하고 있던 아카드인들을 몰아내고 그들이 섬기고 있던 탑을 빼앗아 보수를 하고 더 높이 쌓았다 라고 기록되어 있는데 이것이 바벨탑으로 추정된다. 그리고 그곳에서 어떠한 종교적인 행위를 하였는데 하나님께서 기뻐하지 않으셨으므로 뒤에 수메르인들에 의하여 흩어졌다 라고 기록이 되었다.

　그러나 니므롯이 패하기 전에 한 사건이 있었는데 그 사연은 이렇다. 당시 세상에서 가장 아름다운 '세미라미스' 라는 여인이 있었다. 이 여인이 니므롯의 아내이었는데 이 여인은 얼마나 예쁘냐 하면 남자가 한 번만 보면 그의 종이 되기를 원하였다 고 전한다.

　그런데 니므롯이 죽고 나서 그 아내 '세미라미스'가 세력을 잡았는데 그는 사람들이 흩어지는 것을 막기 위하여 니므롯이 죽어서 '태양신'이 되었다고 하면서 당시에 지은 바벨탑에서 제사를 지냈는데 이때 자기를 추종하던 남자들을 결혼을 금지시키고 '태양의 신' 즉 니므롯을 섬기는 성전에 사제로 지내면서 성전을 돌보게 하였다 라고 기록되어 있다. 다시 세미라미스는 그의 아들 담므스와 결혼을 하였다고 한다. [담므스는 후에 가나안 땅에 다산의 신으로 섬김을 받는다] [성경 사전 참조]

　[이것이 후에 카톨릭에서 도입한 '사제 제도' 라는 설이 있으나 확실한 근거는 없다]

　3] 그러니까 태양신의 유래는 니므롯 때부터 시작되었다고 보는 것이 거

의 정확한 설이며 성경적으로 나타난 것은 아담과 하와 때의 에덴동산의 사건을 빼고 나면 성경에 구체적으로 나타난 종교의 시작은 이때부터라고 보는 것이 타당하다. 그러나 그때의 날짜가 언제이었냐는 기록이 없고 정확한 날짜를 만들어서 태양을 섬긴 것은 로마의 황제 아우렐리우스가 동지절을 제정하여 섬기던 12월 25일이다.

4] 다음으로 기독교[로마 카톨릭]에서는 왜 태양의 탄신일인 12월 25일을 크리스마스로 섬기게 되었나 하는 것이다.

3세기 초에 동 로마의 콘스탄티누스[콘스탄틴 대제 1세]가 동 서 로마를 정복할 때 하늘에 떠있는 십자가[현 카톨릭의 십자가 모형]를 따라 전진하여 승리하였다고 하여 로마에 카톨릭을 즉 예수님을 믿어도 된다는 것을 전 로마에 공표하였다. 이것이 곧 '밀라노 대 칙령' 이다.[AD.313] [콘스탄티누스는 카톨릭 신자이었다]

이후로 기독교[카톨릭]는 급속히 퍼져 나갔으며 로마 교황청의 위세도 아울러 왕성하여졌다. 따라서 한 날을 정하여 크리스마스 즉 예수님의 탄신일을 정하여야 됨을 인지하고 **A.D.** 335년에 교황 리베리우스가 12월 25일 태양의 탄신일과 같은 날로 정한다.[당시 mitra. 라고 하는 이교에서 태양신을 섬겼다]

왜 하필이면 같은 날인가에 대하여는 정확한 기록은 없지만 전설에 의하면 진짜 빛은 태양이 아니라 생명의 빛으로 이 땅에 오신 예수님이기 때문에 12월 25일은 빛으로 오신 진짜 왕이신 예수님께서 오신 날이 되는 것이 합당하다 하여 같은 날로 정하게 된 것이다 라고 한다.

5] 그 이후로 로마 카톨릭의 세력은 유럽의 모든 나라의 왕들을 갈아 치울 만큼 커졌다. 그런데 11세기 '레오 9세' 때에 와서 레오 9세 교황과 콘스탄티노플 대 주교간에 충돌이 생겨서 카톨릭이 갈라지게 된다. 이것이 콘스탄티노플을 중심으로 한 '동방정교' 이다. 이들은 1월 6일을 크리스마스로 지키고 있다.

지금도 아르메니아 교회들은 1월 6일을 크리스마스로 지킨다. 그들이 그 날을 크리스마스로 지키는 것은 그들이 어느 경로로 알아서 아는 것인지 1월 6일이 예수님께서 세례를 받으신 날 이라고 믿으며 예수님께서 오신 날도 예수님께서 세례를 받으신 날과 같은 날이라고 믿고 있기 때문이다.

6] 그러나 지금의 개신교 즉 1517년 10월 31일을 기점으로 하여 '마틴 루터'가 시작한 현 기독교는 크리스마스의 의미가 차츰 자리가 잡혀 가면서 약 1900년경부터 영국에서 가족적인 크리스마스 행사를 하는 분위기로 바뀌었다.

그러다 미국으로 청교도들이 이주를 하여서 미국이 세계의 기독교 강국이 되어 세계에 많은 선교사를 파송하면서 기독교는 빠른 속도로 세계로 퍼져 나갔으며 크리스마스에도 영향을 많이 미치게 되어 지금은 크리스마스가 그리스도인이건 아니건 세계인의 축제일이 되었다.

7] 크리스마스라는 언어는 영어의 구어인 **Cristes maesse**[그리스도의 미사] 라는 말에서 유래되었다.

그러므로 12월 25일이 태양의 탄신일인데 기독교에서 12월 25일을 크리스마스로 지키는 것은 태양을 숭배하는 행위이다 라고 말하는 사람들은 역사도 또 진정한 크리스마스의 의미도 모르는 사람들이 하는 말이다. 크리스마스가 어느 날인가가 중요한 것이 아니라 예수님께서 이 땅에 새 생명의 빛으로 오신 것이 중요한 것이다.

예수님이 이 땅에 오신 날은 전혀 역사적으로 기록이 없다.

예수님께서 이 땅에 오신 날의 기록이 없는 것이 오히려 성서적이지 않은가? 만 왕의 왕이시며 삼위일체 하나님이며 메시아이신 예수님의 생일이 감추어진 것이 오히려 당연하지 않은가 생각이 된다.

56. 위에 있는 예루살렘은 자유자니 곧 우리 어머니라

(갈 4:21-31)

내게 말하라 율법아래 있고자 하는 자들아 율법을 듣지 못하였느냐 기록된바 아브라함이 두 아들이 있으니 하나는 계집종에게서 하나는 자유하는 여자에게서 낳다 하였으나 계집종에게서는 육체를 따라 낳고 자유하는 여자에게서는 약속으로 말미암았느니라. [창 17:16. 21:17-18] 이것은 비유니 이 여자들은 두 언약이라 하나는 시내산으로부터 종을 낳은 자니 곧 하갈이라 [출 34:4. 27-28] 이 하갈은 아라비아에 있는 시내산으로 지금 있는 예루살렘과 같은 데니 저가 그 자녀들로 더불어 종 노릇하고 오직 위에 있는 예루살렘은 자유자니 곧 우리 어머니라 기록된 바 잉태치 못한 자여 즐거워하라 구로 치 못한 자여 소리 질러 외치라 이는 홀로 사는 자의 자녀가 남편 있는 자의 자녀보다 많음이라 하였으니[사 54:1] 형제들아 너희는 이삭과 같이 약속의 자녀라[창 17:19] 그러나 그때에 육체를 따라 난 자가 성령을 따라 난 자를 핍박한 것 같이 이제도 그러하도다[창 21:9] 그러나 성경이 무엇을 말하느뇨 계집종의 아들이 자유하는 여자의 아들로 더불어 유업을 얻지 못하리라 하였느니라 그런즉 형제들아 우리는 계집종의 자녀가 아니요 자유하는 여자의 자녀니라

1] 두 언약의 여자들이란?

2] 위에 있는 예루살렘은 자유하는 여자니 곧 우리 어머니다. 라고 하신 뜻은?

3] 홀로 사는 자의 자녀가 남편 있는 자의 자녀보다 많다 라는 말씀은?

난제 해석

1] 먼저 이 내용의 말씀을 왜 바울 사도가 기록하게 되였나 하는 것이다.

21절의 말씀대로 당시에 교회를 핍박하고 깨트리는 율법사들[제사장. 바리세인 포함] 이 있었다. 그들 때문에 당시의 믿음이 연약한 갈라디아 그리스도인들은 믿음에 굳게 서지 못하고 흔들리며 왔다 갔다 할 수밖에 없었던 것이다. 그래서 바울 사도는 확실한 흔들리지 않는 믿음을 그들에게 심어주기 위하여 본문을 기록한 것이다. 곧 예수님 안에서 약속의 말씀을 따라 난 자녀라야 구원을 받은 약속의 자녀라는 것을 자세히 가르치기 위하여 구약의 계시된 말씀들을 인용하여 하나님의 정확한 계획과 뜻을 알게 하시는 것이다.

2] 여자들은 두 언약이라 하신 말씀은 곧 비유속의 실제의 여자로는 하갈과 사라를 말하지만 이는 예표의 표현이며 실제 바울 사도가 전하려는 뜻은 예수님 안에 있는 새 생명의 언약과 예수님 밖에 있는 생명이 없는 언약으로 나눌 수가 있다.

즉 사라는 장차 예수님을 잉태하여 낳을 마리아의 예표이며 하갈도 역시 잉태하여 많은 자녀를 낳아 큰 민족을 이룰 것을 하나님께로부터 약속을 받은 것을 두 언약이라고 하시는 것이다.
[창 17:15-16. 창 21:17-18]

즉 예수님 안에서 새 생명이 있는 언약과 생명은 없으나 잉태하여 큰 민족을 이룰 두 언약을 두 여자로 표현하는 것이다.

이 말씀의 비유를 시내산으로부터 종을 낳은 자니라고 말씀하시며 또 시내산에 있는 예루살렘이라고 비유로 말씀을 하시는것은 모세가 시내산에서 십계명을 받은 것을 상기하면 금방 이해가 갈 것이다.

즉 십계명은 하나님의 나라를 건설하며 인간에게 죄를 깨닫게 하여 예수님 앞으로 인도하는 길잡이는 되지만 생명이 있는 것이 아니다 라는 것이다. 즉 아라비아에 있는 시내산으로 지금있는 예루살렘과 같은 데니 저가 자녀들로 더불어 종노릇 하리라. 라고 하신 말씀이 같은 뜻이다. 지금 땅에 있는 예루살렘 이라고 하시는 말씀은 곧 하갈과 맺은 하나님의 언약을 말씀 하시는 것이지만 그 언약 속에는 새 생명이 없는 그냥 육적으로 번성하라는 언약이지 새 생명을 주시기 위한 언약이 아닌 것이다.

3] 또 언약을 여자로 비유하신 것은 곧 언약도 여자와 같이 자녀를 생산하기 때문에 언약을 여자로 표현한 것이다.

즉 예수님 안에서의 언약 즉 [창 3:15]의 여자의 후손으로 언약을 따라 난 자는 약속의 자녀가 되는 것이지만 하갈을 통하여서 하갈의 후손으로 난 자들은 언약을 따라 난 자들이 아니므로 언약의 자손이 아니지만 일단 은 자손들을 생산을 하기 때문에 두 언약을 두 여자로 표현하신 것이다. 언약의 자녀는 영적인 후손을 이야기 하는 것이고 하갈과 맺으신 언약은 육적인 후손의 번성을 말씀하신 것이다.

4] 아래 있는 예루살렘은 무엇이며 위에 있는 예루살렘은 무엇인데 위에 있는 예루살렘은 자유하는 자니 곧 우리의 어머니다. 라고 표현을 하셨나?

첫째. 예루살렘의 뜻에 대하여 알아보기로 하자. 예루살렘의 진정한 뜻 은 '평강의 터' 또는 '평강의 기초' 라는 뜻인데 이는 하나님께서 인간을 죄로부터 구원하시어 인간에게 평강을 주시려고 예수님 안에서 세우신 계획과 성취를 통하여 만들어지는 영적인 성전의 상태를 말씀하시는 것이 그 진정한 뜻인 것이다.

즉 눈에 보이는 건물인 예루살렘 성전을 말씀하시는 것이 아니라 눈에 보이지는 않지만 하나님의 인간 영혼 구원의 계획으로 말미암아 새 생명 을 받은 성도들의 새 생명의 삶속에 존재하는 영적인 상태의 성전을 말씀하시는 것이다.

이것을 위에 있는 예루살렘이라고 말씀하시는 것이며 시내산으로 지금 있는 예루살렘과 같은 데니. 라고 말씀하시는 것은 곧 인본적으로 혹은 생명이 없는 율법적인 행위로 말미암아 구원을 얻으려 노력하며 만들어 가는 생명이 없는 언약을 땅의 예루살렘으로 비유적으로 나타내신 것이며 또 하갈의 후손들이 앞으로 만들어 갈 생명이 없는 예루살렘을 비유로 말씀하시는 것이다.

둘째. 자유하는 자니 곧 우리 어머니다. 라고 표현한 것은 성도가 곧 하나님의 예수님 안에서의 생명의 언약을 따라 태어났으므로 예수님으로 말미암아 잉태되고 태어났으니 예수님 안에서의 새 생명의 언약이 곧 자유하는 여자 곧 우리 어머니가 되는 것이다.

이는 곧 어떤 인간의 행위로 인하여 얻어지는 구원이 아니라 하나님의 예수님 안에서의 언약을 믿음으로 말미암아 받는 것이며 또 이 믿음도 말씀으로 인하여 하나님께서 값없이 주시는 선물이기 때문에 말씀의 언약을 자유하는 여자로 표현하신 것이다.

또 예수님 안에 있는 약속의 말씀을 믿음으로 말미암아 참 자유의 예루살렘에 거할 수 있기 때문에 자유하는 여자로 표현 하시는 것이다.

셋째. 홀로 사는 자의 자녀가 남편 있는 자의 자녀보다 많다. 라고 말씀하시는 것은 사라를 통하여 낳은 언약의 자손인 이삭의 후손으로 오실 예수님 안에서의 믿음으로 구원을 얻을 약속의 자손이 하갈의 소생인 이스마엘의 자손보다 언약의 말씀으로 태어난 자녀가 더 많다는 것을 말씀하시는 것이다.

[실제로 이스마엘의 후손은 주로 중동 지역에 살고 있으며 그 숫자는 그리스도인의 숫자보다 적다]

[이슬람을 주교로 믿는 나라들이 대부분 이스마엘의 후손들이다]

5] 결론적으로 위의 예루살렘이란 하나님께서 인간에게 죄에서 자유함을 주시고 평강의 천국을 주시기 위하여 예수님 안에서의 인간 영혼 구원의 계획과 약속의 언약을 통하여서 영적으로 형성 되어지는 즉 눈에는 보이지는 않지만 실제로 존재하는 살아있는 영적 성전을 위의 예루살렘이라고 하는 것이며 예수님 안에서의 구원의 약속의 언약을 자유하는 여자 곧 우리의 어머니다고 하는 것이다. 왜냐하면 성도가 그 언약의 말씀의 약속으로 말미암아 새 생명을 받아 태어났기 때문인 것이다.

천국산책 복음서 해설

초판인쇄 : 2017년 4월 1일
초판발행 : 2017년 4월 5일

저   자 : 조성기
펴 낸 이 : 최성열
디 자 인 : 정성은
펴 낸 곳 : 하늘빛출판사
연 락 처 : 031-516-1009, 010-9932-8291
출판등록 : 제251-2011-38호
이 메 일 : csr1173@hanmail.net
I S B N : 979-11-87175-02-5 (03230)
가   격 : 13,000원